XINSHIDAI DAXUESHENG
JIUYE ZHIDAO JIAOCHENG

新时代大学生就业指导教程

（第2版）

主　编：陈　欣　杨晓翔

副主编：陈火全　陈燕红　陈式座　苏秀英　张甲玉

厦门大学出版社
XIAMEN UNIVERSITY PRESS
国家一级出版社
全国百佳图书出版单位

图书在版编目（CIP）数据

新时代大学生就业指导教程 / 陈欣，杨晓翔主编
. -- 2 版. -- 厦门：厦门大学出版社，2023.1
ISBN 978-7-5615-8921-2

Ⅰ. ①新… Ⅱ. ①陈… ②杨… Ⅲ. ①大学生－就业－高等学校－教材 Ⅳ. ①G647.38

中国版本图书馆CIP数据核字(2022)第254172号

出 版 人 郑文礼
责任编辑 郑 丹

出版发行 厦门大学出版社
社　　址 厦门市软件园二期望海路 39 号
邮政编码 361008
总 编 办 0592-2182177 0592-2181253(传真)
营销中心 0592-2184458 0592-2181365
网　　址 http://www.xmupress.com
邮　　箱 xmupress@126.com
印　　刷 厦门集大印刷有限公司

开本 787 mm×1 092 mm 1/16
印张 17.75
字数 358 千字
版次 2019 年 8 月第 1 版 2023 年 1 月第 2 版
印次 2023 年 1 月第 1 次印刷
定价 52.00 元

本书如有印装质量问题请直接寄承印厂调换

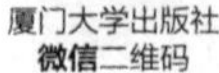
厦门大学出版社
微信二维码

厦门大学出版社
微博二维码

前 言

大学生就业指导是伴随我国大学生“双向选择、自主择业”的就业制度改革而兴起的一门综合性课程，一般面向大学三年级学生授课。自教育部办公厅印发《大学生职业发展与就业指导课程教学要求》(教高厅〔2007〕7号)以来，该课程的教材出版成果丰富。编者以“大学生就业指导”为关键词，在“当当网”和“读秀学术搜索”中搜索，分别查得3222种和1841种教材，说明该教材数量众多，已成为高校公共课教材建设的热点之一。但是，已出版的教材存在以下有待改进的地方：

其一，课程思政维度的缺失。党的二十大报告指出，坚持为党育人、为国育才，全面提高人才自主培养质量。课程思政是贯彻落实这一重要精神的有力抓手。“课程思政”尽管是近年来的新概念，但在此之前，“课程思政”的实践早已开展。编者分别以“大学生职业生涯 思政”和“大学生就业指导 思政”为关键词，在“万方数据”中搜索，获得1189篇和1885篇。这说明，至少从2002年开始，学界已经开展大学生就业指导“课程思政”的实践与理论探索，但遗憾的是，这种探索并没有转化为教材。

其二，专业认证理念的缺失。专业认证是大势所趋。根据“学生中心、产出导向、持续改进”专业认证的三大理念，专业认证并不是申请认证专业的专业课的“独唱”，而是全校教育教学的“大合唱”；专业认证对公共课而言，绝不是“与我无关”，而是息息相关。公共课如果没有参与专业认证，那么专业认证不可能取得成功。目前绝大多数大学生就业指导教材，都把教育目标的对象设定为大学四年级学生，即“教育目标＝毕业要求”，这是一个原则性的错误。因为按照专业认证标准，“教育目标≠毕业要求”，专业认证教育目标的对象是面向毕业5年左右的学生。所以，就业指导课的目标不是帮助学生顺利就业，而是帮助学生成功发展，即帮忙学生在毕业约5年后初步取得成功。如果教育目标的对象是毕业5年后的学生，那么，这门课程就要引导学生了解学校和职场、学生和职业人的差别，实现从学生到职业人的转变，特别要讲授职业道德、人际关系、职称评聘、干部晋升、员工晋职、职场写作等各类职业的通用技能。

其三，经验主义的泛滥。这门课程的教学很容易变成个人经验的叙事，在教材编写上也容易变成纯经验的大杂烩。众所周知,经验是不完全归纳推理,没有普遍必然性,经验不可能不依靠理论的滋养,这种理论绝非职业生涯理论的重复,而是国内外的经典就业理论,譬如马克思的社会交往理论以及符号相互作用论。

基于以上认识,本书的主要特色体现为:

第一,融合思想政治教育相关内容。在每章的开头,编者摘录马克思主义经典作家的名言作为卷首语;在第一章"选择职业方向"中,编者重点介绍了公务员、选调生、事业单位招聘等体制内就业渠道,引导毕业生面向基层,服务农村;在第三章"求职择业准备"中,重点介绍了编制的含义与特点,引导毕业生全面深入认识编制的现实性;第七章"职业道德与交往",全章内容均为就业指导与思想政治教育的交叉部分,意在落实党的二十大关于"提高人民道德水准和文明素养"的重要精神,引导毕业生树立社会主义职业道德,掌握社会主义职场人际交往技巧;第八章"职业晋升"重点介绍年轻干部成长理论,帮助大学生树立脚踏实地、严守纪律的政治意识。

第二,内嵌专业认证核心理念。本书根据专业认证的标准,把离校5年左右的毕业生作为教育目标的对象。这样,教材设计不仅仅是为毕业生的就业目标服务,而更多的是为毕业5年学生的成功就业设计人生蓝图,讲授发展技能。因此,与其他大学生就业类教材相比,本教材增加了"初涉职场""职业道德与交往""职业晋升""职场写作"这四章。"初涉职场"主要讲解角色转换、职业素养、职业礼仪三部分内容,为即将从校园走向社会的大学生讲授必要的职业生存技能。"职业晋升"与"职场写作"是针对毕业生的职业发展技能而编写的,前者主要讲授职称评聘、干部晋升和员工晋职的技巧,后者主要讲解各类职业都需具备的文字表达能力。

第三,恢复经典理论的合理地位。本书采用"经验为主,理论为辅"的编写结构,即在教材编写中,以实用的就业技能为主,选用大量经典案例适当穿插经典就业理论,弥补以往大学生就业指导类教材存在的忽视理论的不足。比如,在第六章"初涉职场"中,编者叙述了"蘑菇定律";在第七章"职业道德与交往"中,编者讲解了马克思的交往革命理论以及象征性交往理论等西方经典理论。

本书由泉州师范学院马克思主义学院陈欣博士、时任副校长杨晓翔教授担任主编。经编写组反复讨论修改,最终由陈欣博士统稿。其中,陈式座负责第一、五章内容的编写,张甲玉负责第二章内容的编写,陈燕红负责第三、四章内容的编写,李小兵负责第六章内容的编写,陈欣负责第七章内容的编写。

在本书统稿的最后阶段,编写组按照党的二十大报告、教育部全国大中小学教材建设规划(2019—2022年)、教育部关于"十二五"普通高等教育本科教材建设的若干意见等文件精神,结合《泉州师范学院教材选用与征订管理办法》(泉师教〔2011〕54号)等文件要求,聘请泉州师范学院马克思主义学院刘玉生教授、刘琼华教授、戴青兰教授等专家对教材进行审读，牢牢把握教材的政治思想性，确保意识形态安全。

本书在编写过程中参考了大量国内关于就业指导方面的论文、书籍以及一些专家学者的理论观点，在此一并表示感谢。他们的工作使本书的内容更加饱满，使实践性和理论性结合得更加紧密。由于编者经验、学识有限，加之成书仓促，书中难免有疏漏和不妥之处，希望专家、读者积极提出宝贵意见，以便更好地修改和完善。

编　者

2022 年 12 月

目　录

第一章 选择职业方向

高校毕业生是国家宝贵的人才资源，基层是高校毕业生成长成才的重要平台。引导和鼓励高校毕业生到基层工作，要深入实施就业优先战略和人才强国战略，进一步创新体制机制，完善政策措施，健全服务体系，畅通流动渠道，加快构建引导和鼓励高校毕业生“下得去、留得住、干得好、流得动”的长效机制[①]。

——习近平

【学习目标】

1.了解当前高校毕业生就业形势；

2.掌握当前高校毕业生的就业方式；

3.了解高校毕业生就业创业相关优惠政策。

【导入案例】

两兄弟爬楼的小故事

一对兄弟家住在80层。他们旅行回来，却发现大楼停电了！兄弟俩背着大包小裹非常发愁，两人商量决定无论如何也得回家，于是开始爬楼。

爬到20层时，他们觉得累了。哥哥说：“包太重了，不如就放在这里，等来电后坐电梯来拿。”于是，他们把行李放下，轻松些，继续向上爬。

但好景不长，到了40层，两人实在太累了。想到只爬了一半，两人开始互相埋怨，指责对方不注意大楼的停电公告，才会落得如此下场。他们边吵边爬楼，就这样一路爬到了60层。

---

① 习近平2016年11月1日上午主持召开中央全面深化改革领导小组第二十九次会议并发表重要讲话。

到了60层，他们累得连吵架的力气也没有了。弟弟对哥哥说："我们不要吵了，爬完它吧。"于是他们默默地继续爬楼，终于到了家门口。

站在80层的楼梯口，兄弟俩互相望了望，想起了一件事：钥匙还在20层的背包里……

案例思考：

故事蕴含的人生道理是什么？

有人说，这个故事反映了我们的人生：

20岁之前，我们活在家人、老师的期望之下，背负着很多的压力、包袱，自己也不够成熟，能力不足，因此步履难免不稳。

20岁之后，卸下了众人的压力，卸下了包袱，开始全力以赴追求自己的梦想，就这样愉快地过了20年。

到了40岁，发现青春已逝，不免产生许多遗憾，于是开始遗憾这个、惋惜那个、抱怨这个、嫉恨那个，就这样在抱怨中度过了20年。

到了60岁，发现人生已所剩不多，于是告诉自己不要再抱怨了，就珍惜剩下的日子吧！于是默默地走完了自己的余生。

到了生命的尽头，才想起自己好像有什么事情没有完成。原来，我们所有的梦想都留在了20岁的青春岁月里。

第一节　就业形势

实训活动：想与读

【想一想】

1.我是谁？

2.我想做什么？出国？升学？考公务员？去大城市还是小地方甚至西部？去大公司还是小企业？自主创业？

3.我能做什么？如果现实和我想象的有差距，该如何缩小差距？

4.我了解就业形势和政策吗？

5.我的资源、环境、人脉能允许我做什么？

【读一读】

位高权重责任轻，
事少钱多离家近。
数钱数到手抽筋，
别人加班我加薪。
——求职者之梦

在理想世界，我们每个人都想找到一份钱多活少又体面的工作，但现实情况怎么样呢？每逢毕业季，都能从各种媒体上看到“大学生就业形势严峻”的新闻。大家已经习惯了每年都是“最难就业季”，每年都有无数的大学生“毕业等于失业”。那么，今年毕业生人数有多少？就业市场有什么最新动向？哪些工作比较热门？对于即将走上社会求职的毕业生来说，掌握这些动态显得尤为重要。

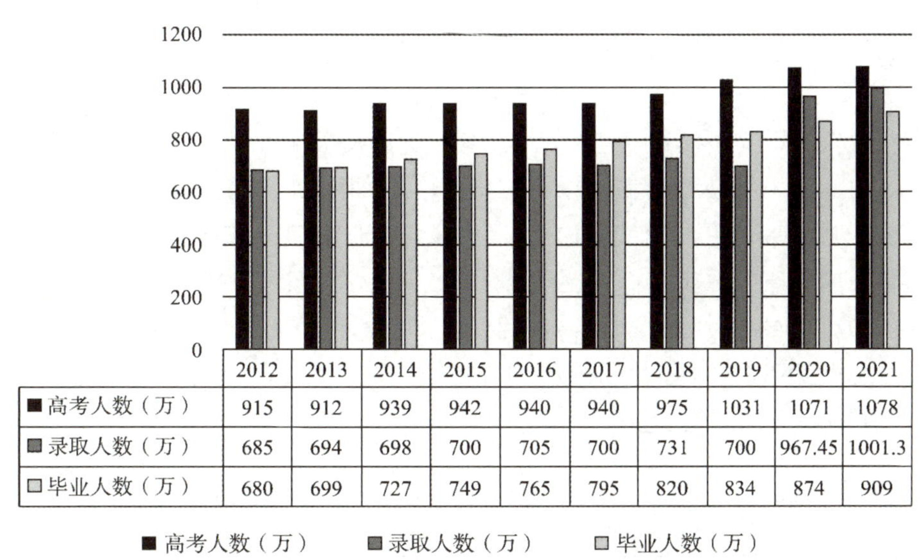

	2012	2013	2014	2015	2016	2017	2018	2019	2020	2021
■ 高考人数（万）	915	912	939	942	940	940	975	1031	1071	1078
■ 录取人数（万）	685	694	698	700	705	700	731	700	967.45	1001.3
□ 毕业人数（万）	680	699	727	749	765	795	820	834	874	909

图 1-1　2012—2021 年全国高考报名、高考录取和高校毕业生人数

党的十八大以来的十年，党中央谋篇布局，“就业优先”上升为国家战略。8000 万名学子就业总体稳定，国家兜底帮扶让有就业意愿的人都有业可就，有班可上。

一、大学毕业生就业总体情况

（一）供大于求

我国的高等教育已经历史性地进入了国际公认的大众化的教育阶段，然而在高等教育大众化的同时，大学生就业难已经成为一个不争的事实，大学生就业压力大，每年毕业生的总体人数在持续上涨。随着毕业人数的增多，该趋势仍然在往更加严峻的方向发展，就业难已经成为一种趋势。

（二）企业主体

在历年的就业统计中，到各类企业就业人数都接近80%，企业成为毕业生就业的最主要单位。根据相关课题组的调查，国有企业、民营企业、三资企业2009—2017年间的合计占比均在70%以上。各类企业特别是非公企业是高校毕业生就业的主渠道，尤其是在泉州、厦门等沿海城市，民营企业后来居上，成为吸纳毕业生就业的最主要单位。民营企业所占的比例增长显著，由2003年的10.7%上升到2011年的45.8%，随后经历了略降再升的过程，但是不管怎样，2011年以后该比例一直稳居第一。三资企业在解决毕业生就业方面也发挥着积极的作用。

（三）质量不高

随着大学生生源的不断减少与产业结构升级对大学毕业生需求的持续增加，大学生毕业半年后的就业率将会稳定在90%左右这样一个相对较高的水平上。就业环境的好转将给大学毕业生带来更多的就业选择，其薪资、专业对口率和职业吻合度将上升，离职率将会下降。福建省人才市场2018年初发布的就业调查报告中有关就业质量的相关数据显示，约六成毕业生毕业后从事着与自己所学专业无关的工作，可见高校人才培养和社会需求的匹配程度还有待提高。从收入水平、专业对口率、职业期待吻合度等方面来看，高校毕业生的初次就业质量还有待进一步提高。

（四）政策隐忧

国家在引导和鼓励毕业生到基层和非公经济组织就业、扶持自主创业、加强就业指导、强化技能培训以及开展见习服务、失业登记、困难救助等方面，明确了多项具体措施。财政对毕业生就业工作的支持力度也越来越大，在毕业生就业公共服务、鼓励和扶持高校毕业生自主创业、为服务基层毕业生提供生活补贴和社会保障等方面给予了有力的支持。就业扶持政策力度逐年加大，但新问题和新困难不断涌现：大学生创业工作亟待加强；就业指导与服务的水平需进一步提升；就业政策有待于精准发力，做好分类施策；基层就业引导力度要加大；就业信息收集发布有待加强；一些地方和高校对毕业生就业工作重视程度不够，办法不多；等等。

二、大学毕业生就业难的原因与对策

【案例分析】

沉睡中的大学生

不知道从什么时候开始，“学霸”、“学渣”、“学弱”（有学霸的心，但总取得学渣般的成绩）等一些名词开始流行。那些年，你认为高考分数将决定你一生的命运，于是你拿着自己的高考成绩寻找自己梦想中的大学，把分数当作赌注，与梦想一决高下。可是后来，怎样了呢？

不少同学上课睡觉的场景，你是否觉得熟悉？

上课时，清醒的没有发呆的多，发呆的没有睡觉的多，睡觉的没有玩手机的多；下课时，自修的没有吃零食的多，吃零食的没有看连续剧的多，看连续剧的没有打游戏的多。如此这般，就业时的失败怎能不比成功多？

考试时，不给范围就不会考试，给了范围也只是复印同学准备的答案。你如果是老板，会雇用这样的员工吗？

上大学前填报志愿，你说不知道自己的兴趣特长。好吧，大学毕业找工作了，你同样不知道自己的兴趣特长。自己都不认识自己，还有谁能认识你？

专业课，学技术不肯动手，学理论不肯动脑。等待你的除了失业还能是什么？你说，你修完了“计算机基础”，却连个PPT都做不好。你的竞争力在哪里？

你说，你修了两年英语，却连与外国人日常对话都打怵。有哪家用人单位需要你？

你说，你修了“思想修养”，但课堂上除了睡眠的抗干扰能力得到提升外，在思想修养和道德品德方面，得到了应有的提升吗？

你说，你修过“阅读与写作”，但你读的是手机，你写的是微信。对语文，自己都没信心，你还想指望别人对你有信心？

这些话，是否直戳你的痛点？

实习要让父母开假证明，评先进要让父母找关系，补办证书要父母跑学校。找工作的时候，你能有一分坦然和自信吗？

唯一投入其中的是游戏，耗时最多的也是游戏，而你的自荐信对此又只字不提。自己做的连自己都不认可，世界上，还有谁会认可你？

讲大道理的时候你口若悬河，伸手要钱的时候你撒娇耍赖。你可以欺负你的父母，世界也能任由你欺负吗？

离开了电脑你还能做什么？离开了游戏你还喜欢什么？离开了家你还能到哪里去？离开了父母还有谁会给你送水端饭？对于这些问题，你都找不到答案，你还想找到前程吗？

案例思考：

1.在阅读完以上文章后，你认为大学生就业难的原因是什么？

2.对你个人来说，现在努力还来得及吗？你觉得应该怎么做？

（一）大学生就业难的原因

1.结构性矛盾，供求错位

调查实证研究证明，“就业难”不是供给大于需求，而是就业结构性矛盾突出造成的一种阶段性社会现象。

高校专业设置与快速变化的市场需求发生错位。大学生就业与产业结构的调整以及地区经济发展周期有较大的关联。

调查中发现，产业结构调整带来的是职业、职位、岗位的变化，四年前还是社会需要的热门职业，四年后变成了滞销专业，供给与需求错位在一定程度上造成了大学生就业难。

2.准备不足，生涯模糊

大学生就业不是到了大四才开始准备，而应在读大学的第一天就有思想基础。一年级了解自我，二年级锁定感兴趣的职业，三年级有目的地提升职业修养，四年级初步完成学生到职业者的角色转换。大学生对市场变化、社会变化关心度较低，注意力和精力都用来应付考试了，多数学生的职业目标相对模糊，没有很好地把兴趣、爱好与自己所学专业结合起来。

3.落花有意，流水无情

你看中企业的薪水，企业看重你的才能。很多企业不愿意招收应届毕业生，主要还是因为应届生经验匮乏，偏重理论，专业素质不够高，很难在短时间内为公司带来效益。

4.心比天高，现实残酷

根据以往大学生就业质量研究报告汇总，可以看出不少应届生毕业后第一年频繁换工作。直呼就业难的一个直接原因就是对未来缺乏规划，不能对自己的能力做出合理的判断，一味好高骛远。

（二）大学生就业难的对策

对大学生来说，外部的环境无法掌控，要避免走上“毕业等于失业”的道路，只能从改变自身做起。第一步，就是进行合理的职业规划。在规划过程中，你能更加全面地认识自我，明确未来的发展方向。而不至于像很多大学生一样，四年浑浑噩噩，等毕业时，“就业难”迎面而来。

1.提早规划，抓紧行动

毕业以后做什么，走上什么样的道路？在很多大学生眼中，这是到大四才需要思考的问题。

“你的职业规划是什么？”已经成为企业人力资源顾问面试时必问的问题。而很多应届生从没想过这个问题，只能支支吾吾，闪烁其词，或是缺乏对自己的正确认知，而夸夸其谈。

如果到大四才想起职业规划，那“毕业＝失业”往往会变成现实。其实，职业规划，早在报考大学选专业时，就要开始了。如果大学里不幸被调剂到了一个不喜欢的专业，更加需要早早进行职业规划，可以在大二时报个双学位，或是去参加校内培训，学习一门热门技术，以便毕业后能有个不错的出路。

2.了解自我，准确评估

高校大学生就业难的一个关键点就在于很多大学生自我认知不够，不能依据自己的能力进行准确的自我定位，以至于工作后薪资、工作环境等与心理预期相差太大，毕业第一年频繁跳槽。对自己进行准确的评估，转变自己的观念，是顺利就业的关键所在，也是职业规划中至关重要的。

3.内行看门道，外行看热闹

职业规划必须基于对行业的了解，而这一点，也是很多大学生目前所忽视的。对于很多大学生来说，需要明确的一点是，毕业后，找到一份对口工作的概率已经变得越来越小。你大学所学的专业，并不是决定你未来出路的唯一条件。了解一个行业，除了上网搜索之外，也可以找相关行业的技术大牛进行咨询。

第二节 就业渠道

随着大学毕业生的逐渐增加，近年来，大学生就业的总体形势越来越严峻，表现为社会需求疲软、就业质量降低、就业稳定性下降。2018 年 4 月 19 日，国务院印发了《关于做好当前和今后一段时期就业创业工作的意见》，鼓励高校毕业生多渠道就业。当前高校毕业生的就业形式主要有以下几种：

一、公务员招考

（一）公务员概述

1.公务员的概念

公务员是指依法履行公职、纳入国家行政编制、由国家财政负担工资福利的工作人员。

2.公务员的范围

中国共产党机关、人大机关、行政机关、政协机关、审判机关、检察机关、民主党派机关的工作人员。

3.参照公务员管理的事业单位工作人员

事业单位一般指以增进社会福利，满足社会文化、教育、科学、卫生等方面需要，提供各种社会服务为直接目的的社会组织。

参公身份，是事业编制，不是行政编制。参公身份是介于行政编制和普通事业编制之间的一种特殊事业编制身份。与公务员的主要区别：不是行政编制不是公务员，退休后按事业退休人员处理。与普通事业编制人员的主要区别：可以参加公务员交流、有非领导职务、待遇参照公务员。

4.公务员的优势

“吃官饭”收入稳定有保障；社会地位比较高；工作时间有规律，不会乱加班；有职业年金，公费医疗；享受住房公积金的同时，还享受住房津贴。

（二）公务员考试概述

1.公务员考试的概念

公务员考试是由公务员主管部门组织的、用于录用担任主任科员以下及其他相当职务层次的非领导职务公务员的考试，是在规定的编制限额内，按照确定的招录计划，针对相应的空缺职位进行的面向社会的、公开的竞争性考试。凡符合报考资格条件的人员均可报考。

具体主要有两项考试：中央、国家机关公务员录用考试和地方公务员考试。

2.中央和地方公务员考试的区别

(1)考试性质不同

中央公务员考试属于招聘考试，考生填报相应的职位进行考试，一旦被录取便成为该职位的工作人员。地方考试有资格考试和招聘考试两种。

(2)招考对象不同

中央公务员考试是面向全国进行招考的，而地方公务员考试主要面向当地的居民和在当地就读的大学生以及本省生源的大学生。

(3)考试科目不同

中央公务员考试包括笔试(公共科目、专业科目)和面试，专业科目考试的组织实施由招录机关负责。各地方的考试科目都是地方自定的。

(4)考试时间不同

中央公务员考试时间一般固定为每年 10 月份报名，11 月份考试；地方的考试有的一年两次，春秋各一次，也有根据需要随时招考的。

3.公务员考试的特点

(1)公开、平等、竞争、择优；

(2)德才并重，考试考核相结合；

(3)录用范围特定；

(4)党政群机关联合招考，全方位进行；

(5)对少数民族和转业军官报考者给予照顾;

(6)严格的调控、监督和巡视。

【案例分析】

公务员考试152分的成功经验

可能大家都认为公务员考试越来越难,竞争比例动辄100∶1,考试难度每年加大,好像不花上万块报什么特训班、封闭班都不可能考上一样。但是我想说的是,各位考友,别被吓到了,公考根本没有你想象的那么难!

决定参加国考的时候离正式考试只有不到两个月了。一个师兄告诉我,公务员考试可不是四六级,靠蒙靠运气没戏,不考个四五次很难找到北!幸好我根本没理会这种"劝解",按我自己的想法拉弓上马开始复习。最后考完分数出来,顺利晋级面试。

因为笔试领先很多,面试也毫无悬念地通过了。看到录取结果的那一刻,久久压在心里的那口气终于松了。

其实后来聊起来,还有很多人对我一次性上岸感到难以相信,其实我也并不是什么天才,关键还是方法。

1.行政能力测试

学解题技巧就是刻舟求剑!99%的人都会掉入这个坑!现在绝大多数辅导班和参考书都是把一些历年的真题和技巧翻来覆去地讲。听的时候让你觉得很有用,做模拟卷的时候也感觉得心应手,可一旦真刀真枪上考场就用不出来。这种情况非常普遍,很多人考到放弃都不知道怎么回事。

某网络培训老师的每一堂课只有10分钟左右,听完课马上就是对应的"课程记忆点+配套练习",相比其他一些网课动不动就上一个多小时的要更容易让我集中精力。虽然课程时间短,但是她会一一解答学生在课后提出的问题。一开始我并不知道为什么她要花那么多时间来讲那些看似无关的思路,学完课,看完答疑再去做题才发现,只要这道题搞懂思路了,类似的题目就算变着花样来出题,我也能知道用什么方法来解,真正举一反三。

总之,行测并不是很难,注重思维训练的同时,保持一定强度的做题练习就可以了,一般3000题以上的练习量是要保证的。

2.申论

某网友热情地指出了我申论写作的问题:(1)不了解申论的性质和要求,纯粹主观瞎写;(2)行政知识和政治理论修养严重不足。他建议我暂时停止写作,先系统学习申论的一些必要基础理论，然后掌握一个简单可行的申论写作套路，再逐渐开始练习。

只剩不到一个月的时间了，我就近选择了一套申论课程，学了一轮才明白过来，我原来写的那根本不叫申论，对申论的框架、要点和语言要求都是一知半解，课程讲解很清楚，一听就懂，背下来就能用。

我一边保持课程学习，一边重新恢复写作练习，写完就提交到网络社区请求小伙伴互批，还抢到过几次申论批改卡得到老师逐字逐句的批改。每一次批改完我都能很快发现自己答题的缺点，特别是最后的大作文，之前稀里糊涂写得再多也不如现在通过学习了解了申论的写作思维和评分标准后，分条理按采分点来写，训练绝对是“在精不在多”。考前在社区的最后一次申论模考中我拿了 65 分，这也给足了我信心。

最后，经验我总结起来就是三点：

第一，行测要围绕思维来展开学习，不要纠结于掌握多少种题型，而要看每种题型的考查思路是不是能够领会。

第二，申论不能埋头写作。要吃透评分标准，了解清楚场景、立场和基本理论，然后再有目的性地改进文章，不能闭门造车，天马行空。

第三，训练“在精不在多”。虽然学习时我走了很多弯路，但无论是行测还是申论，我自始至终都没有采取“题海战术”，而是先学完系统课程后，把配套的代表性题目精练一遍，记住是精练！搞懂出题意图，搞懂选项设置，搞懂解题思路。之后自然能得出一套方法，再运用到类似题型上，答题效果立竿见影。总之，刻苦当然不能少，基本的训练量也要保证（行测 3000 题以上，申论 20 篇以上），但训练过程中一定要注重质量，研究透一道题比连蒙带猜刷 100 道题价值更大。

案例思考：

以上考生的经历，对你有何启发？

二、选调生

选调生考试也属于公务员考试的一种，针对应届生举行。竞争压力比国考以及省考小很多。它是各级组织部门有计划地从高等院校选调品学兼优的应届大学毕业生及具有 2 年以上基层工作经历的大学生“村官”到基层工作，作为各级党政领导干部后备人选的主要来源进行重点培养。考上就是干部，对于应届生来说是较好的出路。

录用流程如下：

1.发布招考简章、通知

按照省委确定的选调原则和要求，选调前发布招考简章，下发选调通知，就选调的有关问题向社会和各高校公布。

2.报名

高等院校按照选调要求，进行动员和部署，讲明选调的意义、条件，以系为单位组织报名，报校(院)党委研究同意后，填写《高等院校应届毕业生选调报名登记表》，报省委组织部进行资格审查。

3.考试

省委组织部会同省考试中心，对符合选调条件的毕业生进行国家公务员录用考试，按录用人数 1∶1.5 的比例从高分到低分确定考察对象。通知高校填写《高等院校应届毕业生选调分配登记表》一式两份，报省委组织部。

4.考察

对确定为考察对象的选调生，省委组织部组织人员进行全面考察，逐一形成考察材料，研究提出拟录用的初步名单。建立考察责任制，对考察情况考察人要逐一署名，如发现考察失实，要追究考察人的责任。所在院校也要如实介绍学生的情况，如发现与实际情况有较大出入，对院校予以通报批评，情况严重的，取消下一年度的选调计划。

5.体检

对研究确定的拟录用人选，通知高校组织其到统一指定的市地级以上医院进行体检。

6.录用

体检合格后，作为正式录用人选，办理国家公务员录用手续。选调生一经省委组织部确定录用，高校和本人不得另找其他接收单位。

7.分配、派遣

选调的毕业生由省委组织部根据工作需要和地域情况分配到市地。市地委组织部根据省里确定的分配原则，分配到乡(镇)或市地属国有大中型企业工作。少量的也可安排到农村工作。分配意向确定后，报经省委组织部同意后实施。选调生纳入省毕业生分配计划，由省毕业生分配部门根据省委组织部确定的分配去向，办理派遣手续。

8.档案转递

高校接到选调生的报到通知后，按照分配去向，及时将其档案转递到市地委组织部，由市地委组织部转递到有关县（市、区）委组织部。

9.职务、工作安排

选调生到基层后，本着有利于成长的原则一般安排到乡（镇）担任乡（镇）长助理或村党支部副书记。到企业工作的选调生也要安排相应的职务。到乡（镇）工作的选调生，列入乡镇行政编制，作为国家公务员管理；到企业工作的选调生，将来调入机关时，免于国家公务员录用考试。

【案例分析】

18人选调生4人升到处级以上

18年前，来自湖南省高校的18名青涩大学毕业生，怀揣理想抱负，头顶“选调生”耀眼光环，一起走进湘西土家族苗族自治州偏远乡村。相同的起点，不同的际遇。18年后，他们有的仍扎根基层、默默坚守，有的已选择离开，找到了属于自己的另一片天空。

县长，县国土局局长、卫计局局长，县委组织部副部长、党史办副主任科员，州卫生监督所所长……

1个正处，3个副处，9个正科，2个副科，3个离职——这是18年后，我们18名选调生的成长清单。

杨志慧，现任保靖县县长，是我们18人中进步最快的一个，出生于1975年的她，当县长已两年了。

她说：“我刚当县长不久，有一天，有群众聚在县政府门口上访，我恰有事要外出，工作人员叫我避一避，从别的门走，我说‘群众有问题，就该正面回应，作为一县之长，躲起来算怎么回事？丢不丢人？!’”

眼前的志慧，模样跟十几年前相差无几，短发，爱笑，一笑起来眼睛就眯成一弯新月。但聊开后，其言语间透露出的自信、果断、威严，让我看到了她的明显变化。

“我问清情况，召集相关部门负责人，很快就把群众反映的问题妥善解决了。”说话间，有消防车的警笛声从不远处传来。她马上掏出手机打电话，口吻严肃而简洁：“赶紧摸清情况，告诉我！”

“别人只看到结果的光鲜，却没看到过程的艰辛。但也正是这些艰辛，造就了今天的我。”志慧说。

案例思考：

你从这些选调生的经历中学到了什么？

三、事业单位招考

事业单位考试又称事业编制考试，这项工作由各用人单位的人事部门委托省级和地级市的人事厅局所属人事考试中心(事业单位，考试中心命题和组织报名、考试并交用人单位成绩名单，部分单位自行命题组织实施)。目前尚无全国和全省、市统一招考，最多县级各个单位统一招考，一般规模大的采取网络报名，人数少则现场报名。

根据各个地域不同，招聘单位不同，考试科目也有不同。教育、农业、水利、文化、粮食、环保、卫生、安监、劳动、妇联等部门招聘笔试科目设置为：公共基础知识和职业能力测验。采用封闭笔试，满分 100 分，考试时间一般为 120 分钟。面试和笔试的比例：笔试占 60%，面试占 40%(有省市的事业单位笔试面试的比例为 50%∶50%)。笔试内容：政治、时事、法律、职业道德等公共基础知识和职业能力，题型有客观题和主观题，很多单位只设客观题。

四、教师招考

(一)考试形式

大型事业单位教师招聘考试(原则上需要有资格证才能参加教师招聘考试，一般都有编制)。农村义务教师招聘考试(特岗)：相对简单，聘任制签合同三年，如果是去特别偏远的山区，可能会发资格证。单独学校教师招聘：可能会是编制，也可能是合同制。

(二)应知应会要点

1.确定自身的条件

例如是否拥有教师资格证、自己的户籍是哪里、年龄、是否为在职教师、拥有的学历、毕业年限(哪一年大学毕业)、普通话证、计算机等级证书，具体需要查看公告的说明。

2.确定报考的省份地区

特岗、招教是否想一起报考，会不会有时间冲突，等。

3.报考地区往年的报考条件、报名时间、考试时间、考试内容

报考条件重点了解毕业年限，学历限制，年龄限制，是否要求专业对口，是否要求有教师资格证、计算机等级证、普通话证，户籍或生源。

招教考试一般集中在每年的 3 月到 4 月，特岗考试时间一般从每年的 3 月份开始。一般的招教报名时间和考试时间通常相差 15 天左右，即报名后 15 天左右考试。招教考试信息出台到正式考试之间时间较短，建议广大考生提前购买教材并参加培训，提高在招教考试中的竞争力。

考试内容一般为教育理论基础（含教育学、心理学、教育心理学、新课程改革、教师职业道德、教育法律法规等）和学科专业知识两大科（个别地区教育理论基础会有公共基础知识和时事政治）。具体要看报考地区的招聘简章，参加省统考的地区参考省统考的考试大纲。

第一种内容为：学科专业知识和教育学、心理学、教育心理学、教材教法、教育法规、新课改等相关的教育理论知识。这种情况最为普遍。

第二种内容为：学科专业知识和公共基础知识。不同地区公共基础知识的考核内容也有不同，有的地区就是指上面的教育理论知识，有的地区是指文史、法律、数学、政治时事等综合知识。

第三种内容为：职业能力倾向测验＋教育基础知识，这种情况比较少见。

（三）笔试内容

招教考试题型一般包括单选、多选、填空、名词解释、简答、论述、辨析和作文。各地区会根据实际情况选择其中的几种，一般不会全部出现。如果教师招聘的公告中没有写明考试的题型，一般是考常规题型。

（四）面试内容

面试一般有结构化面试、说课或试讲几种类型，具体以所在省份的教师招聘考试公告为准。

【案例分析】

福建省教师招考达人经验分享

苏媛媛，厦门市湖里区教师招考第一名。她把自己的经验分享如下：

厦门市湖里区2018年教师招考报名86个，录取6个。

考得好不如报得好，玩的就是心理战。思明、湖里、集美三个区竞争较激烈，就去年来说，据我了解到的，集美区小学英语教师岗位，不仅笔试报考的人比例最高，面试有许多代课老师，而且个个实力雄厚，竞争是相当激烈的。不过，话说回来，做好自己，心理应该强大些，走自己的路。

笔试：

(1)学科(教育学＋心理学＋法律法规＋师德＋时政)

如果你现在已经着手备考，恭喜你，你有相当高的觉悟。但我相信也会有人报名后才开始准备，一个月的时间也是足够的。就拿我自己来说，因为背书慢，所以就比较早开始准备。暑假我就买了好几个机构的书，然后进行对比，问问学姐，搜集有益的资料和建议。其实每个机构的教材都可圈可点，没有太大的必要去纠结用哪个，因为其实教师招聘考试的官方材料只有考试大纲，剩下都是各个机构去发挥增添的。所以可以先研究下真题，然后敲定比较适合自己的教材。我个人比较建议大家报个班，利用暑假的时间梳理一下知识点，而且这段时间报名好像格外划算，可尽早留意。

然后接下去的时间安排规划好，一个阶段一个阶段地去巩固温习，效果十分显著。

笔试中教综占比40%，心理学偏重理解，教育学偏重记忆。所以我是先复习心理学，心理学对应着实验来理解还是蛮有趣的。在准备教综期间，我整理过笔记，还是不错的。不过提醒大家不要为了做笔记而做笔记，我可能过于追求美观，耗费了不少时间，到后期就来不及了，直接用教材背。教育学我是顺一遍后反复记忆，前面部分的各国的教育起源和发展可以自己画思维导图或者表格方便记忆。一些大题，各大机构有记忆口诀，事半功倍！当你过了一两遍之后，可以找个一起备考的小伙伴，互相抽背，检测自己的疏漏，也顺便复习自己已经掌握的知识点。还有一个很好的方法就是盖上书本，把每一个章节的每一个知识点用思维导图默写出来。把这套书背得滚瓜烂熟肯定考得也不会差，当然有一些知识点需要自己去理解。内容上可能还是需要自己做些补充。

时政是临考前一周才开始准备的，机构的押题内容全面，刷起来又很方便，各个机构大部分有押中那几道题的，不过大家多多关注近两三个月的时事，对这一部分还是有帮助的。

(2)专业(选择＋阅读＋翻译＋短文填词＋作文＋课标/教学法填空＋教案设计)

选择，阅读，翻译，短文填词，作文——考查平常的功底。课标小黄皮书，要提早背，现在考得越来越细，不再局限于大标题。

面试：

面试成绩占60%，重要性不言而喻。同学们不要因为笔试排名而气馁或者松懈，因为面试更加重要。要有信心，因为很多往届的没有我们这么充裕的准备时间。并且应届生面试并不一定是劣势，因为应届生的可塑性更强。总之，笔试就是脚踏实地地读，面试要找资深的老师指导并勤加练习。因为我大一就坚定了要当老师的志愿，所以常常去观摩学校里的教师技能大赛，看看优秀的学长学姐是如何片段教学的，然后逐渐地自己去参加各种各样的舞台比赛，通通去试试看，主要是练自己的胆量、台风和语音。因为有了大一大二的基础，我大三就参加了规模比较大的全国性教师新秀大赛，获得许多宝贵经验和不错的成绩，慢慢地对于自己教师招考的面试教材也有一些琢磨和推敲。通过比赛，我也领略了全国各个地方优秀教师的风采，收益不少。

我笔试成绩还没有出来就开始准备面试了，其实我对于自己的笔试没有很大的把握，但是不管你有没有进面试，一定要做好准备，因为机会总是眷顾有准备的人。我第一步：找找市面上的面试经验，自己先了解熟悉片段的步骤。然后划分教材的课型，比如分为名词（食物/动物/季节……），形容词（外貌性格……），时态，问候语……。第二步：找指导老师，每次准备一个片段，让老师指导，这个超级重要。每次去找指导老师就上一种课型，比如关于动物的。指导完回来记得修改、反思，举一反三很重要。第三步：考前一周因为比较远，指导老师期末也比较忙所以就自己练习。考前一周尽量把课型都过一遍。

案例思考：

苏媛媛的经历，对你有何启发？

五、国企招聘考试

在国企就业的好处是：有稳定的收入，良好的福利保障；有国家做后盾，安全系数高；注重员工素质，为人处事遵循一定规则；有些行业工作相对安逸，心理压力相对较小；锻炼人，能够形成良好的就业观。

在国企就业的弊端是：入门难，不容易进入；论资排辈；人际关系较复杂；中西部的国企，大多待遇一般。

国企招聘开始一般包括电力系统、电信、移动、联通以及省属、市属国有企业。国企招聘一般采取校园招聘形式，针对应届生选拔人才。

(一)国家烟草专卖局、中国烟草公司

烟草种植以及烟草工程类专业的在烟草专卖局和烟草公司会有一个很好的发展平台。烟草招聘不是特别偏向于机械类、电气类和烟草种植类专业。

(二)中石油、中石化

中石油、中石化的岗位大都是专业性比较强的,比如说化工、石化等专业。而且两家单位还都是世界 500 强企业,招聘时很受毕业生欢迎。

(三)商业银行

银行一般采取校园招聘形式,所以应届生是你进入银行的最好身份。多留意一下校园网站信息,有宣讲会别错过。首先要通过银行的网申才能进入笔试和面试,网申主要集中在 9 月份。银行考试分为笔试和面试,笔试内容又大致分为四类:

(1)EPI——通用就业素质测评,包括五大模块:言语理解、逻辑推理、数字运算、思维策略、资料分析。

(2)英语,包括单项选择、阅读理解、完形填空三种题型,主要考查单选和阅读理解。

(3)综合知识,分为专业知识和公共基础两个方向,专业知识包括金融、经济、会计、管理、市场营销。公共基础包括计算机、法律、时事政治、银行特色知识、百科常识、统计学、思想品德。

(4)职业测评。职业测评主要是检测考生是否有心理疾病、性格缺陷等,在面试时作为一个参考。面试的主要形式就是半结构化面试和无领导小组讨论。

六、非公企业

(一)外企

在外企就业的好处是:高薪、福利好、工作环境好;有系统的企业文化、管理制度,能够学到更多的东西;强调个性和创造性,有利于培养能力,搭建人脉;注重员工发展,给予员工诸多培训;实力雄厚,不会出现拖欠工资、罔顾员工权利等现象。

在外企就业的弊端是:起点高,发展空间不大,工作量大,加班频率高;竞争激烈,神经随时紧绷;打入核心机构难上加难,可能性基本为零;对外语有很高要求。

(二)民营企业

民营企业不等于私营企业。民营企业,是指所有的非公有制企业。除国有独资、国有控股外,其他类型的企业只要没有国有资本,均属民营企业。

民营企业包括以下六类企业:

(1)个体工商户;

(2)个人、家庭或家族所有制的企业;

(3)个人、家庭或家族所有制的企业通过改制而形成的股份制企业;

(4)通过国有资产重组而形成的,既有国家投资,又有个人、家庭或家族投资的企业;

(5)合伙制企业;

(6)由公众集资而建立的企业。

显然,民营企业与私营企业是不能等同的,前者更加宽泛一些。根据上面的分类可以看出,显然第一类、第四类不能划归到私营企业当中去。同样,民营企业也不能简单地称为非公有制企业。

民营企业的工资特点:低工资,高提成。

民营企业就业的优势是自由性大,升职、积累经验相对更快;私企工作不单调,一职多能;劳有所得,按照贡献决定你的待遇。

在民营企业就业的劣势是:风险较大,经济危机到来,私企一批批倒台;企业人文环境参差不齐;竞争相对激烈,工作环境不稳定,下岗可能性大,不能保证福利;有些制度不合理,吃亏也只能忍着。

七、考研

全国硕士研究生统一招生考试简称“考研”,是教育主管部门和招生机构为选拔研究生而组织的相关考试的总称,由国家考试主管部门和招生单位组织的初试和复试组成。

(一)常见的名词

1.学术型硕士

以培养教学和科研人才为主。按招生学科门类分为哲学、经济学、法学、教育学、文学、历史学、理学、工学、农学、军事学、医学、管理学、艺术学13大类。

2.专业硕士

具有职业背景的学位，培养特定职业高层次专门人才。中国经批准设置的专业硕士已达15类，专业硕士教育的学习方式比较灵活，主要分为非全日制和全日制学习两类。

3.同等学力考生

报考硕士研究生同等学力者是指未获得国家承认的本科学历，但是业务水平达到了本科毕业生水平的生源，这类没有国家教育部承认的本科毕业证书的考生，均属同等学力考生。

4.在职研究生

在职研究生是国家计划内，以在职人员的身份，半脱产，部分时间在职工作，部分时间在校学习的研究生学历教育的一种类型。2016年研究生招生制度改革，“在职研究生”改称“非全日制研究生”。

5.非全日制研究生

非全日制研究生指在从事其他职业或者社会实践的同时，采取多种方式和灵活时间安排进行非脱产学习的研究生。2016年12月1日后录取的研究生从培养方式上按全日制和非全日制形式区分。

6.非定向研究生

在录取时不确定未来的工作单位，在校期间享受国家规定的奖学金和其他生活待遇。毕业时应服从国家就业指导，在国家规定的服务范围内进行安排或实行双向选择。

7.定向培养研究生

在招生时即通过合同形式明确其毕业后工作单位的研究生，其学习期间的培养费用按规定标准由国家向培养单位提供。

8.统考

统考也就是全国研究生入学统一考试，分为公共课统考和专业课统考。公共课统考包括政治、英语、数学。专业课统考有以下专业：法硕、西医综合、中医综合、教育学、历史学、心理学、计算机、农学。

9.联考

联考也就是全国联考，是由招收该专业硕士的多所高校联合招收，统一命题，一般有管理类联考、法律硕士联考等。

（二）初试

1.初试时间

考研初试日期是由国家教育部统一规定的，2012—2014 年初试时间为 1 月的第一个周末；2015—2017 年初试时间为 12 月的最后一个周末；2018 年以来初试时间为 12 月的倒数第二个周末。一般来说，若无重大原因，考研初试时间不会发生太大的变化。

2.考试科目

一般共四门：两门公共课、两门业务课。两门公共课为政治、英语一或英语二；业务课一为数学或专业基础，业务课二（分为 13 大类）为哲学、经济学、法学、教育学、文学、历史学、理学、工学、农学、医学、军事学、管理学、艺术学等。

法硕、西医综合、中医综合、教育学、历史学、心理学、计算机、农学等属于统考专业课，其他非统考专业课都是各院校自主命题。

3.考试成绩公布时间

一般是每年 2、3 月份，但是不固定，具体时间还要看省教育考试院的通知。比如 2017 考研成绩是从 2 月 15 号开始公布，2018 考研成绩是从 2 月 3 日开始公布。

（三）复试

1.复试资格

达到国家分数线后，各大高校会根据招生比例，安排复试，大部分会采取差额复试，比例在 1∶1.2 至 1∶1.5 之间，甚至更高，具体差额比例考生需要在学校官网上公布的研究生复试招生简章中进行查询。

所谓差额复试，举个例子：一个专业需要招收 10 名研究生，差额比例如果是 1∶1.2，那么将会有 12 名考生进入复试。所以如果一名考生过了国家线或者院校线，但排名没有进入前 12 名，还是没有参加复试的资格。因此不是过线就能参加复试，考生还需要结合复试比例、排名等情况进行综合分析，不要一味只关注是否过线。

2.考研复试流程

大部分院校的复试流程会包括笔试和面试两方面，当然也有部分院校只进行面试考试，具体情况要根据不同院校的考查要求确定，总体来说复试从出分开始，可以参考图 1-2 所示流程：

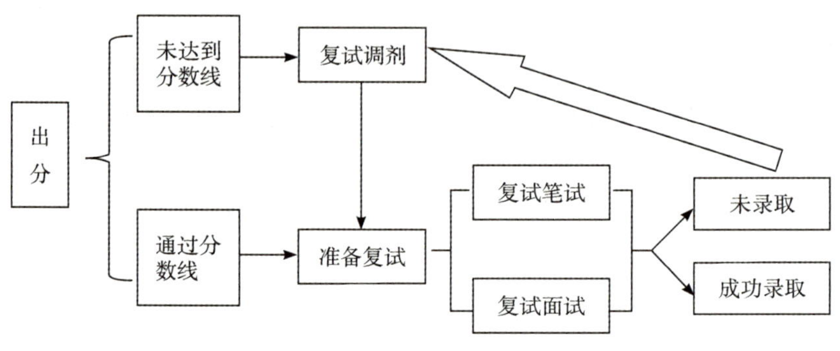

图 1-2　考研录取流程

复试时的流程：报到—体检—专业笔试、听力考试—综合面试、专业面试、英语口试—加试。

3.考研复试面试的形式

一般院校的复试都会采取结构化面试或是小组面试的形式。

结构化面试：是传统的面试形式，大多数高校都采用此类型的复试面试，面试形式是多对一的，大部分是 3 对 1、5 对 1 和 7 对 1，可能还有记录员。导师手里有一个给学生评分的表格，还有可能会提前准备好复试题目让考生抽签回答，导师根据考生的回答，可能还会追问各种问题，目的就是从不同角度考查学生的综合素质。

小组讨论面试：也叫无领导面试，此种面试是将多名考生临时组成一个团队，分析并解决既定的问题，目的是考查考生的组织能力、团队协作能力以及分析解决问题的能力。这种面试形式通常会用于职业面试，但是近两年越来越多地被用在院校专业的复试面试上，这也是未来研究生复试面试的一种趋势。

【案例分析】

从三本到985——我的考研逆袭之路

从三本到985，标题只是一个噱头，比我优秀的人还有很多，他们的经验或许比我更有值得借鉴之处，但是我想分享一些关于心态的问题。因为正确的意识和心态，是包括我在内的每一个考研成功的人必备的，它是考研复习最关键的东西。

一、考研是一场持久战

(1)制定复习作息时间计划

大家一般准备考研就是从3月份到12月底，基本每天的生活就是图书馆—宿舍—食堂，三点一线，如果没有研友的话，好几天都跟别人说不上一句话，其中的艰辛只有咱们自己知道。

所以，近一年的复习该如何安排，计划很关键。考研是一场持久战，要以一种过日子的心态去对待。最好根据自己的情况，制定合理的作息时间表。我的作息时间表大家可以参考一下：

①5:50起床；

②6:20买早点；

③6:30到图书馆，背单词；

④7:00英语阅读，分析文章；

⑤11:00去吃饭(早去吃饭，与别人的时间点错开，以免食堂人太多而浪费时间和座位被占的情况出现)；

⑥12:00回来，趴桌子睡觉(睡午觉的重要性：如果不睡，就会困。只睡10分钟已经养成习惯，雷打不动)，睡完上一会儿论坛；

⑦12:30专业课整理(9月份开始下午复习政治)；

⑧17:00同样早吃饭；

⑨18:00将白天复习内容简单地再过一遍，继续弄专业课；

⑩22:00闭馆，回宿舍(回去之后不再看书，宿舍不是看书的地方，该休息就要休息了)；

⑪23:00睡觉(说睡就睡，必须保证睡眠时间，不然早晨起不来)。

(2)养成习惯

固定的作息时间，我从复习第一天，坚持到考研前一天。即使最后的冲刺阶段，也不会延长复习时间。雷打不动，已经成了一种习惯。成习惯，这很重要，因为考研是持久战，不是一天两天，硬着头皮去坚持是非常痛苦的。

(3)一鼓作气,再而衰,三而竭

如何形成习惯,制定作息时间表,一定得符合自身条件和目前的承受能力。切记不要一上来就给自己高强度的复习安排,比如平常每天复习6个小时,一下定决心,要复习12个小时,说要半夜几点几点睡觉。这些对复习都是有害的。同时,我们也经常看到有人去泡自习室,有时饭也不吃,几天高强度的复习之后,就再也没有来。原因在于,复习的热情被消耗了。古人讲"一鼓作气,再而衰,三而竭",考研不是一天两天的,不可能毕其功于一役。一鼓作气效果在短时间可能很好,但以后呢?就是"再衰三竭"了。有规律的复习,可以把你的热情和劲头保持在一定程度上,不至于被迅速消耗。

所以,复习强度一定要适合自身条件。如果一定要高强度,一点一点去调,看看自己是否能接受,再增加强度。

二、考研是一场信息战

(1)总的来说,考研要比高考难

因为高考有老师的帮助,基本上跟着老师的计划复习就差不多了。但是考研是自学的,没有任何老师会帮助你。所以需要你去了解如何复习,重难点在哪里。关键的是复习的思路和方法,方法的错误可能会导致最终考研失败。即便后期发现了自己的错误,也很难有机会去挽回了。我身边就有很多这样的例子,英语不重视分析真题,政治不重视红宝书,不练题。

(2)信息渠道

所以说,事先多去了解这些信息,这些信息从哪里来。最方便的是网络,比如考研论坛、跨考考研、研招网等。

①借鉴别人的经验方法

论坛里有很多的经验帖,多去看看别人经验,再看看自己是否有不当之处,是否需要借鉴。同时,你还可以从论坛中找到研友,在交流中肯定会获取很多经验。研友之间相互交流也能缓解自己的疲劳和焦虑。

这里还想提一下面对经验帖的态度问题。成功永远不可能被原原本本地复制,因为每个人的条件是不一样的,论坛里经常会有英语复习几个月就成功的帖子。各位学弟学妹一定要知道,每个人基础不一样,有些人基础好,很轻松地拿高分;有的人基础不好,到最后只能勉强过线。两者的复习工作肯定不一样的,再加之个人习惯、复习条件等因素,只能自己制定自己的计划。

尝试很重要,让这些经验为自己所用。不过,个性归个性,共性还是有的,这里谈的不是具体方法,而是考研态度问题,应该所有人都适用。

②找学长或学姐

有一种重要的信息是关于目标院校的，这需要找到自己专业的学长或学姐。他们手中有非常珍贵的院校信息，比如真题、复习资料、复习重难点、心得体会、导师情况，这些都是非常非常重要的。前人的经验会使你的复习更有针对性，也更有效率，事半功倍。所以，要想尽一切办法去找到他们。学长学姐们也很乐意将自己的经验告诉学弟学妹们。我当时就找到三位学长，他们给我的帮助很大，非常感谢他们。

除此之外，了解信息的渠道还有考研公众号、学校论坛、考研交流群等。

总的来说，一定一定要去了解信息，考研切记闭门造车，一定要与外界交流，集体的力量才是最大的。对于大部分人来说，在最初都没有考研经验，都是站在同一起跑线上。你获得了足够信息，就有了优势；没有就处于劣势，直接导致考研失败。

案例思考：

读后，你有何启发？

八、基层服务项目

当前高校毕业生就业的主旋律是面向基层就业。“基层”，一般来说，既包括广大农村，也包括城市街道社区；既涵盖县级以下党政机关、企事业单位，也包括社会团体、非公有制组织和中小企业。近年来，国家出台了一系列优惠政策鼓励高校毕业生积极投身基层工作。作为大学生，我们可以多了解国家及所在城市的基层就业项目，选择适合自己的项目参与。基层就业项目类别见表 1-1。

表 1-1　基层服务项目政策优惠汇总

项目	相关文件	简介	相关政策及待遇
志愿服务西部计划	《关于印发〈大学生志愿服务西部计划实施方案〉的通知》	按照公开招募、自愿报名、组织选拔、集中派遣的方式，每年招募一定数量的普通高等学校应届毕业生或在读研究生，到西部基层开展为期 1～3 年的教育、卫生、农技、扶贫等志愿服务	报考省、设区市事业单位的，志愿服务西部计划期满的毕业生笔试总分加 3 分，报考县（市、区）、乡（镇）事业单位的，笔试总分加 5 分

续表

项目	相关文件	简介	相关政策及待遇
三支一扶	《关于组织开展高校毕业生到农村基层从事支教、支农、支医和扶贫工作的通知》	以公开招募、自愿报名的形式组织选拔、集中派遣的方式，每年招募一定的大学生在毕业后到农村基层从事支农、支教、支医和扶贫工作	市、县相关事业单位公开招聘工作人员，应拿出一定数量的岗位公开招聘当年服务行将期满考核合格和服务期满考核合格的“三支一扶”等服务基层项目高校毕业生。报考省、设区市事业单位的，笔试总分加 3 分；报考县(市、区)、乡(镇)事业单位的，笔试总分加 5 分
服务社区计划	《关于组织实施高校毕业生服务社区计划的通知》	由省民政厅牵头，招募对象为省内全日制普通高校、省外全日制普通高校福建生源应届高校毕业生和近年来未就业高校毕业生，安排到纳入县级基本财力保障范围的县(市、区)的城市社区从事社区建设工作，服务期限为 2 年	在全省公务员录用考试中，安排当年招录计划数 15%的职位，定向招录当年服务行将期满考核合格和服务期满考核合格的服务社区计划等服务基层项目高校毕业生，报考省、设区市事业单位的，笔试总分加 3 分，报考县(市、区)、乡(镇)事业单位的，笔试总分加 5 分
农村教师特岗计划	《关于实施农村义务教育阶段学校教师特设岗位计划的通知》	公开招募高校毕业生担任特别岗位教师。通过公开招募高校毕业生到西部“两基”攻坚县县以下农村义务教育阶段学校任教	“特岗计划”教师年收入水平原则上不低于当地同等条件公办教师年收入水平，由中央财政和地方财政共同承担，以中央财政为主

九、出国留学

(一)概述

出国留学旧称出国留洋，一般是指一个人去母国以外的国家接受各类教育，时间可以为短期或长期(从几个星期到几年)。这些人被称为“留学生”。另外，美国等国家组织的一类海外短期的交换学生计划，其英文名字“study abroad”直译也为留学，又叫海外研修(中国大陆称为海外交流)。出国留学已经成为除了考研以外提升学历的第二种选择，留学也成为一股热潮。

出国留学的优势是:增长见闻,开拓视野,成为一个有见识的人;掌握一门外语,受益终身;磨炼自己的生存能力,培养自己的吃苦精神,学习外国人的优秀之处;追求更好的教育条件,拿到过硬的文凭;有机会进入外国公司或者移民。

出国留学的劣势是:需要大笔金钱,投资不一定有相应回报;国外消费水平高,也许你常会感到入不敷出;有些国家排他性强,无法真正融入同学之中;外国经济危机严重,工作机会更少;如果没有学到真正的知识,会白白浪费几年光阴和大笔金钱。

(二)选择留学国家

出国留学对学生来说意味着适应陌生的语言环境,重新开始完全不同的生活和学习。此外,美国和英国这两个国家的教育水平都很高,需要根据自身的经济能力,还有按自己长远的学业、职业发展规划来选择。接下来跟大家详细对比美国和英国这两个国家留学的差别。

1.学制:美国“4+2”或“4+1”,英国“1+3+1”

美国通常本科为4年,硕士商科一般1年制,理工科2年,是修学分的。一般硕士是30～40个学分,学生如果能提前修完学分即可提前毕业,比较灵活。

英国的学制为本科3年(但是因为教育体制的不同,国内学生申请需要读本科预科),硕士1年。硕士分为授课式和研究式的,90%以上学生会选择授课式硕士课程,一般总共修八九门课,每门课程成绩合格,完成论文方可毕业,大部分授课式硕士课程只需9～12个月时间;而大专生则可以通过3～12个月的硕士预科直接升读研究生。但是,硕士课程非常紧凑,学生基本很少有时间和精力去打工。

两者对比起来,去英国读硕士的压力相对大一些,学生需要在很短的时间内适应环境并完成学业,这对于学生的学习能力要求非常高。

2.申请条件:美国严格,英国灵活

美国在硕士申请的时候除了基本的语言成绩(托福)以外,还需提供GRE或GMAT成绩,在递交申请时必须提供合格的语言成绩。另外,学校录取时对学生综合能力非常重视。

英国学校录取时主要参考的是学生的学术背景,包括院校、平均分以及科研经历。只需要提供雅思成绩,不需要额外的考试(除了少数商科要求GMAT成绩),且在申请时雅思可以暂时不提交,入学前2个月能够考出合格的语言成绩即可。

总体而言,同样质量的学校,英国的门槛无论对推荐信、学术背景等要求都比美国低

一些,或者说更加灵活。

3.费用:美国35万元人民币起,英国30万～35万元人民币

美国有很多世界顶尖的私立大学,学费和生活费较贵,学费大约在4万～6万美元/年,公立学校则稍便宜一点,每年的费用基本在35万～40万元人民币。但学生可以在校内勤工俭学,一般1小时收入8美元左右,每星期最多可兼职20小时。

对于英国来说,硕士大部分专业学费大致相似,部分专业如医学、MBA等每年学费会达到2.5万英镑左右,生活费1万～1.5万英镑左右,每年留学费用约30万～35万人民币。

4.教学风格:美国先进,英国严谨

美国是世界上教育最发达的国家之一,其大学教育无论从数量还是质量上均称得上世界一流水平。全美拥有4000多所高等院校,其中有些被公认为全世界最具竞争性的高等院校。

英国教育有800多年的悠久历史,具有很强的基础和实力,其文凭获得国际高度认可。英国大学学风严谨,校园安定,加上英国比较保守的社会风气,可能更对中国家长们口味。

与美国大学相比,英国的高等院校更注重基础理论的研究和高新技术的开发。英国世界名校数量众多,比如牛津大学、剑桥大学等世界顶尖级高等学府。

5.就业机会:美国多样,英国较少

美国是移民国家,热衷于吸引国际人才,也容易容纳国际人才,好的就业机会也多,所以留学生毕业后留下来的机会更大。相比之下,留在英国就业就比较难。从学制上来讲,英国学生更加被动,本科读完就读硕士,读一年硕士要忙于学业又要匆忙找工作,学业和工作兼顾较辛苦,多选择回国发展。

6.社会环境:美国开放,英国保守

美国是移民国家,不同种族的人很多,各个国家留学生很多。美国人通常比较开放热情,中国学生在美国融入校园相对比较容易,很快有不少人产生自己不是留学生的感觉。

在这点上,英国和美国差别比较大。在英国留学的学生普遍有融入当地社会比较难的问题。相对美国人,英国人不那么热情开放。

(三)熟悉留学程序

以英国为例,程序如下:

1.申请流程

留学考试的准备—选择院校及课程,设计留学计划—准备申请材料—填写学校报名表,寄送材料—接到学校预录取通知时,学生支付学费定金—递交使馆签证申请材料,办理留学签证—获得签证,缴纳全部学费—办理体检、换汇等离境手续。如图 1-3 所示。

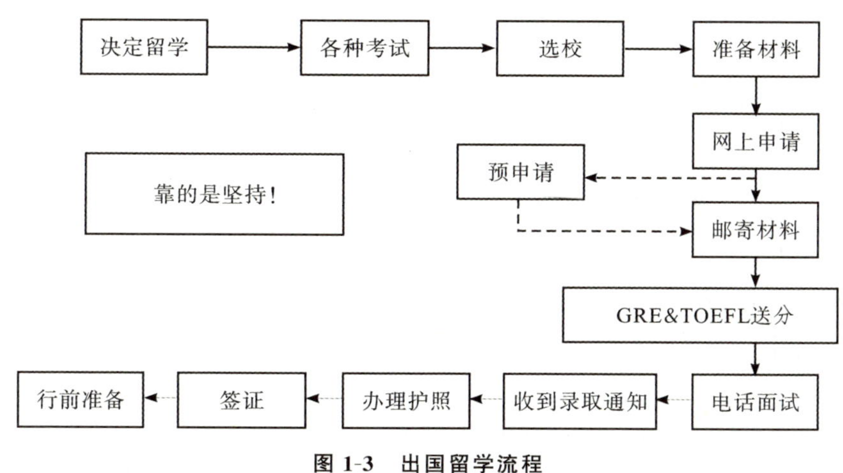

图 1-3　出国留学流程

2.申请入学必备材料

填好的《国际学生留学申请表》、最高学历证书或就读学校的在校证明、近年学习成绩单、语言成绩证明、推荐信、个人简历等。

(1)彩色两寸护照照片。

(2)学校申请费(英国绝大多数大学不收)。

(3)毕业证书、学位证书公证书或中英文对照的学校证明。

(4)大四在读学生提供在读证明公证书或中英文对照的学校证明。

(5)学业成绩单公证书或中英文对照的学校成绩证明。

(6)两封推荐信。

有工作经验的学生:一封工作单位推荐信,一封学校老师推荐信。

大四在读学生:两封老师推荐信。中英文均可,800 字以上,以写具体事例为主。

未尽事宜以咨询顾问具体建议为准。推荐人信息应包括推荐人姓名、职务、职称、联系方式、与被推荐人的关系。

(7)个人陈述。包括个人学习计划、学习目的、未来发展计划,个人简历、个人综合素质优势、个人学业表现(是否获得过奖学金等),个人社会活动经验(针对在校学生)和个人工作经历。中英文均可,1000字以上,以写具体事例为主。

3.签证的准备材料

(1)填写完整并签名的签证申请表;
(2)署名签字的护照;
(3)正确的签证费;
(4)4张近期护照照片(要求白色背景);
(5)录取通知书原件;
(6)目前的学历证明;
(7)英语语言能力证明(雅思原件+1份复印件);
(8)担保人在职/收入证明(中英文,单位盖章,证明人);
(9)担保人工资银行账户(如果适用);
(10)担保人个人所得税税单;
(11)户口登记簿/户口卡(原件+复印件,首页,父母页,自己页);
(12)资金及其来源证明;
(13)所有银行存单必须与其(存款证明书)一同递交。
注意:不同的学校不同的专业所要求的不一样。

4.开学时间

本科和研究生正式课程的开课时间一般在每年的9月和10月,预科课程有1月、4月、9月和10月多种选择。高中一般为每年的9月和1月,英国大学每学年3个学期,开学日期分别为10月至12月,1月至3月,4月底5月初至6月。

5.申请周期

学校申请周期平均为2～3个月。对于有中国办公室的英国院校,因为有专门的部门负责,整个申请过程只需一两周的时间。

6.准备周期

英国留学正式课程的申请时间建议提前1年准备,最迟在7月准备。

以研究生为例,申请2011年秋季入学的学生,通常在2010年6月就可开始准备。最迟的申请时间为开学当年的4—5月。英国大学没有统一的申请截止时间,基本遵守“先到先得,收满为止”的原则。留学生要预留签证申请时间,一般为开学前 2～3 个月。此外,留学人员还需要注意语言方面的要求。

7.签证周期

正常情况下为 7～15 个工作日。签证高峰期可能要 8 周左右。

十、应征入伍

(一)概述

大学生征兵是指部队每年从应届大学毕业生中招收义务兵。从 2013 年开始征兵工作由冬季改为夏秋季征兵,时间调整为从 4 月份开始。男兵征集对象:初中毕业的,年龄为 18～20 周岁;具有高中(含中专、职高、技校)毕业以上文化程度的青年,年龄为 17～21 周岁;大专、本科在校生,年龄为 17～22 周岁;大专毕业生,年龄为 17～23 周岁;本科毕业、研究生毕业及在校生,年龄为 17～24 周岁。女兵征集对象:普通高中应届毕业生(含当年度新入高校就读的学生),年龄为 17～19 岁;普通全日制高校在校生及应届毕业生,年龄为 17～22 岁。

(二)应征入伍流程

1.网上登记

每年 8 月 5 日前,有应征意向的男性大学生(含在校生、应届毕业生)可登录“全国征兵网”,填写个人基本信息,报名成功后,自行下载打印《大学生预征对象登记表》,符合国家学费资助条件的,同时还应下载打印《高校学生应征入伍学费补偿国家助学贷款代偿申请表》(以下分别简称《登记表》《申请表》),分别交所在高校征兵和学生资助管理部门进行审核。

2.初审初检

大学生在毕业离校或放假前,根据学校通知,携带本人身份证(户口簿)、毕业证书(高校在校生持学生证),按规定的时间到指定的地点参加学校所在地县级兵役机关组织的初审初检,被确定为预征对象的学生,领取兵役机关和学校有关部门审核盖章后的《登记表》《申请表》。

3.体检政审

大学生可在学校所在地或者入学前户籍所在地、经常居住地选择一个作为自己参军入伍的应征地。征兵开始后，应征地兵役机关会将具体上站体检时间、地点通知大学生本人，大学生可根据通知要求，携带本人身份证（户口簿）、毕业证书（高校在校生持学生证）以及审核盖章后的《登记表》《申请表》直接参加应征地县级征兵办公室组织的体格检查，由当地公安、教育等部门同步展开政治联审工作。

4.走访调查

政治联审和体检初步合格者，将由县级征兵办公室通知大学生所在乡（镇、街道）基层人武部，安排走访调查。

5.预定新兵

县级征兵办公室对体检和政审双合格者进行全面衡量，确定预定批准入伍对象，同等条件下，优先确定学历高的应届毕业生为预定新兵。

6.张榜公示

对预定新兵名单将在县（市、区）、乡（镇、街道）张榜公示，接受群众监督，公示时间不少于 5 天。

7.批准入伍

体检、政审合格并经公示的，由县级征兵办公室正式批准入伍，发放《入伍通知书》。学生凭《入伍通知书》办理户口注销、享受义务兵优待，等待交接起运，统一输送至部队服役。申请学费资助的，还要将加盖有县级征兵办公室公章的《申请表》原件和《入伍通知书》复印件，寄送至原就读高校学生资助管理部门。

【案例分析】

沉重的箱子

在非洲的森林里，曾经有四个探险队员来探险。他们拖着一只沉重的箱子，在森林里踉跄前进。眼看他们即将完成任务，就在这时，队长突然病倒了，只能永远地呆在森林里。在队员们离开他之前，队长把箱子交给了他们，请他们出森林后，把箱子交给一位朋友，他们会得到比黄金更重要的东西。三名队员答应了请求，扛着箱子上路了，前面的路很泥泞，很难走。他们有很多次想放弃，但为了得到比黄金更重要的东西，便拼命走着。终于有一天，他们走出了无边的绿色，把这只沉重的箱子拿给了队长的朋友，可那位朋友却表示一无所知。结果他们打开箱子一看，里面全是木头，根本没有比黄金贵重的东西。也许那些木头也一文不值。

案例思考：

难道他们真的什么都没有得到吗？

十一、自主创业

（一）大学生创业的内涵与价值

创业是创业者通过发现和识别商业机会，成立活动组织，利用各种资源，提供产品和服务，以创造价值的过程。

大学生创业是指大学生通过个人及组织的努力，利用所学到的知识、才能、技术和所形成的各种能力，以自筹资金、技术入股、寻求合作等方式，在有限的环境中，努力创新、寻求机会，不断成长、创造价值的过程。

大学生自主创业的意义主要是缓解大学生就业压力和使自我价值最大化。

（二）大学生创业必备的基本素质和条件

（1）创业知识的储备；

（2）资金的准备；

（3）技术和兴趣；

（4）个人能力。

（三）大学生创业的优势

（1）具有本科或研究生程度的文化水平，对事物有较强领悟力，有些东西一点即通，自主学习知识的能力强；

（2）接受新鲜事物快，甚至是潮流的引领者；

（3）思维普遍活跃，不管敢不敢干，至少是敢想；

（4）互联网运用技术能力强，能够在互联网络上搜寻到许多信息；

（5）自信心较足，对认准的事情有激情去做；

（6）年纪轻，精力旺盛，“年轻是最大的资本”；

(7)没有成家的大学生暂无家庭负担,其创业很可能获得家庭或家族的支持。

(四)大学生创业的劣势

(1)缺乏社会经验和职业经历,尤其缺乏人际关系和商业网络;
(2)缺乏真正有商业前景的创业项目,许多创业点子经不起市场的考验;
(3)缺乏商业信用,在校大学生信用档案与社会没有接轨,导致融资借贷困难重重;
(4)喜欢纸上谈兵,创业设想大而无当,市场预测普遍过于乐观。

第三节　就业政策

一、在校期间就业创业扶持

(一)求职创业补贴

1.政策内容

对省内全日制普通高校、技工院校高级工班、预备技师班和特殊教育院校职业教育类,毕业年度内有就业创业意愿并积极求职创业的城乡居民最低生活保障家庭的毕业生、残疾毕业生、已获得国家助学贷款的毕业生、建档立卡贫困家庭毕业生(含建档立卡贫困残疾人家庭毕业生)、特困人员毕业生,按规定给予每人 2000 元的一次性求职创业补贴。

2.办理渠道

毕业生在其毕业年度的 3 月底前向所在高校申请,经高校初审,同级人社、财政部门核定后,将补贴资金拨付至高校,高校在毕业生离校前将补贴发放给毕业生本人。

(二)家庭经济困难毕业生就业补助

1.政策内容

省内院校达到毕业条件的普通全日制建档立卡家庭经济困难、低保家庭(含特困人员)和家庭经济困难残疾本科生,按规定给予每人 2000 元的家庭经济困难毕业生就业补助。

2.办理渠道

各高校。

二、离校后就业创业扶持

(一)就业接收登记服务

到福建省属单位、中央在闽单位就业的,应到省人社厅行政服务窗口(福州市鼓楼区思儿亭路 11 号)办理就业接收登记手续。到区市属单位(含人事关系委托市属人才服务机构代理)或县(市、区)属单位(含人事关系委托本县(市、区)属人才服务机构代理人员)就业的,相应到各区市或县(市、区)人社部门办理就业接收登记手续。

(二)离校未就业高校毕业生就业服务

1.政策内容

各级公共就业人才服务机构和基层就业服务平台根据未就业高校毕业生就业意向和服务需求,通过手机短信、微信、电子邮件和电话等方式主动联系未就业毕业生,积极提供职业指导、岗位信息、技能培训、就业见习等服务。对有求职意愿的,及时提供职业指导和就业信息。对有创业意愿的,纳入大学生创业引领计划,组织参加创业培训,提供创业服务,落实创业扶持政策;对有培训意愿的,推荐参加相应的职业培训和技能鉴定,提升职业技能;对有见习需求的,组织参加就业见习,积累经验,增强能力;加大开发基层公共管理和社会服务公益性岗位力度,优先吸纳建档立卡贫困家庭高校毕业生、低保家庭、残疾高校毕业生、零就业家庭高校毕业生、少数民族高校毕业生等重点群体就业。

2.办理渠道

各级公共就业和人才服务机构。

(三)就业见习服务

1.政策内容

离校 2 年内未就业的高校毕业生参加就业见习的,可享受不低于当地最低工资标准的就业见习补贴和一定的人身意外伤害保险补贴，期限不超过6个月。

2.办理渠道

各级公共就业和人才服务机构。

（四）落户服务

1.政策内容

全面放开毕业生落户限制，与用人单位依法签订劳动（聘用）合同或者依法持有工商营业执照的高校毕业生，可将本人户口迁入就业地落户。实行来去自由的落户政策，我省高校录取的学生，可根据本人意愿将户口迁往院校学生集体户落户，毕业后可根据本人意愿，将户口迁回原籍或者迁入就（创）业地。

2.办理渠道

毕业生携带毕业证、学位证、报到证、户口迁移证等材料，到生源地相关派出所办理。

三、鼓励到基层就业

（一）鼓励到农业生产经营主体就业

到农业生产经营主体就业的高校毕业生，可按规定享受就业培训、继续教育、项目申报、成果审定等政策，符合条件的可优先评聘相应专业技术职称。

（二）鼓励到基层机关事业单位工作

编制政策和编制标准适当向基层机关事业单位倾斜，省级扶贫开发工作重点县可拿出乡（镇）招考公务员职位的60％面向本县户籍或在本县长期生活的高校毕业生招考，放宽报考条件，一般不限专业。县级及以下机关和省垂直管理系统在县（市、区）的机关单位公开招考，不得在工作经历方面设置门槛。省级扶贫开发工作重点县乡镇职位可适当降低开考比例，并在划定最低合格分数线时予以政策倾斜。落实对乡镇机关事业单位工作人员实行的工作补贴政策，当前补贴水平不低于月人均200元，并向条件艰苦的偏远乡镇和长期在乡镇工作的人员倾斜。

（三）计算工龄

1.政策内容

机关事业单位从非公有制单位（含个体工商户）从业人员和机关事业单位临时工中招收、录（聘）用工作人员的，按规定计算工龄。

2.办理渠道

各级人力资源社会保障部门。

（四）拓展职业发展空间

按照国家统一部署，建立事业单位管理岗位职员等级晋升制度。不断优化基层事业单位专业技术岗位结构，适当提高基层事业单位中、高级专业技术岗位比例，拓展基层专业技术人才职业发展空间。实行城乡学校统一的岗位结构比例，其中小学和初中的高、中、初级岗位结构比例分别为 1 ∶ 5.5 ∶ 3.5 和 2 ∶ 4.5 ∶ 3.5。县（市、区）的二级医疗、卫生及农业、林业机构高级专业技术岗位比例控制标准逐步提高至 20％，乡镇卫生院、社区卫生服务机构高级技术岗位结构比例控制标准可根据队伍建设需要提高至 15％。基层通过特设岗位引进的急需高层次人才，不受单位岗位总量、结构比例限制。对在农村工作满 25 年且仍在农村工作的中小学教师、医疗卫技人员、农技人员、国有林场技术人员，已取得职称资格的，可不受岗位职数限制直接聘任。

（五）拓宽职业发展渠道

在干部人才选拔任用机制上，进一步强化基层工作经历的政策导向，向在基层工作的优秀高校毕业生倾斜。省和设区市机关录用公务员，除特殊职位外，按照有关规定一律从具有 2 年以上基层工作经历人员中考录。省级机关每年面向同时具有 2 年以上基层工作经历和 2 年以上公务员工作经历的公务员进行公开遴选。省、设区市所属事业单位面向社会公开招聘时，应拿出一定数量岗位公开招聘有基层事业单位工作经历的人员。重点选拔一批在基层工作 10 年左右、工作实绩突出、群众公认的优秀高校毕业生到省和设区市机关工作。鼓励国有大中型企业建立健全人力资源管理激励机制，将在基层生产和管理一线表现优秀的高校毕业生纳入后备人才队伍，加大从基层一线选拔任用中层干部的力度。

（六）鼓励应征入伍服兵役

1.政策内容

鼓励全日制公办普通高等学校、民办普通高等学校和独立学院，按照国家招生规定录取的全日制普通本科、专科（含高职）、研究生、第二学士学位的应（往）届毕业生、在校生和已被普通高校录取但未报到入学的学生应征入伍。高校毕业生应征入伍服义务兵役，除享有优先报名应征、优先体检政审、优先审批定兵、优先安排使用“四个优先”政策，家庭按规定享受军属待遇外，还享受优先选拔使用、学费补偿和国家助学贷款代偿、退役后考学升学优惠、就业服务等政策。

2.办理渠道

高校学工部（处）、就业中心、资助中心或武装部。

四、鼓励灵活就业与自主创业

（一）灵活就业社会保险补贴

1.政策内容

离校未就业高校毕业生灵活就业后，向公共就业人才服务机构申报就业并以个人身份缴纳基本养老保险费、基本医疗保险费的，可给予不超过其实际缴费额 2/3 的基本养老费、医疗保险费补贴，补贴期限不超过 3 年。

2.办理渠道

各级人力资源社会保障部门。

（二）创业培训补贴

1.政策内容

参加有资质的教育培训机构组织的创业培训并取得培训合格证书的，不超过 1000 元/人。每位符合条件的人员只能享受一次补贴，不得重复申请。

2.办理渠道

各级人力资源社会保障部门。

（三）网络创业扶持

政策内容：经工商登记注册的网络创业高校毕业生，同等享受各项创业扶持政策；未经工商登记注册的，可认定为灵活就业人员，享受相应扶持政策。

（四）一次性创业补贴

1.政策内容

对首次创办小微企业或从事个体经营并正常经营6个月以上的毕业5年内大中专院校（含技校）毕业生、就业困难人员，各地可给予一次性创业扶持补贴，具体标准由各地确定。

2.办理渠道

各级人力资源社会保障部门。

（五）社会保险补贴

1.政策内容

毕业5年内高校毕业生、就业困难人员在闽自主创业，本人及其招收的应届高校毕业生（包括毕业学年高校毕业生及按发证时间计算，获得毕业证书起12个月以内的高校毕业生）可同等享受用人单位招收就业困难人员社会保险补贴政策。

2.办理渠道

各级人力资源社会保障部门。

（六）到贫困村创业

政策内容：到贫困村创业并带领建档立卡贫困人口脱贫致富的高校毕业生，可按规定申报扶贫项目支持、享受扶贫贴息贷款等扶贫开发政策。到农业生产经营主体就业的高校毕业生，可按规定享受就业培训、继续教育、项目申报、成果审定等政策，符合条件的可优先评聘相应专业技术职称。

(七)创业项目省级资助

1.政策内容

创业项目申报条件(必须同时符合):(1)申报人须是省内全日制普通大中专院校和省外全日制普通大中专院校(福建生源)在校生或毕业 5 年内在闽创业的全日制普通大中专毕业生(含香港、澳门、台湾高校毕业生及在国外接受高等教育的留学回国毕业生)。(2)申报人已在福建省行政区域内创办独资、合资或合伙企业,以及民办非企业单位、农民专业合作社等创业实体,并担任该企业或创业实体法定代表人;或从事个体经营。(3)申报人在创业企业或实体中出资总额不低于注册资本的 30%。申报项目经审核、评审等程序后,拨付 3 万～10 万元的扶持资金。

2.办理渠道

项目申报人登录“福建省毕业生就业创业公共服务网”(网址:http//www.fjbys.gov.cn/zxzx1),按要求进行网上注册和项目申报。操作步骤为:点击网站右上角“服务平台入口”,选择“个人注册”,进入“创业项目申报”。

(八)初创企业经营者进修学习资助

1.政策内容

每年资助一批具有发展潜力和带头示范作用突出的初创企业经营者,参加 EMBA、MBA 等高层次进修学习,各地就业专项资金按不超过实际费用 80%且每人不超过 1 万元标准给予补助。

2.办理渠道

各级人力资源社会保障部门。

(九)创业带动就业补贴

1.政策内容

初创 3 年内的小微企业(不含个体工商户)吸纳就业(签订 1 年以上期限劳动合同并缴纳社会保险费)的,可按人数给予每人不超过 1000 元、总额不超过 3 万元的创业带动就业补贴。

2.办理渠道

各级人力资源社会保障部门。

(十)税费减免

1.政策内容

毕业年度内高校毕业生从事个体经营或创办个人独资企业的，在3年内按每户每年9600元为限额依次扣减其当年实际应缴纳的增值税、城市维护建设税、教育费附加、地方教育附加和个人所得税。

2.办理渠道

各级国税、地税部门。

(十一)支持返乡创业

1.政策内容

高校毕业生回乡创业项目新增的土地承包经营权流转面积连片10亩以上、流转年限3年以上的，自创业之日起3年内由创业地县级财政每年给予每亩500元的资金补助，3年补助总额不超过10万元；土地承包经营权流转满3年继续流转的，每年给予每亩100元的资金补助。

2.办理渠道

创业地财政局、人社局。

第二章　搜集就业信息

研究必须充分地占有材料，分析它的各种发展形式，探寻这些形式的内在联系。只有这项工作完成以底现实的运动才能适当地叙述出来。

——马克思

【学习目标】

1.知道就业信息的特性和内容；

2.掌握就业信息的基本途径和范围；

3.了解搜集就业信息的特点和原则；

4.学会就业信息的整合和利用。

【导入案例】

李翔是班里的电脑高手，他精通网络游戏。到了毕业前夕，他眼看着身边的同学陆陆续续签了就业协议，自己的工作还没影儿，开始着急起来。一天，他在一份报纸上看到本市周六有一场大型招聘会，介绍说“世界著名跨国企业、国内大型企业等近百家单位面向毕业生提供近千个就业岗位”，小李看后欣喜过望。

兴致勃勃到达会场后，李翔才发现跨国公司连影子都没有，只有一些名不见经传的小公司，而且绝大多数都是要求有两年以上工作经验的，真正适合应届毕业生的单位和岗位屈指可数。在逛了大半天后终于找到一家比较对口的网络科技公司，招聘人员粗略地看了李翔递上去的简历后让他下周六去公司面试，接着要去他缴纳 50 元的面试费。小李心有不甘，但为了得到工作还是交了。周六，小李到公司面试，自称经理的男子随便问了几个问题后，就表示随时可以签协议录取他。签了协议以后，经理叫他下周一来上班，同时又要求他交了 300 元的服装费和培训费。

周一，李翔意气风发地去上班，却发现公司早已人去楼空，他一下子懵了。他回学校在网上查了一下该单位的资料，发现这个公司根本不存在。

案例思考：

1.李翔应聘上当的原因何在？

2.如何才能避免这样的事情发生？

机会永远留给有准备的人。所以，每当我们抱怨运气不佳时，不要只顾着埋怨缺少机会，看看自己是否准备好了鱼篓。池塘里也有鱼多或鱼大的时候，而你连鱼篓都没带，那只能让鱼全溜走了。

求职者能否谋取一个理想职业岗位，不仅仅取决于自己的学识、技术和能力以及社会经济的宏观需求等因素，也取决于求职者能掌握的就业信息的多寡。谁获得的信息数量多，就职的选择面就宽；谁获得的信息质量高，求职的把握性就大；谁获得的信息及时，求职的主动性就高①。

第一节　就业信息的特性和内容

求职择业不仅取决于体力和能力等诸多因素，而且也取决于个人所掌握的就业信息。一个人如果掌握了大量信息，他的择业视野就会广阔，就能比较稳妥地掌握自己的命运，争取主动权，不失良机地选择自己的位置。一个人如果视听闭塞、信息失灵，就会盲目地、糊涂地从事某种工作。随着就业制度的改革，择业者越来越清楚地认识到信息是择业的基础，是通往用人单位的桥梁。谁获得信息，就获得主动权；谁失去信息，就失去主动权。可以说，信息是关系到事业兴衰、成败的关键。

一、就业信息的特性

（一）时效性

就业信息的效用具有一定的期限，过了期限效用就会减弱，甚至消失。时效性是信息的一个很重要的特性，在竞争日趋激烈的就业市场，信息的有效期也越来越短。在大学生就业市场上，每年总有二三个月是就业信息相对集中的时期，这段时间找工作也最有效。

① 林华东.新编大学生职业发展与就业创业指导[M].北京：新华出版社，2012：161.

毕业生如果能把握好这段时间，主动出击，就能抓住机遇，实现理想。而过了就业信息的高峰期，毕业生要推销自己就处在相对被动的地位，就业难度明显增大。因此毕业生要时刻牢记“机不可失，失不再来”这句话，事先完成自己的职业生涯规划，清楚地了解自己的信息需求，能够对各种职业信息及时作出判断和反应。

（二）传递性

就业信息总处于流动和传递状态之中，它通过各种媒介和途径广泛传播，它到达每个接收者的时间和方式并不相同。现代通讯技术的飞速发展，信息传递的速度越来越快。信息的传播渠道也越来越多样化，网络、电视等现代传播媒体与报纸、杂志等传统媒体各具特色。因此，毕业生要保持高度的信息敏感度，善于利用各种信息传递和流动媒介抓获信息。

（三）共享性

就业信息一经公开发布，就为人所共享。某一就业信息共享的人越多，反应者越多，竞争就越激烈。随着大学毕业生人数的逐年增加，就业信息的共享者越来越多，假设在就业信息总量不变的情况下，信息利用的竞争形势就会越来越严峻。因此，毕业生在得到就业信息后，首先，应迅速作出决断，对自己认为有价值的信息立即采取行动、作出反馈。其次，要针对信息，在自己的行为和相应的自荐材料中突出自己的特色和优势，与众不同，才能在众多竞争者中“脱颖而出”，引起招聘者的注意。

（四）效用性

随着社会分工的进一步细化，用人单位对人才的层次、专业、性别、能力等方面的要求千差万别、五花八门。就业信息本身必须能够说明它所适用的对象，以及该对象所应具备的具体条件。否则就会让每个人都产生自己都能适合、都能胜任的错觉。因此，必须注意就业信息的针对性，不能盲目追求当今都看好的职业。适合自己的信息一定要予以重视，不适合自己的求职信息也一定要果断地抛弃，减少求职择业的盲目性和盲从性。

（五）可伪性

由于信息的来源渠道不同，传递方式不一，大量信息扑面而来，特别是网络已经深入到毕业生获取就业信息的各个环节，难免造成信息的良莠不齐，真实程度不一。虚假信息不可避免地存在着。因此，毕业生务必谨慎对待就业信息，冷静分析，提高判断信息真实性的能力，对于一些不是十分清楚的就业信息要及时与用人单位取得联系或请教别人，搞清用人单位的准确信息，以免与所求职业相差太远。

二、就业信息的内容

就业信息通常应包括政策信息、法规信息、行业信息和用人单位信息等几个方面。[①]

（一）政策法规信息

第一，了解国家就业方针、原则和政策。就业政策是毕业生就业的出发点和归宿，是不能违背的。

第二，了解相关的就业法律法规。了解法律法规，依法办事，不仅可以取得合法权益，而且可以捍卫自己的正当权利，减少不必要的损失。作为大学毕业生必须清楚地了解就业法规、法令，学会用法律来保护自己。目前已出台和施行的法律法规有《中华人民共和国劳动法》、《反不正当竞争法》、《劳动合同法》等。

第三，地方的用人政策。各地区、各单位根据国家的有关规定，结合本地区的情况，对毕业生的引进、安排、使用、晋升、工资、待遇等制定了一系列更为具体的规定。不少地区为了吸引人才，还制定了许多优惠政策，这是大学毕业生应该了解的。

第四，学校的有关规定。为了调动学生学习的积极性，保证毕业生就业的顺利进行，学校一般会根据国家的政策要求制定若干补充规定，这也是毕业生应该了解和遵守的。

（二）行业信息

（1）了解国家政治经济建设方针、任务和发展战略；了解产业的分类与结构，以及随社会发展，产业结构的调整和变化趋势；了解职业的分类与结构，以及该职业发展的趋势，使自己总揽全局，更好地把握自己，在国家建设的大背景下找到自己的正确位置。

（2）当年毕业生总的供求形势，即与自己同时毕业的学生全国有多少，而用人单位的需求有多少，是供大于求，还是求大于供，或者两者基本平衡，哪些专业紧俏，哪些专业供大于求。

（3）本专业培养目标、发展方向、适用范围、对口单位的情况。

（4）同自己专业直接对口或相关的行业、部门和单位的现状和发展趋势。

（三）用人单位信息

在大学生选择单位时，往往会出现这样一些错误：对用人单位情况不甚了解，又没有一定的对比，于是在择业时带有很大的随意性和盲目性；只挑选大城市而不问用人单位的

---

① 吴雄鹰，姚智军，包惠珍.大学生就业与创业的理论指导[M].上海：复旦大学出版社，2014：11.

性质、业务范围；盯着有“关系”的单位，企图靠“关系”得到提拔和重用；有的只图单位名称好听就盲目拍板。这些都是片面的。那么如何避免一些假象，做到对用人单位有个比较客观的评价，关键在于掌握用人单位的信息。

一般来说，毕业生应该掌握以下几个方面的情况：

(1)用人单位的准确全称；

(2)用人单位的隶属关系，它的上级主管部门是谁(指人事管理权限)；

(3)用人单位的联系办法：如人事部门联系人、电话、通信地址、邮政编码等；

(4)用人单位的所有制性质；

(5)用人单位需要的专业、用人意图、具体工作岗位；

(6)用人单位对所需人才的具体要求；

(7)用人单位的规模、发展前景、地理环境、经营范围和种类等；

(8)用人单位的福利待遇(包括工资、福利、奖金、住房等)。

对用人单位的信息掌握多一点，求职的选择机会就多一点，对招聘单位了解多一点，求职成功希望则会多一点。掌握和了解用人单位的信息量越大，判断准确率越高，反之，则越低。所以说，能否很好地收集、分析和活用用人单位信息，是对一个毕业生四年大学生活所学知识和能力的一次检验。

就业流程：建立毕业后的职业目标—通过各种渠道进行职位搜索和分析—建立一个自己职业发展导向的目录—和你认识的人建立有效的联系—人际关系网的初步形成—从公开的招聘广告中寻找合适的职位—积极参加招聘会—尝试直接联络你想去工作的公司或者企事业单位—做好有效的追踪工作—继续建立和更新你的职业导向和信息搜索目录，由此形成一个循环模式。

第二节　获取就业信息的原则、方法和渠道

收集就业信息不能只靠自己到处找单位或发求职信，一般说来这种办法的成功率并不高。要善于利用各种渠道、通过各种途径收集就业信息。

一、搜集就业信息的原则

(一)把握其准确性和真实性

“真”就是要做到信息准确无误。当你从各种渠道收集到大量需求信息后,要善于对比鉴别,辨别其真伪,去伪存真。“实”就是搜集的信息要具体,如用人单位的地址、环境、生产规模、发展前景、使用方向、人员构成、生活待遇、联系人、联系电话、网址、电子信箱等信息。此外,还需了解清楚用人单位需要的是什么学历、什么专业、什么素质的人才,在生源、性格、性别、相貌、外语水平等方面有无特殊要求等。

(二)把握其适用性和针对性

首先要明确收集信息的目的,有了明确的目的,信息收集才有方向,才有针对性;其次就业信息纷繁复杂,形形色色,并不是每一条信息都适合自己,因而,要求毕业生准确认识自身的专业、特长、能力、性格、气质等方面的因素,明确自己所需就业信息的范围,做到有的放矢,增强就业信息的适用性。

(三)把握其系统性和连续性

将各种相关的、零碎的信息积累起来,然后加工、筛选,形成一个能客观地、系统地反映当前就业市场、就业政策、就业动向的就业信息链,为自己的信息分析和择业提供更可靠的依据。同时,保持信息的连续性,一些用人单位因搬迁等原因而导致毕业生原有的信息失真,但如果毕业生建立了连续的电子就业信息库,就可以根据原有的信息而重新发掘信息。

(四)把握其计划性和条理性

收集信息有计划性是指根据事先拟订的计划收集不同类型的企业、事业单位或公司的就业信息,并根据自己希望就业的地区,有重点地收集,避免大海捞针;同时,将收集来的就业信息进行归类,或以时间先后,或以地区不同,或以工资待遇等,做到就业信息的条理性,以便于毕业生方便、快捷地使用这些就业信息。

二、搜集就业信息的方法

搜集就业信息的主要方法有：

（一）全方位搜集法

把与你的专业有关联的就业信息统统搜集起来，再按一定的标准进行整理和筛选，以备使用。这种方法获取的就业信息广泛，选择的余地大，但较浪费时间和精力。

（二）定方向搜集法

根据自己选定的职业方向和求职的行业范围来搜集相关的信息。这种方法以个人的专业方向、能力倾向和兴趣特长为依据，便于找到更适合自己特点、更能发挥作用的职业和单位。需要注意的是，当你选定的职业方向和求职范围过于狭窄时，有可能大大缩小你的选择余地，特别是你所选定的职业范围是竞争激烈的“热门”工作时，很可能给你下一步的择业带来较大困难。

（三）定区域搜集法

根据个人对某个或某几个地区的偏好来搜集信息，而对职业方向和行业范围较少关注和选择，这是一种重地区、轻专业方向的信息收集法，按这种方法收集信息和选择职业，也可能由于所面向地区的狭小和“地区过热”（即有较多择业者涌向该地区）而造成择业困难。

三、搜集就业信息的渠道

【案例分析】

王磊找工作[①]

又到了一年毕业季，同学们都在四处奔波忙着找工作。王磊同学找工作更是全家总动员。爸爸早就和老战友打过招呼，他们单位农村信用社招聘员工的话第一时间告诉王磊爸爸。妈妈每逢周末就跑到人才市场去登记儿子的求职信息，然后还四处托人帮忙打

① 胡剑锋.大学生职业指导——精彩人生 从此开始（提高篇）[M].北京：北京大学出版社，2006：59.

听有没有适合儿子的工作岗位。王磊姑姑本身就在中介公司上班，只要发现不错的工作就第一时间通知王磊。爷爷虽然已经七十多岁，但他老人家也没闲着，每天坐在收音机旁，戴着老花镜研究报纸上各种招聘信息。

在家人的努力之下，确实给王磊搜集了很多的就业信息。但是，王磊自己看了这些就业信息都不满意。看到自己的同学一个个都找到了工作，王磊更是心急如焚，焦急万分。

案例思考：

1.文中的王磊找工作的故事对我们有什么启示？

2.读完这篇案例后，你觉得王磊还能从哪些渠道收集就业信息？

(一)校内渠道

1.学校主管部门

一是学校的就业指导机构。为了协调指导毕业生的就业工作，学校的就业指导机构会通过各类信息载体如校内就业网站、职业网络教育系统、就业指导刊物等及时发布国家、省、市有关就业政策与形势、就业法规信息、行业信息、用人信息、招聘活动信息、就业讲座等一系列最新动态。到校园招聘的企业也通常会把用人信息发布在校内的就业网或BBS上，这类企业发布的招聘信息针对性比较强。为此，随时浏览校内的招聘信息是首要的选择。建议求职者列出一份高校就业指导网的清单，筛选出与自己有同类专业的院校，及时跟踪。二是校内各院系(专业)学生工作办公室。为了提高就业率，学生工作办公室常常通过本系校友等各种社会关系资源，积极主动提供对口的就业信息给本系(专业)毕业生。用人单位到学校选录毕业生所依赖的主要就是这两个窗口。通过学校主管部门搜集就业信息，优点是及时、准确、可靠、针对性强，是毕业生搜集就业信息的主渠道。不足之处是僧多粥少，竞争比较激烈。

2.校园招聘会

我国各高校一般每年都组织毕业生供需见面洽谈会，这种形式更多的是针对每年的应届毕业生，国有大中小型企业以及私营企业采用该招聘会形式居多。校园招聘会因学校的知名度不同而有所差别，吸引的单位也不一样。总的来说，国有大中型企业青睐名牌大学高才生。不是每次参加供需见面会都能得到意外收获，但多参加校园招聘会无疑是件好事，即使无果，也可以锻炼口才胆识，积累自己的求职经验。

3.校园人际关系

主要包括院系领导、老师、同学以及校友关系等。院系的领导、老师对毕业生的情况比较了解,他们当年的同学多在相关行业和单位中工作,社会接触面较广。多数教师都拥有良好的社会背景和人脉资源,不少还与校外的研究机构、企业、公司等合作开发科研项目,他们提供的就业信息价值较高,也比较对口,可以说这是一条获取就业信息的捷径。校友会也是获取就业信息的重要渠道之一。许多高校会定期邀请校友举办交流会、讲座等,这些校友多数是比较有成就的人士,毕业生可以向他们咨询就业的相关信息,自我推荐,他们通常都会提供用人单位信息。另外也可以通过组织策划活动,邀请校友参加,一方面加强联系,另一方面可以让他们进一步认识你,了解你的才干。一些校友对母校怀有深厚的感情,可以很方便地了解毕业生的情况。当其单位需要毕业生时,他们自然首先考虑的是回母校挑选人才。当然,在求职过程中,每个毕业生的求职目标有差异,对待信息实用性的看法也不一样,有的同学可能掌握了较多信息,其中有些单位不在他的考虑范围内,相关信息对他自己无用,但可能对别的同学十分有用。因此,应提倡在同学之间相互交流,做到信息共享。

(二)校外渠道

1.社会人际关系

利用各种社会关系获得就业信息是一个非常有效的渠道。每个人都可以通过自己身边的家庭成员、亲友、师长、校友等社会关系,建立一个广泛的就业信息关系网络。毕业生手中的资源有限,社会经验也较肤浅,而家长或长辈社会阅历比较丰富,社会交往广泛,拥有较多的社会资源,获取信息的渠道也很多,容易提供适合毕业生要求的信息,并且在帮助了解就业信息或推荐就业时积极主动、不遗余力,因此毕业生要学会灵活运用。当然,这些都需要靠平时人际关系的不断积累,大学期间要学会做人与处事,处理好与师长、同学、校友之间的关系,真诚待人,善于表现自己,让更多人了解你的才华、性格、特长、爱好等,他们都会看在眼里,一旦有适合你的工作,都会主动推荐。通过社会关系搜集到的就业信息一般都比较可靠、及时、针对性强,价值相对也比较高。

2.实习实践单位

大学生到用人单位参加社会实践和实习活动,不仅有利于开阔视野,学以致用,有利于了解企事业单位的企业文化、工作情况和工作要求,更可以获取单位的用人需求信息。这种信息具有全面性、准确性的特点。比如很多大公司都会招大二、大三的实习生,这是大学生推销自我，赢得用人单位好感与信任的最佳机遇。表现出色的学生，用人单位都会优先考虑录用。因此，大学生应充分利用寒暑假、业余时间开展社会实践或实习活动，适当做兼职、到各单位实习锻炼，展现出你的才华、能力、忠诚度与敬业精神，同时要了解就业形势、行业情况、职业发展机会、用人单位需求信息以及内部管理等，为日后的择业就业奠定良好的基础。

3.中介服务机构

人才中介代理机构提供的就业信息多数是面向有经验的工作者，但仍不失为毕业生搜集就业信息的补充渠道。目前国内、省、市、区相继建立了劳务市场或人才交流中心。主要业务是办理人才交流登记、户籍档案挂靠、为用人单位招聘人才、为求职者做好中介服务。人才中介机构的就业信息量大、复杂多样，毕业生一时难以筛选，往往委托中介机构帮忙提供就业信息。这虽然很便捷，但是求职成本最高、投诉最多、成功率相当低。因此，选择人才中介机构搜集就业信息一定要谨慎，要选择实力好、声誉好、效率高、专业性强，得到有关部门许可从事中介服务的机构。当前，有不少中介公司为了赚钱，常不择手段、坑蒙拐骗，设置陷阱坑害毕业生，需要引起我们的高度警惕，病急乱投医是不可取的。现在网上常公布黑中介、骗子公司的名单，求职者可通过搜索引擎输入关键词进入查询，即可了解情况，对把握不准的公司也可以采取此种办法。

4.各种大众传媒

报纸、广播、电视、杂志等大众媒体是搜集就业信息的传统渠道，一般都会定期或不定期发布招聘信息。便捷、传播范围广、速度快、信息量大、可信度强、省钱省时、选择机会多是其特点。毕业生通过这些媒介，可以很容易就掌握大量就业信息。求职者最好是将感兴趣的、符合自身需求的招聘信息剪下来，可以省去许多翻阅时间。缺点是广告篇幅有限，无法深入了解招聘公司的背景及相关信息，且多数单位要求你必须先寄送简历，谢绝来访。报纸上的招聘广告也不排除有骗人的信息，涉世未深的毕业生要尤其注意。

（三）网络渠道

据不完全统计，目前全国有各类人才信息网将近 2500 个。许多大中城市已基本实现网上求职、网上招聘。除了国家或地方人事主管部门主办的人才信息网站和学校自建的就业指导网站提供的大量高质量的信息外，利用网络搜集就业信息主要有四种方法：

1.从专业的求职网站上查找信息

比如高校人才网、南方人才网、求职无忧网、中华英才网等，毕业生登录后，即可根据自己的需求,使用职位搜索引擎搜索或订阅免费招聘信息。有的网站填写个人资料后就可以直接外发简历。

2.从各大搜索引擎上查找就业信息

大家不妨使用百度、搜狗等搜索引擎查找就业信息。搜索查询比较简便,仅需输入关键词并敲一下回车键,即可获得相关信息。假如查询结果条目太多,就需要缩小搜索范围,通过添加搜索词,且各搜索词间用空格分开,又或者在结果中输入第二个关键词进行进一步搜索。此外,利用搜索引擎还可以查阅到几乎所有就业指导网站。

3.门户网站招聘专区或用人单位网页招聘通告

例如搜狐、21 世纪、新浪网都设有招聘频道,阿里巴巴网也常提供招聘信息。许多世界 500 强企业或国有大企业如 IBM、通用、微软、松下、宝洁、移动、联通等公司,也是直接在公司网站发布招聘信息,要求求职者必须登陆注册填写中英文简历。这本来就是对求职者的一个考验。通过这种方式,求职者也可以进一步了解企业的文化和基础信息。

4.各类求职论坛和 QQ 群、微信群等聊天软件

这些一般都是求职者群体建立起来的,其目的在于信息资源共享。求职者可以适当挑选加入,不仅可以获得大量就业信息,也可以获得成功就业人士传授的就业经验、面经、考经等信息。这种方式的最大优点在于就业信息资源的共享,值得推荐。

网络是当前大学生搜集就业信息的首选渠道,网上求职正以其开放、全面、快捷、节约的特点渐具规模。不足之处是网上常夹杂着虚假或过时的垃圾信息。

【案例分析】

网上求职[①]

毕业生小李平时就是一条"网虫",精通电脑操作。他利用几个晚上在网上精心建立了自己的求职网页,并把自己的个人信息和求职意向罗列其中,然后精心选择了几个著名的、可靠的求职网站,将自己的个人主页链接上去。用他自己的话说,他这样做好像"在几个池塘里放了几根上好饵料的鱼竿,自己是姜太公,只等愿者上钩"。当然,放好鱼竿没人看守也不行,他自己每周上网看三次,看看有没有上钩的鱼。同时,自己不时地看看学校就业指导中心的网站有没有发布新的招聘信息,搜罗网上有关毕业生就业方面的信息,然

① 胡剑锋.大学生职业指导:精彩人生 从此开始(提高篇)[M].北京:北京大学出版社,2006:62.

后根据情况做不同的处理。

没过多久，小李陆续收到一些公司的录取通知，也去参加了一些面试。有一天，他发现某著名公司在网上招聘。他仔细阅读招聘信息，选择了一个自己感兴趣的职位，有针对性地给这家公司发了一封求职信，并附上自己的求职主页。但几天没有回复，于是他再次打开该公司的网站，更加详细地了解有关情况。发现该公司招聘工作还没有结束，有些职位空缺，他立即给公司打电话要求给予面试机会。不久，他终于欣喜地接到该公司的面试通知。他在面试中表现出色，最终被公司正式录用。

案例思考：

1. 你会正确利用网络渠道查询就业信息吗？

拓展训练：收集就业信息

【训练目的】

1.让学生了解收集就业信息的渠道及其特点。

2.帮助学生收集丰富的就业信息，为以后就业做准备。

【训练要求】

1.将全班学生分成若干小组，每组 6～8 人，每组设组长一名，由组长带领小组成员通过各种渠道收集就业信息。

2.任务完成后，由组长汇总并填写就业信息收集记录表，如表 2-1。

表 2-1　收集就业信息记录表

序号	招聘单位名称	单位性质	招聘条件	工作地点	信息来源	收集人员

【训练考核】

训练结束后，根据表 2-2 的评分标准，对学生进行评分。

表 2-2　收集就业信息评分表

学生姓名		评价结果			
评价项目	评价标准	自我评价	小组评价	教师评价	总评
收集过程(30 分)	小组成员分工明确，能体现团队合作意识				
收集结果(70 分)	内容丰富，真实可靠；针对性、时效性强				

第三节　就业信息的筛选、加工与使用

一、就业信息的筛选

就业信息筛选就是对搜集到的就业信息进行加工、分析、综合、归类、过滤，从中筛选出适合自身需求的有用信息，作为求职的重要依据和基本前提，更好地为自己求职择业决策服务。就业信息的筛选，是就业信息整理全部工作的核心。它是对搜集到的原始信息在数量上加以浓缩，在质量上加以提高，在形式上加以变化，使之真正有利于自己、符合自己的职业目标和需求。亦即去粗取精、去伪存真、由此及彼、由表及里的改造制作过程。一般有三个步骤：

（一）真伪辨析

利用各种渠道获悉大量的就业信息后，不要急于联系发简历或打电话，由于就业信息的来源、信息的传播渠道比较复杂、形式多样，搜集到的就业信息有的带有一定的模糊度、多余度、滞后度，有的甚至是虚假信息或骗人的广告。建议求职者首先要判断这些信息的真伪，避免走弯路，对难以把握的就业信息进行认真分析，可通过网络搜索或致电查询甚至现场调查等办法来确认它的真实性和准确性。比如当你觉得用人信息可疑时，利用百度搜索引擎输入用人单位名称或地址，通常有不少提示。虚假或骗人的就业信息一般有以下特征，毕业生要严加防范：

(1)公交车站、大马路、广场等一些公共场合胡乱粘贴的招聘小广告。诸如月薪过万等宣传都是言过其实，千万别上当受骗。

(2)门槛很低，薪酬开得很高，设置责任底薪，要求你必须完成公司规定的业务额，当你达不到目标，不仅拿不到报酬，还白白浪费了时间和金钱，有些公司甚至会找借口炒你鱿鱼。这类公司目前不少，如某些外贸公司或保险公司。

(3)莫名而来的就业机会。一些骗子公司或传销公司在网络上搜集毕业生资料，主动约会面试，并以此施以行骗、抢劫。比如一些所谓的星探公司、电商公司。毕业生或异地求职者应该多加提防。

(4)要求毕业生交一定费用作为工作保证金。当前不少公司有这种做法,严重违反劳动法有关规定。这些公司可以置国家法规法纪不顾,试问有什么诚信可言。

(5)不透露公司的名字或者名字像化名,如经常使用“某公司”、“某单位”等字眼。公司的基本资料不完整,找不到地址等。

【案例分析】

求职遭遇“忽悠”[①]

小明同学通过一家中介所介绍来到某公司应聘。令他奇怪的是,公司负责人对他的学历、专业情况不感兴趣,只是让他支付了300元的报名费,并承诺报名即可面试上岗。然而,小明付清费用以后,却被告知没有通过面试。

刚毕业不久的小刘也有类似的经历。他应聘到一家公司后,公司负责人在和他签订合同时告知,将对所有新人进行为期半个月的培训,由某大学知名教授讲课,培训费600元由个人承担。几经劝说,小刘等人交了培训费。结果讲课的并非什么知名教授,更让他没想到的是,当培训结束后,公司告知他培训不合格,不予录用。

案例思考:

你知道如何避免求职上当被骗吗?

(二)信息整合

在真伪辨析,删掉无效、内容残缺不全的信息的基础上,毕业生要根据自己的实际情况、专业和特长等设置一套标准,对信息进行进一步筛选,把力量真正用在刀刃上,记住适合自己的才是最好的。因此,首先要通过分析自己的特色、兴趣、价值观等特点对自己进行分析。

其次,比较排列出质量较高、较完整的就业信息。一般就业信息应该包括以下八个要素:

(1)用人单位的名称及其所有制。用人单位的名称往往包含着所属的行业、业务范围、所在地区、企业级别、所有制形式等,比如“珠海市梅溪牌坊旅游有限公司”、“广州市新华人寿保险公司天河直属支公司”等。

(2)用人单位的主管部门及其发展趋势。随着改革的发展,某些事业编制单位也可能成为私有企业,其主管部门也会相应变化。一般主管部门不同,劳动人事管理办法可能存

① 高居红.就业与创业指导[M].北京:电子工业出版社,2008:101.

在区别,而且工资、福利、医疗、养老、住房等待遇也有区别。

(3)用人单位所属行业及其发展趋势。毕业生供职于不同行业,职业生涯发展也各不相同。

(4)意向的职业岗位在用人单位中的地位和作用。如保险公司的业务员、内训人员、精算师、会计、出纳、保安、司机等多种岗位,都有特定的地位和作用。

(5)用人单位及意向岗位的工作环境和福利待遇。工作环境包括人际关系、工作时间(有无夜班等)、户外还是户内、编制还是合同、流动还是固定以及工作场所的温度、湿度、噪音等。福利待遇包括工资、奖金、三保一金、退休金等,有无入职培训、进修机会和晋升可能也应包括在内。

(6)用人单位的地理位置和发展前景。地理位置不仅与求职者就业后每天上下班的距离有关,往往还关系到一个单位的发展前景。交通不便、位置偏僻,是发展的不利因素。用人单位的固定资产、流动资金、科技含量、人才构成等因素,与发展前景密切相关。

(7)用人单位对求职者的具体要求。如学历、专业、性别、身高、相貌、体力、户口以及职业资格、技术等级方面的要求。有些用人单位还对心理素质、能否经常出差等方面有特殊要求。

(8)招聘数量和报名办法。用人单位本次招聘哪些岗位的从业者,每个岗位招聘的数量,报名的时间、地点、方式,应准备哪些证书(如身份证、户口本、学历证书、职业资格证书等)和材料(如简历和有关证明等)。

求职者可按照这八个基本要素对搜集到的大量就业信息进行甄别,经过初步分析和研究,淘汰过时、用处不大、不符合自身实际情况的信息。

(三)就业信息的加工

加工分类与编制储存是就业信息整理的最后阶段,其意义在于理清事实,便于记忆,便于实践。如果没有有效的分类方法,大量的就业信息就会陷入杂乱无章的境地。这项工作可以说既简单又相对繁琐,建议求职者准备一本专用笔记本,根据本人实际情况与择业理想有针对性地分类整理,然后保存下来,以便于查询。网络上的就业信息则可以用WORD、EXCEL或写字板保存起来,也可以通过OFFICE办公软件的自带功能迅速进行分类和储存。

以下有两个就业信息登记表(表 2-3 和 2-4)[①],供广大毕业生参考:

表 2-3 个人求职信息登记表

单位名称	单位性质	招聘专业	招聘人数	单位所在地及网址	联系部门及联系人	联系电话	邮箱	备注

表 2-4 招聘会信息登记表

举办时间	招聘会名称	主办单位	举办地点	联系人	联系方式	备注

1.就业政策信息整理

就业政策信息整理可以分成国家就业政策信息与各地方政府就业政策信息两类。国家就业政策信息较为稳定,对其主要内容要了解掌握,并注意最新的动态。如国家支援西部的有关优惠政策、"基层就业奖励计划"、"三支一扶"等,建议毕业生适当了解。地方政府就业政策是各不相同的,发达地区、欠发达地区、沿海地区或者西部地区所实施的就业政策通常也是因地制宜。因此,求职者一旦确定求职地域后,应关心一下当地的人事政策,如就业优惠政策、晋升待遇、户口迁移、养老保险、社会保障、公积金、应届大中专毕业生准入条件等相关内容。比如《关于 2002 年上海市引进非上海生源高校毕业生进沪就业工作的规定》。

此外对于就业法规信息如《中华人民共和国劳动法》、《中华人民共和国劳动合同法》等也要有相当的了解,这样在求职就业过程中才知道如何维护自己的权益。

2.单位分布区域整理

按单位分布区域进行整理方便求职者查阅,省时省力。求职者可以按就近原则和可行性适当安排自己的行程。以福建省为例,该省有地级市 9 个,市辖区 29 个,县级市 12 个,县 44 个,综合实验区 1 个,市辖开发区 10 个。单位分布区域整理一般可以分为闽东、闽中、闽北、闽西、闽南。分布在闽东的单位又可以分为:宁德地区以及属于福州的罗源县、连江县。闽中地区的单位可分为:福州、福清、长乐、莆田、仙游。闽北地区的单位可分为:南平、武夷山地区。闽西地区的单位可分为:龙岩、三明两个地区。闽南地区的单位可

① 徐惠鹏.新编大学生就业指导[M].北京:经济日报出版社,2004:159.

分为:厦门、泉州、漳州三个地区。

3.企业品牌知名度分类整理

在调查研究的基础上,对企业的所有制、知名度、资产规模、产品的市场占有率、发展潜力等进行综合排序,适度归类整理。如世界500强企业、国内500强企业。行业分类如国内房地产前50强、广州广告行业100强等。

4.职位信息分类整理

职位大概可分为38种大类,分别为:市场营销类、技工类、文教法律类、餐饮娱乐类、医学类、地矿冶金类、园林类、服装纺织与皮革制作类、物流类、计算机类、金融保险类、机械与设备维修类、广告与设计类、交通运输类、理科类、测绘技术类、农林渔牧类、旅游类、汽车类、电子信息技术类、财务类、动力电气类、行政与人事类、化学工程类、能源水利类、金属材料类、客户服务类、公关与媒介类、经营管理类、工厂类、外语类、房地产建筑类、轻工类、生物工程类、环境保护类、贸易类、零售类、其他类。求职者不用每个类别都涉及,只要求重点突出,找准自己的职位类别。

二、就业信息的使用

就业信息的使用是指对经过求职者理解并加工处理后的信息的一个转换过程,即依据信息进行择业的过程。毕业生要学会合理、充分地利用这些有效信息。就业信息的使用必须做到:

(一)确定职业目标

求职者使用就业信息进行择业时,首先是分析自身条件和实际状况,然后确定职业目标。职业目标的确定是求职者的专长、兴趣、能力、性格、气质、期望值、价值观与社会职业需求之间不断协调的结果。确定职业目标还应把行业目标、收入目标、岗位目标、地区目标等考虑进去。最终确定最合适自己的职业发展目标,然后迅速做出决策,制定最佳实施方案和备选方案,必要时征求专业人士或亲友团的意见。记住适合自己的才是最好的。

(二)了解信息背后的启示

招聘信息往往反映了一个用人单位的发展需求和目标,求职者必须要深入分析思考,转换角度,了解招聘信息背后的动机。用人单位最需要的是安全和保障,希望招进来的人能为他们创造业绩,创造利润,节省成本。他们害怕在招聘上犯了错误,用错了人,对他们而言，招聘用人也是一种风险投资。了解信息背后的启示必须站在用人单位的角度上考虑问题，记住不要以自我为中心。

（三）及时准备

就业信息有很强的时效性，又为众多求职者所共有，因此需求信息一旦选定，就要及时主动与用人单位主管人员联系，不要犹豫不决，更不能守株待兔，否则“机不可失，失不再来”。应主动询问面试的方式、时间、地点和要求，并准备好一套完整的求职材料，使需求信息尽早变成供需双方深度沟通的重要桥梁。根据筛选出来的需求信息的要求对照检查自己的不足，及时调整自己的期望值以及智能结构。这一做法尽管在毕业前的有限时间内有些仓促，但无动于衷依然故我的做法是绝对错误的。因为你现在缺少的是在你今后必须补上的。记住犹豫不决会使你痛失良机。

（四）共享信息资源

有些信息对自己不一定有用，可是对他人十分有用，遇到这种情况，要及时输出对他人有用的信息，千万不要抓住这些信息不放。你能主动输出对他人有用的信息，不仅对他人是个帮助，同时也增加了与他人交流信息的机会，说不定你也会从别人手中获得对自己十分有益的信息，帮别人就等于帮自己。

实训活动：寻找成功案例[①]

通过自己熟悉的圈子，寻找一名自己佩服的就业者。探寻其在就业求职过程中如何搜集就业信息，总结出其就业资源整合的技巧，并用事实或者数据加以佐证。通过与小组同学的分享、交换看法，思考这些案例给你带来的启发。

思考与练习

1.如何获取就业信息？

2.如何筛选就业信息？

3.常见的求职陷阱有哪些？应采取哪些应对措施？

---

① 屈广清.创新创业基础[M].北京：九州出版社，2018：96.

第三章　求职择业准备

解放思想，开动脑筋，实事求是，团结一致向前看。

——邓小平

求职择业，是人生道路上必经的一个关口，也是一次重大选择。其成功与否，不仅事关我们的生活质量，更事关我们的理想追求。职场犹如战场，求职是一场不见硝烟战火的战争。面临职业选择的大学毕业生，要实现就业成功，做好求职择业的准备，学习如何准备求职材料是非常必要的。

【学习目标】

1.拓展学生对求职择业的认识；

2.引导学生学习对求职择业的探索；

3.引导学生树立正确的求职择业观。

【导入案例】

吴霞与杜飞的故事

吴霞到校就业指导中心来寻求帮助，她读的是法律专业，比较喜欢自己的专业，但是不知道毕业后除了做律师、公检法公务员或者法律咨询顾问外，还有什么工作可选择。即使是这些相关职业的具体情况如何、需要什么技能她也不是很清楚，希望老师能够告诉她。

杜飞是应用物理系三年级的学生，最近因为考研还是本科毕业就找工作和父母有了意见分歧。父母认为现在的社会看重学历，有些专科生能做的工作要本科生来做，有些本科生能做的工作要研究生来做，本科毕业生已经不是香饽饽，必须获得更高的学历才能有好发展。杜飞很困惑。

案例思考：

你认为目前就业最大的困难是什么？是就业压力、就业信息、求职材料、笔试、面试，还是工作能力？

第一节　做好求职准备

一、方向准备

在我国，“编制”或“体制内”等范畴是求职者无法回避的问题。因此，有必要了解“编制”“事业单位”的内涵及分类，以明确求职方向。

首先，编制是指组织机构的设置及其人员数量的定额和职务的分配，由财政拨款的编制数额由各级机构编制部门制定，财政部门据此拨款。通常分为行政编制、事业编制、银行编制以及公益性岗位。

事业单位是指由政府利用国有资产设立的，从事教育、科技、文化、卫生等活动的社会服务组织。事业单位接受政府领导，是表现形式为组织或机构的法人实体。事业单位与企业单位相比，有以下特征：一是不以营利为目的；二是财政及其他单位拨入的资金主要不以经济利益的获取为回报。

事业单位主要包括四个类型，分别是：全额拨款事业编、差额拨款事业编、自收自支事业编、参公事业编。

目前，我国的事业单位正处在改革深水区，事业单位的类型也与之前的有所不同，由之前的承担行政职能、从事生产经营活动、从事公益服务改为行政机构、企业、公益事业单位；其中，公益事业单位又分为公益一类、公益二类。不同的事业单位编制也有所不同。

（一）参公事业编

参公事业单位作为一种特殊的事业单位，具有一定的特点，主要表现为其与行政机关和一般事业单位的区别和联系。对于参公事业单位和行政机关来说，二者编制管理不同，但是实行相同的人事管理制度，即公务员制度。参照公务员管理事业单位的工作人员其编制仍然在事业编制序列，然而却按照公务员管理办法进行管理。

这类岗位编制，一般都是待遇好、晋升空间大的，在工作中，资源都是向这类人倾斜。因此，在这些岗位，只要你不犯很严重的错误，晋升是很有优势的。

（二）全额拨款事业编

全额拨款的事业单位主要有图书馆，文化馆，各级公办学校，党校，档案局，文化中心，农业局下属的森防管理事业单位、动物疫病控制中心，城建局下属的从事城市维护管理的如园林处、公园、绿化站、城肥所、环卫处、疾控中心、防治站等单位。

全额拨款事业编，这个群体在机关中的工作和公务员没有差别。由于近些年来，公务员的编制比较紧张、人口较多、负担较重，成立事业单位在一定程度上就缓解了公务员的工作量，这类招考人数是比较多的，也就顺利成为考生继公务员之后最好的考编选择。全额拨款事业编财政由相关部门或是政府部门直接拨款，其性质就和公务员相差不了多少了。

（三）差额拨款事业编

差额拨款的事业单位包括：医院等有收入的又承担社会职能的单位；自收自支管理的事业单位，现在很少了，主要是一些原来国有企业的行业主管局，现在企业大部分改制了，他们的职能淡化了，但是他们的人还属于事业编制。

差额拨款事业编由国家财政及相关部门拨款一部分，招聘单位负责一部分财政。很多人对差额拨款事业单位不是特别看好，觉得待遇肯定会比全额拨款事业单位差，其实不然。有的差额拨款事业单位的福利待遇反而更好。

（四）自收自支事业编

自收自支事业单位的编制与其他全额和差额拨款的事业单位一样都要经过当地编制部门批准，进入一般也要像公务员一样进行统一招考（军转干部除外）审批。但是，自收自支的事业单位随着全国事业单位的改革，其性质每两到三年可能会有所变化，一些明显具有行政执法性质的单位，会转为公务员或全额拨款事业单位，而大部分单位在将行政职能收归具执法职能的行政单位后，会转为国有企业。

二、思想准备

作为即将就业的大学应届毕业生，当务之急是树立正确的择业观，在对自己的实际情况做出理性判断和客观分析的基础上，根据自己的专业方向和专业知识掌握情况做好职业规划，明确职场定位和方向，拟定就业策略。还要考虑职业对人的性格要求，从而根据自己的性格特点选择最易适应的职业，或者改变自己的性格特点来适应职业的要求和社会的需要，充分做好求职择业的思想准备，树立正确的就业观念，避免多走弯路。

(一)职业兴趣——你喜欢的工作

兴趣是力求认识、掌握某种事物，并经常参与该种活动的心理倾向。兴趣对人生事业的发展至关重要，所以兴趣自然是职业选择应考虑的重要因素之一。在职业上，每个人也都会有自己的偏好。职业兴趣对人的行为有强大的驱动作用，因此要了解自己的职业兴趣，并尽可能从事感兴趣的职业。

职业兴趣测评对于明确职业兴趣、协助职业选择、拓展职业范围都具有重要帮助。大学生可以从网络或书籍中找到一些量表，如霍兰德职业倾向测量表等，进行自我测试。

(二)能力倾向——你擅长的工作

人的能力可分为一般能力和特殊能力两大类。一般能力通常又称为智力，包括注意力、观察力、记忆力、思维能力和想象力等。一般能力是人们顺利完成各项任务所必须具备的一些基本能力。特殊能力是指从事某项专业活动的能力，也称特长，如计算能力、音乐能力、动作协调能力、语言表达能力、空间判断能力等。由此可见，能力是人们成功地完成某种活动所必需的个性心理特征，是影响工作效果的基本因素。因此，了解自己的能力倾向及不同职业的能力要求对合理地进行职业选择具有重要意义。

个人能力的不同，对职业选择就有差异。职业规划中，能力是事业成功的必要条件，即“有之不必然，无之必不然”。如果能及时准确地了解自己的优势能力，并在设定职业目标时予以充分地考虑，会极大地提高达到职业目标的概率。能力测验通常包括记忆力测验、创造力测验、观察力测验、应变力测验、想象力测验、智能测验、技能测验、分析能力测验、行动能力测验、管理能力测验、情绪测验、人际关系测验等。能力测评不仅可以预测成功，而且在预测失败方面会有更大的效果，即它可以有效地预测不适合从事的职业。

(三)价值观——你喜欢的工作与生活方式

每个人工作都是为了满足一定的需要，但很难找到一份完全满足自己需要的工作。如何取舍？价值观起着很重要的作用。价值观是人们对客观事物的需求表现出来的评价，包括从人生的基本价值取向到个人对具体活动或事物的有用性、重要性的价值判断。价值观测评会有助于进行正确的职业决策和提高工作满意度。

(四)性格——你待人处世、处理事情的方式与风格

性格是在现实中一个人稳定的态度和习惯化的行为方式所表现出的个性心理特征，

它是最能体现个体差异的一个特质。人的性格千差万别,或热情外向,或羞怯内向,或沉着冷静,或火爆急躁。职业心理学的研究表明,不同的职业有不同的性格要求。比如图书管理工作就需要性格细腻、具有耐心的人员来从事。

【案例分析】

小霞的纠结

二本院校毕业的小霞毕业后离开学校找工作已经2个多月了,想去的单位面试不上或连个面试的机会都没有,去小公司自己又不愿意。最近待在家里有点烦,整天被家人数落,"现在就业这么困难,整天还挑三拣四的"。

小霞现在压力很大,也很迷茫。到底要不要先随便找个工作,先就业呢?学校就业指导老师们在上学的时候,给她们特别分析过目前的就业形势,一直说"先就业,再择业"。

但是,又有以前的师兄师姐,以过来人身份说,"千万不要为就业而就业,人生的第一份工作非常重要,它将会影响到一个人以后几年甚至更长时间的职业发展"。

案例思考:

到底是"先就业,后择业"呢,还是"先择业,后就业"?你怎么看?

三、知识准备

合理的知识能力准备是胜任现代社会职业岗位的必要条件,是人才成长的基础。现代社会职业岗位对求职择业者的知识结构、文化素质的要求越来越高,用人单位为适应现代社会发展的需要,为在激烈的市场经济竞争中求得生存和发展,就必须要合理配置自身企业的人力资源。因此,就知识结构而言,一方面对知识结构的多样性要求越来越多;另一方面,对知识结构的实用性的要求也越来越强。

(一)国家机关、事业单位工作人员

在国家机关担任公务员、在党的机构从事党务工作的人员、在事业单位机关工作的人员,一般根据不同的岗位层次,要求具备不同的知识能力结构。现阶段,最低职位的文化水平要求是高中以上。随着现代化社会进程加快,对上述人员的文化水平的要求将越来越高;对上述人员还要求有相关的业务知识,主要是与本职岗位有密切关系的业务知识,要掌握有关法律、经济、行政、管理等基础知识;还必须具备适应本职岗位需要的各种能力,即理解能力、判断能力、决断能力、创造能力、开发能力、表现能力、协调能力、涉外能

力、指导能力、统率能力、调查研究能力及语言文字表达能力等。

（二）工程技术人员

我国现阶段对从事工程技术工作人员的知识能力要求有：牢固掌握专业基础知识；掌握现代专业知识；有解决极其复杂技术的能力；对问题判断能够做到完整的客观性，有系统的思维和抽象概括能力，能够选择最有效的方法和最新的设备、材料来解决问题；能够提出改进材料和设备的方法；有全面、周密的计划和组织能力；有具体分析困难和解决困难的能力等。

（三）社会科学工作者

作为一个社会科学工作者，应该有一个比较完善的知识结构体系，无论研究什么学科，都应该具有三个层次的知识结构：一是具有本学科的专业知识，包括本学科的概念、理论体系、研究工具、基础材料以及了解本学科的历史演变，研究本学科的现状和它们的发展前景。二是要有相关学科知识，以经济学为例：就要包括哲学、政治学、法学、历史学、数学和有关的技术科学，这些都是相关学科。在一个学科中，由于研究的问题不同，相关学科也不一样，如经济学中，研究生产力布局的，一定要掌握经济地理知识，而研究货币政策的就不一定要掌握经济地理知识。三是一般知识不一定要求过多，但是必要的知识应该具备，如语法修辞知识、逻辑学知识等。专业知识是从事科学研究的基础，相关知识是专业知识的必要延伸，一般知识决定一个人的知识面，专业知识不牢固，似懂非懂搞研究工作是不行的。相关知识不够，会限制专业知识的掌握和发挥，一般知识太少，难以开阔思路、启迪创造思维。

（四）经营管理人员

从事经营管理的人员其知识能力结构应该是：能够深刻领会党和国家的各项方针、政策，并能够适应改革开放的经济形势；具备创新意识和精神；有高度的事业心和责任感；是本行业的生产技术骨干，且有比较宽广的知识面；具有较强的综合能力、较强的指挥能力、较强的控制能力；能及时发现问题，善于捕捉信息、沟通信息；具有良好的决策能力；具有较强的公关、社交、谈判能力；处理问题灵活机动、随机应变。

（五）自然科学研究人员

对于从事自然科学研究人员的知识结构的要求是：有雄厚的基础理论知识和较强的专业知识；有较强的逻辑思维能力和判断能力；善于发现问题，有较强的科研定向能力和创造能力；有较强的表达能力；有较强的计算机应用能力和科技鉴别能力；有较高的外语水平及掌握国外信息的能力。

（六）军事人才

军事工作是流血的政治职业，相对于其他行业来说，军事人才的能力结构有其特殊性。首先是要有良好的政治素质，随时准备以生命和鲜血捍卫祖国的领土安全，反对侵略，保卫和平；其次是有高度的纪律意识，必须做到有令必行，有禁必止，保持高度的集中统一，才能完成各项战斗任务；最后，由于现代科学技术的高度发展，很多当代的高科技技术都首先运用到军事上。因此军事人才必须要有较高的科学技术知识，才能驾驭当今运用了高科技的军事技术装备。

（七）财会人员

随着我国社会主义市场经济制度的逐渐建立和完善，社会对财会人员基本素质的要求越来越高，一般都要求他们具备熟练的专业技能，又要有较宽的知识面，熟悉与本职工作有关的政策、规章制度、法律，同时还要有一定的经济学、营销学和采购学等方面的知识，要诚实可靠，不得以权谋私、营私舞弊，并有较强的公关社交能力。

（八）文艺人才

从事文学艺术的工作人员，是指从事文学创作、文艺表演、文艺理论研究等方面的专门人才。对这一类人才的能力要求是：要有良好的道德品质、用马列主义的世界观和文艺观正确地观察社会，反映社会，全心全意为人民大众创作，以优秀的作品鼓舞人民、教育人民、引导人民。同时还必须具备各种文艺表演技能，必须掌握广博的社会知识、文艺史、文艺理论等，具备较丰富的生活阅历。

（九）涉外工作人员

涉外工作主要包括对外政治、对外经济、对外科技、对外贸易和对外文化交流与往来。对从事这些工作的人员能力要求是：较高的政治素质、热爱祖国、掌握外交政策、自觉地维护祖国的利益和尊产、严格遵守外事纪律、保守国家和企业的机密；要有广博的知识、精通古今中外的政治、经济、文化、风土人情、风俗习惯等；精通对外业务；要有较高的外语水平；熟练掌握从事对外政治、对外经济、对外科技、对外贸易、对外文化交流与往来工作的具体涉外业务；在对外交往中，要有较好的礼仪仪表，注意对外礼仪、社交礼节，个人形象要整洁朴素、落落大方等。

(十)公关工作人员

在社会主义市场经济环境下,公关工作越来越引起人们的重视,而且从事此项工作的人员也越来越多。对公关工作人员的能力要求主要有:要以自己的人格魅力征服公众,在公关活动中,要给人们留下真诚、热情、可信的好感;靠自己高尚的人品去赢得社会公众的了解、支持和爱戴。公关人员必须把本单位、本企业的形象放在第一位,要善于学习、善于分析判断、善于把握机遇、为领导提供高质量的决策信息;要有广泛的社交能力、干练的办事能力、善于与各种人员打交道;要能写会说,能写就是有较高的文字写作表达能力;会说,就是要有较好的口才。

【案例分析】

"4050"人员再就业与夏律师的故事

案例一:"4050"人员再就业

中国有一个就业艰难群体:男的 50 岁左右及以后;女的 40 岁左右及以后。如果在这个时候失业,找工作还真不是一件容易的事情,即称就业中的"4050"现象。

吕大姐的故事。2018 年 7 月 4 日上午,北京市最高气温 35 ℃,烈日当空。在昌平区北苑路上,身穿长衣长裤、头戴遮阳帽的环卫工吕大姐正清扫着路边的垃圾。吕大姐今年 44 岁,老家在黑龙江,2008 年以来一直在北京干环卫工作。"每天干 8 小时,工作不复杂,就是一段大约 3000 米的路面清洁。"推算一下,她每天需要不停歇地走上 12 公里。"干环卫,工作条件差,收入也不高,年轻人不爱来,都是咱们这种年龄大的农民工干。"吕大姐说,自己的底薪是 1400 元,加上每天的吸尘补助等补贴,一个月能挣 2300 元左右。

张大海的故事。每天中午,在北京一家机关食堂当洗碗工的张大海都要和 5 个同伴一起,刷洗 1 万多个碗、盘等餐具。"这大半年洗的碗,快赶上我一辈子洗的碗了。"50 多岁的张大海身材略显佝偻,走路有些迟缓。张大海告诉记者,他曾有过多年的驾驶经验,最初来北京想找个开车的活儿干。"开出租车需要北京户口,开货车人家要的都是壮小伙子,最大年龄也要 35 岁以下。像我们这么大年纪的,正式招工的根本不予考虑,只能刷刷碗,端端盘子。"张大海刷盘子一个月工资 2000 元左右,他不指望工资高,不拖欠就好。

陈琳的故事。今年 36 岁的陈琳,年初在无奈之下选择了辞职。有美国某知名大学硕士文凭的她曾在上海一家国际咨询公司工作了近 6 年。"自己过了 35 岁,精力和拼劲儿确实不如以前了。但公司每年都在进新人,也会从其他公司挖人,内部竞争压力很大。"陈琳回忆道。目前,她还是待业状态。

案例二:夏律师的故事

夏律师以前是北京一家律所的律师,执业满三年,每年能营收100万律师费,但律师事务所只给他60%的提成,夏律师想想觉得不如自己单做,这样不用让律所抽成。但司法局要求至少有三个执业满三年的律师才能开合伙制律师事务所。还差两个,于是夏律师满北京地找执业3年以上的合伙人,就这样找到了提律师和赵律师。三个人便开始了合作,夏律师做主任,占律所20%的股份,负责律所的管理。赵律师是金主,出资100万作为开所的初始资本,占60%。提律师不参与分红也不参与管理。新律所很快成立,租了400平米的办公室,一年房租80万。新律所有20几个正式律师,几个实习律师。很快初始资本渐渐花光。夏律师,除了办案,还花了不少心思在律所管理上,案源没有时间开拓,营业额仍然维持在100万的水平。去掉杂七杂八的税,到手80万左右。而赵律师每年悄悄地赚几百万,都不开票,完全不算律所的进账。律所资金链出现问题,下面的员工也因为待遇不好,纷纷跳槽。夏律师很苦闷。

案例思考:

1.从以上案例看,就业的知识准备有哪些?

2.以上案例对您职业规划有何启示?

3.你认为你到了40~50岁,会出现以上困境吗?如何应对?

四、能力准备

知识的积累并不等同于能力的积累。要将知识升华为能力,须付出巨大的努力。大学生在完成学习任务的前提下应争取培养一些适应社会需要的实际应用能力。

(一)大学毕业生应具备的基本能力

1.学习能力

学习能力是一个人顺利完成学习活动的心理条件,它能直接影响学习活动的效率,并在学习活动中得到发展。我们主要是要培养和锻炼自主学习的能力。

2.适应能力

适应能力就是根据客观情况的变化,能随机应变地适时调节择业行为的能力。学校教育是基础教育、通才教育,走上工作岗位以后,有些知识用不上,有些知识不够用,有的要从头学起。这就要求刚走上社会的毕业生，根据工作的需要去调整自己的知识结构、能力结构以及行为方式，尽快地培养自己适应社会的应变能力。

3.人际交往能力

人际交往能力是指择业者以社会认可的方式，妥善处理人与人之间的关系，并与他人和谐共处、共同发展的能力表现。生活工作中需要与许多人交往，要交往就难免会产生矛盾。作为大学生，只有具备一定的人际交往能力，善于处理各种人际关系，才能在工作中充分施展自己的才能。

4.表达能力

表达能力是指以语言或其他方式展示自己思想感情的能力。它是交流思想、交流感情的基础性素质，故又称为语言文字沟通能力。对一名大学毕业生来说，表达能力在将来的工作岗位上是极为重要的。因此，大学生在校期间要努力加强锻炼，不断提高汉语和外文的实际表达能力。

5.开拓创新能力

开拓创新能力是指用已经积累的知识，通过不断地探索研究，在头脑中独立地创造出新的思维，提出新的见解和做出新的选择的能力。大学生应在学校期间不断增强开拓创新意识，注重开拓创新能力的锻炼，为今后工作中能有所发明、有所创造奠定良好的基础。

6.动手能力

把创造性思维变成实际的物质成果，或是用生动形象的实践过程呈现创造性思维的转化能力，即为动手能力，也称为实验操作能力。现实工作中，要求的是理论上要懂，实践中会干的人才；要求既能讲出科学道理来，又能动手干出来的人才。所以，大学生在学校不仅要积累知识，还要通过参加科研活动，利用生产实习和勤工俭学等机会，着力培养和提高实际动手能力。

7.组织管理能力

组织管理能力包括计划能力、组织实践能力、决断能力、指导能力和平衡能力。许多单位挑选大学生时在注重学业成绩的同时，对是否担任过学生干部、从事过社会工作很感兴趣。因此，大学生在校期间应积极参加社会活动，尽量做些社会工作，不断增强自己的组织工作能力，以利于今后的工作。

(二)大学生应重视实践能力的培养与锻炼

参加社会实践,助工助研、助管、助学活动和各种实践环节都是有益的能力锻炼机会。它不仅是对学生智力和能力的一次检验和训练,而且是培养和锻炼自学能力、综合运用能力、实际动手能力以及创造思维能力、独立开展工作能力的系统训练。通过这种训练,可以增加其对未来工作环境、工作性质、工作要求以及自己所学专业应用范围的全面了解,从而发现自己的长处与不足,明确未来工作学习努力的方向。通过这种训练,可培养提高分析和解决问题的能力。

(三)积极参与社会公认的能力训练实践

参加各种资格考试是一种能力训练。各种各样的证书及反映自己能力的材料被大学生们形象地称为“护照”。据某省人才交流中心统计,在有记录的求职大学生当中,有40%拥有两门以上专业证书,有36%拥有社会事务兼职证书,有80%拥有优秀学生干部、先进团员和模范党员证书,没有表明个人能力材料和证书的占0%。某师范大学毕业生小徐擅长于组织管理,尤其擅长应用写作,多次被评为各级优秀学生干部、三好学生,在全国各级各类报纸杂志上发表文章百余篇,逾20万字。毕业前夕,他捧着厚厚一叠证书和作品跑到一家省直机关毛遂自荐,有关领导被那一枚枚鲜红的印章和一篇篇作品折服了,于是他被录用了。

【案例分析】

上海电力修造总厂有限公司 2019 年校园招聘

招聘岗位:企业文化专员(上海总部,董事长总经理办公室)

工作地点:上海

有效日期:2019 年 01 月 24 日至 2019 年 02 月 23 日

招聘人数:1 人

职位性质:全职

企业文化专员职位描述:

中国电建集团上海能源装备有限公司成立于 1956 年 4 月,是世界 500 强企业中国电力建设集团有限公司全资子公司,注册资本金 5 亿元。公司秉承“自强不息,勇于超越”的企业精神,长期致力于研发、制造电站调速锅炉给水泵组、高温高压电站阀门、焊接材料、散料装卸机械、特种车辆、生物质发电、脱硫脱硝、光热熔盐泵、电网电气产品、电站节能改造整体方案的提供等,产品远销海外三十多个国家地区,业务涵盖电力、水利、军工、航天、交通、运输、造船、港口、核工业、石油化工、矿山冶金、光热光伏、节能环保等领域。本公司为了更好地实施“双百战略”(即百万等级火电、核电设备的自主研发和制造)和“国际化战略”配备专业人才，拟招聘下列岗位及相关专业的大专(高职)及以上的2019年应届毕业生。

企业文化专员要求：

(1)本科或以上学历，新闻、中文类专业优先；

(2)具备扎实的文字功底，熟悉公文写作，有采访和编辑经验，能够及时发现公司、行业动态并形成新闻报道；

(3)有摄影和图片处理基础，能熟练运用微软办公软件、视频编辑、平面设计等软件；

(4)吃苦耐劳，能承受工作压力，性格开朗大方，善于与人沟通；

(5)热爱企业文化工作，有志于在企业文化板块长远发展。

案例思考：

根据以上案例，申请该岗位需要哪些能力？

五、心理准备

求职择业是大学生人生道路上的一次重大选择，在这次选择中，每个人的心理素质都要受到一次大的检验。因此，大学生应该了解心理素质方面的有关问题，进而培养自己良好的心理素质，使得在将来求职时，能够很好地面对社会现实，更顺利地融入社会。

(一)大学生获得良好的心理素质的途径

1.掌握知识，开发智力

掌握知识，用社会需要的知识武装自己，才能见多识广、高瞻远瞩，有助于提高心理素质水平。智力与知识密不可分。智力是通过学习活动在掌握知识技能的基础上发展起来的，但它反过来影响知识技能的掌握。人的智力通过对知识的加工表现出来，在加工的过程中发展完善。要开发智力就要努力培养观察力、记忆力、思维能力、注意力、想象力和创造力等。

2.培养优良的非智力因素

非智力因素是相对于智力因素而言的，它主要指个体的情绪、意志、人格等因素。非智力因素是心理素质的重要组成部分，是做出事业成就的必备条件。培养良好的非智力因素，就要努力培养良好的兴趣、良好的情绪情感、良好的意志品质、良好的性格和积极的价值观等。

3.保护和增强心理健康

心理健康是指个体在各种环境中能保持一种良好的心理状态。大学生要维护和增强心理健康，就要学会科学用脑，自觉控制和调节情绪，提高耐挫折的能力，加强思想修养，加强人格品质的锻炼。

【案例分析】

范成金的故事

范成金，女，今年已经 33 岁了。别人的 33 岁要么事业有成，要么已有家庭，而范成金的 33 岁却还是在家中啃老，她的父母对此毫无办法，只能找到媒体求助，再这样下去，这个女儿恐怕是连最后一点生活能力都没有了，父母总是会老，以后老了就真的管不了她了。

记者来到范成金的家中后，发现她的家境并不好，甚至还有些破旧不堪。范成金的母亲说，女儿已经十年没找工作了，一直在家里啃老。这十年间夫妻俩也劝了女儿很多次，但女儿就是不听。有时候话说重了，女儿还会反过来痛骂父母一顿。对于这个孩子，两口子既寒心又担心。

记者问到范成金为何不出去找工作，在家里啃老十年。而范成金给出的理由也很奇葩，她说自己和父母吵架是因为父母给了她太多压力。自己也想过找工作，但是只要一看到陌生人就会紧张。以前和同学一起去兼职做销售，但是范成金发现自己不是那块料，一和陌生人说话就非常紧张，有时候说不出话来还被人嘲笑。

范成金说，自己现在没工作和小时候的经历也有关系。那时候自己不管做什么事情都会受到打击。想做个饭，家人说不好吃，想去学画画，家人又反对，说学那东西没什么用。久而久之，范成金就变得很自卑，觉得自己什么都不会做。之后都不敢和别人交流，也不敢出去找工作。

范成金说自己不想让家里人担心，所以一直以来也没告诉家人其中的缘由，自己这种状态不适合出来工作，所以就只能在家啃老了。单就范成金和记者之间交流这么顺畅，对待镜头也如此淡定的情况来看，范成金说自己自卑、不敢和陌生人说话，几乎没人会相信。

案例思考：

1.你同意范成金的说法吗？

2.你认为范成金成为啃老族的主要原因是什么？

(二)求职择业中的心理问题及调适

大学生在求职择业的人生道路上,都将会遇到比以往任何时候都严峻的课题、复杂的矛盾以及种种困惑,每个人都要经历一次大的考验。因此,大学生应该了解在求职择业过程中可能遇到的各种心理问题,进而培养良好的心理素质,使得自己将来在求职择业时,能够很好地面对社会现实,更顺利地融入社会。

1.求职择业中常见的矛盾心理

(1)有远大的理想,但往往不能正视现实

每个毕业生对未来都有美好的向往,在择业中这种向往和憧憬更为强烈、更为丰富、更为远大。经过充实而丰富的大学生活,大学生知识的羽翼已渐丰满。面对汹涌的市场经济大潮,他们豪情满怀,准备搏击一番。然而,由于他们涉世尚浅,接触社会较少,理想往往脱离专业的客观条件。如许多大学生都想成为企业家或大经理、大老板、“大款”,走商业巨子之路。但是,在择业中他们并未考虑自己的知识、能力、性格、爱好、气质等是否合适从商,或者考虑所选择单位是否真正有利于自己的发展,出现了理想的自我膨胀和现实的自我萎缩之间的矛盾。大学生具有远大理想的同时,往往职业期望值过高,便出现了现阶段一些高校毕业生对就业政策的不理解,不能面对社会需求。如一些大学生面对学校提供的信息,不做选择,浪费信息;一些大学生择业思想不稳,盲目趋向热门行业;一些大学生互相攀比,要求高,挑剔多,牢骚多,等等。

(2)想做一番事业,但缺乏艰苦创业的心理准备

很多大学毕业生愿意凭借自己的专业知识与技能到祖国需要的地方去建功立业,实现自己的人生价值,不愿碌碌无为。然而,他们缺乏艰苦创业的心理准备,不愿意到艰苦的地方去,不愿到边远地区去,不愿深入基层。有些大学生想走捷径,幻想成才的道路平坦笔直;想涉足省市级、区县级重点教育单位,甚至想涉足层次高、工作条件好的其他行业的单位,想一举成名,一蹴而就。他们虽然也关注国家和民族的前途,但过分强调个人价值,于是便出现了边远地区、基层中小学很少有人问津,而大城市、大公司、沿海地区的工作岗位报名却又人满为患。

(3)有较强的自我观念,但缺乏把握自我的能力

大学生的自我意识日趋完善,对自我的存在及意义有了较明确的认识。在择业中,他们已经意识到自己作为一个人才将会被社会使用,将为社会贡献自己的聪明才智;同时,他们也要求社会能够承认“自我”,并以此为标准进行择业。另一方面,由于大学生的人生观、价值观尚未最终定型,再加上社会大环境的影响,他们往往不能客观地分析和评估自我。多数大学生对自己的评价偏高,缺乏承受挫折的心理准备。少数大学生自我评价过

低，时常产生自卑自惭、自怨自艾的心态，择业时容易期望值过低，缺乏主动竞争和利用机遇的心理准备。也有的大学生常常处于上述两种情况的波动之中，择业时往往目标与行为不稳定，缺乏理智、冷静的心理素质。

(4)渴望竞争，但缺乏竞争的勇气

就业制度的改革，为高校毕业生择业提供了公开、公平的竞争环境。在这样的大环境中，如果没有强烈的竞争意识，不参与竞争，就不可能成就事业。然而，竞争也让一部分高校毕业生感到了压力，使少数人感到了无所适从，在就业过程中失去勇气，变得顾虑重重，举棋不定。

(5)鱼与熊掌不可兼得，难于决断

大学生在择业过程中，往往会遇到面临多种选择的境遇。各种选择各有千秋，倘若犹豫不决，往往会坐失良机。例如，公务员待遇稳定，但收入不高；经商收入丰厚，但不稳定；留在家乡人际关系较熟，但缺乏新鲜感和挑战；去外地有新鲜感和挑战，但又人地两生。这些都是大学生在求职择业中经常遇到的难以决断的问题。

【案例分析】

一位银行员工的自白

我在内地一个省会城市，毕业后就进入一家银行工作。当时什么也不懂，看了网上的资料，只知道银行待遇比较好，工作稳定，很多人想进都进不去。我得到了这个机会，同学们都很羡慕我，家里人也都非常高兴……而一旦工作起来，事情就不是我想象得那样美好了。我做的是柜台工作，工作量很大，早8点到晚7点，中午20分钟时间吃饭。中途除了上厕所，时刻都在工作。一年来，我从来就没有在任何一个节假日休息过，也从来没有休过两天。每天上班十几个小时盯着电脑，眼睛受不了，不停地流泪。上班时精神过于集中，怕出错，怕赔钱，还怕变态的客户，精神压力很大。每天晚上回到家，什么都不想干，就想睡觉。晚上做梦还是工作，经常从梦里吓醒……辛辛苦苦干了一年，我对这份工作实在是讨厌透顶，只想快速逃离这个地方，哪怕随便换一份工作，只要不待在银行就行。家里人也在劝我，希望我调整自己的心态，要有"干一行，爱一行"的精神。可是，我发自内心地讨厌这份工作，根本就不可能再坚持下去。我到底该怎么办？

案例思考：

1.这位银行员工的矛盾是什么？

2.你认为如何解决这一矛盾？

2.求职择业中常见的心理误区

(1)“选择的自由度越大越好”

有部分同学认为,既然是市场经济了,就业政策就应该是完全的市场政策,供需双方完全可以自由交易、自由成交。自由度越大,毕业生与用人单位“双向选择”的空间就越大,“我愿选择哪里就选择哪里”“哪里选择我,我都可以去”。他们抱怨改革的步子太慢,埋怨“一定范围内的双向选择”,实际是给人限定了框框。就业政策改革是要和劳动人事制度、招生制度和户籍制度的改革配套进行的,是逐步推进和实施的,是要经过一个历史过程的。而且即使这个过程已经完成了,也并非完全的自由选择。

(2)“我不能比别人差”

大学生参加大规模的就业洽谈会的次数不多,他们在这种场合中衡量事物,尤其是评价自己的价值是否得到承认的最常见的办法就是互相攀比。比周围的同学哪个选择了知名度高、效益好的单位,哪个同学去了大城市或高层次部门。他们在心里抱有一个念头就是“我不能比别人差”“我不能不如别人”,尤其是各方面条件稍好一点儿的学生更是如此。于是在择业上,攀比嫉妒、强求心理平衡,总是把比别人强作为标准。结果,不从实际出发择业就业而延误了时机。

(3)“过去我事事顺利,择业也依然会顺利”

有一些同学,在过去的岁月中一直是一帆风顺的,从小到大没有遇到过任何的挫折,所以头脑中就有一种宿命的思想,觉得自己的一切都会如此的。而且,对严峻的就业形势没有一个正确的认识,也就没有准备,在那里消极地等待,结果可想而知。

(4)“大多数人钟情的一定是好工作”

一部分大学生选择工作单位,自己毫无主见,总是随波逐流,看大多数人选择哪里,自己就选择哪里。他们认为,大多数人钟情的,一定是好工作;大多数人选择的,一定没错。结果,人云亦云,不假思索,盲目跟着大多数人走,忽视了自己的特长,丧失了最能发挥自己特长的机会。

(5)“非国有单位不予考虑”

有些学生择业的观点是“非国有单位不予考虑”。他们认为:国有单位可靠、保险、稳定,反之非国有单位则不然。固然,这些学生的选择是应该给予肯定的。但是,工作可不可靠,保险不保险,稳定不稳定,不是以单位的所有制性质决定的,关键要看其是否主动适应市场经济的要求。现在,非国有单位发展势头很好,是对公有制经济的有利补充,大学生到这些单位工作,同样可以发挥自己的聪明才智,同样也是为社会服务。那种认为到国有单位工作就可靠的观点也是过时的,随着人事制度的深入改革,国有单位也充满了竞争,不适应工作岗位的人,也是会被“炒鱿鱼”的。

(6)“选择单位就看实惠不实惠”

一部分大学生认为,择业既然是人生的一次重要选择,选择单位就要看其实惠不实惠。他们的观点是“管他专业对口与否,挣钱第一”“前途前途,有钱就图”“先挣钱,后搞专业”。在与用人单位洽谈时,首先问及的是单位效益怎样、奖金多少、能否分到住房,而很少涉及专业问题。他们的眼睛只盯着外贸、金融、保险等经济效益好的部门,很少问津科研、教育等可能发挥他们才能的部门。

(7)“求职的竞争就是关系的竞争”

有些大学生认为,择业的竞争不是求职者素质的竞争,而是关系的竞争,看谁的关系硬,看谁的关系起作用。于是,这些学生不把立足点放在自身努力上,而是找关系、托门子、递条子,甚至不惜代价,重礼相送,用庸俗化的一套对待择业,用一些不正之风的手段对待择业,使公平、公开、公正的竞争原则受到了损害。实际上,即使是靠关系得到的职业,如果个人不努力,也不会太长久的。

(8)“首次就业关系一生命运”

有些大学生受传统择业观的影响把初次就业看得过重。在他们看来,选择一个单位就预示着自己“嫁”给了这个单位,嫁鸡随鸡,嫁狗随狗,自己将与这个单位厮守终身。单位好了,自己就好,单位不行了,自己就跟着倒霉。因此,他们觉得首次就业关系一生命运。他们看不到人才流动制度改革的步伐加快,看不到新的择业观正在进入人的头脑,看不到越来越多的人正是通过流动,才找到最能发挥自己才能的岗位。

【案例分析】

“没有编制,你什么都不是”

大学毕业生离开校园后,有的考了9次公务员,有的花了大钱“打通关系”,有的放弃民企的高薪,有的争破头只为一个扫大街的事业编。他们相信“面试一定要找人”“私企都容易倒”,他们毕业后最大的人生规划就是“吃上公家饭”。因为,“没有编制,你什么都不是”。

1.吴天君的故事

在得知自己被天津市某区交通局录取的消息后,性格内向、被朋友看来甚至有点木讷的吴天君在QQ动态上写道,“自己的世界终于又打开了一道口子,阳光重回大地。”

执着于进入体制的,并不只有东北人。2017年,在江苏省公务员考试前,一名考生举着准考证进入考场。

2.庄珊珊的故事

政治学专业出身的庄珊珊把这5个月来找工作以及实习经历戏谑为霍布斯式的“战

争状态”——“霍布斯总结，人类的初始人性中会因为三件事情而进入战争状态：得利、安全以及名誉”。

3.张静的故事

张静的父母在吉林抚松县的泉阳镇国有农场里承包土地，种人参。随着这几年人参价格下跌及假人参对市场的冲击，张家的经济状况并不如前。近几年，她的家人和亲戚去往东北经济较好的大连寻求工作机会。相对于农场收入的不稳定性，“父母希望我能成为教师或者公务员，有个稳定的工作，不用为失业下岗啥的担心。”

2016年11月的“国考”报名，张静选择了沈阳海关办公综合岗位，367人报名，招录2人。“实话说没有底，有种为了报考而报考，我还是把希望寄托在2017年春季省考。”而即使是竞争相对较小的吉林省省考，2016年的公务员考试人数也再创新高，报考总人数达到5789人。

张静两次被“善意提醒”需要找关系。“在前往大连甘井子区（教师招考）报名现场，一个教育局内部的阿姨跟我说，如果你笔试过了，面试一定、一定要找人。”

张静的男友，正在攻读马克思主义哲学博士的刘建林对她进入“体制”的目标表示理解。多年在老家辽宁鞍山海城一个偏远乡村的生活经验告诉他，“没有编制，你什么都不是。”刘建林是村里走出去的第一位博士生。在拿到录取通知书后，村邻们对他家表示了短暂的敬意和礼貌。但因父亲的一次意外受伤，他发现，“在乡下，没有关系，你就是被欺负的命。”

案例思考：

你如何评价以上三位故事主人翁的就业心理？

（三）大学生应以良好的心态面对就业

1.充分做好就业前的心理准备

大学生择业是一个选择与被选择的过程。面对竞争日益激烈的就业市场，毕业生在择业过程中，常常会出现种种惶惑和不安，轻则影响有效的择业，重则影响正常的学习、生活和身心健康。良好的心态是就业成功的基础，因此，择业的毕业生需要做好心理的准备，以良好的心态去面对就业。

（1）做好角色转换

所谓角色转变，主要是指一个“天之骄子”的大学生，转变为一个现实的社会求职者，抛开浪漫，抛开幼稚，认识自己所处的真实地位和严酷的社会现实，实事求是面对就业现实。要想正确地选择职业就必须转变角色，不能把学校、家庭、亲友及同学所给予的关心、呵护、尊重当成是社会的最终认可,而要摆正自己的位置,客观冷静地进入求职状态,认识社会,了解社会,以自身的实力积极主动地去适应社会的需要,在选择社会职业的同时,也接受社会的选择,正确地迈出人生这关键的一步。

(2)充分认识自我

首先,气质、性格。气质是心理活动的动力特征,也包括心理活动的速度、心理活动的强度、心理活动的倾向性等方面的特征,是一种典型而稳定的个性心理特征。性格则表现为人对现实的态度和行为方式中比较稳定的独特的心理特征的总和。

大学生应该根据自己的气质特点来选择适合自己的职业,利用气质的积极方面推动事业走向成功。具备一定气质的人,往往在做某一性质的工作任务时,显得得心应手;而具备另一种气质的人,要他完成这一任务,则往往要在做某一性质的工作任务时花费很大力气才能完成,有时甚至不能成功。

其次,兴趣、爱好。大学生所学专业一般都是其兴趣所在,通过几年的学习,对专业发展前景有了进一步了解,这就加强了对自己所学专业的兴趣,并使专业兴趣逐渐向职业选择方向发展。所以,大学毕业生应把专业兴趣作为自己职业选择的重要起点。如果能够做到这一点,就能基本保证大学毕业生的职业选择不仅与自己的兴趣相一致,而且与自己的专长、优势相符合,使自己的职业和专业有机地统一起来。

再次,能力、特长。能力是求职择业以及事业成功的重要保证。能力包含的内容很多,主要有两个大的方面:一是思维能力,二是工作能力。思维能力主要包括思维的独立性、抽象性、敏锐性、广阔性、批判性、创造性、灵活性等诸方面;工作能力主要包括语言表达(包括外语)的能力、写作的能力、计算的能力、学习的能力、劳动的能力、专业的能力、发明创造的能力等。如果是重新谋求职业者还应分析自己的工作成绩和缺点,以便在求职时扬长避短。

最后,生理特征。在求职择业时必须正确认识到自己的性别、年龄、身体健康、胖瘦、高矮,甚至面貌的丑俊等生理方面的因素。例如,体质较差,难以从事劳动强度大的职业;面貌不够端庄,也不适合服务性职业;有些工作,女同志(或男同志)不能胜任;等等。这是在求职择业前期必须明确认识到的。

【案例分析】

专科生曹晓洁的故事

曹晓洁是一位专科学生,未毕业就已经被福富软件、印度 INFOSYS、IBM 上海等 3 家跨国软件公司同时看中。那么,她是怎么将专科烂牌,打出了研究生、本科生都羡慕的好牌呢?

1.曹晓洁个人资料简介

金融危机当前，众多本科生、研究生都担心毕业即失业，而曹晓洁却在毕业前同时获得了3家跨国公司的青睐。为此，她赢得了“史上最牛女专科生”的称号。

22岁的曹晓洁来自四川泸州农村一个普通家庭，曾两次高考失利。在母亲刘顺慧眼里，女儿一直是个普通而又平凡的孩子。2006年9月，曹晓洁被江西先锋软件学院录取，成为该校两年制专科毕业生。

“她优势并不多，家庭条件并不优越，长得也很普通。”江西先锋软件学院外包分院常务副院长张弓说，是平时异常的刻苦努力成就了曹晓洁。

“我最大的特点就是经得起考验，并对自己有信心。”曹晓洁说，她是一个心中有目标的人，进入IBM等国际一流IT企业，一直是她的梦想。

曹晓洁一直在朝着这个梦想前进。她始终把学习作为首要任务，并抓住一切机会锻炼自己。她竞选学习部副部长，组织英语角，并经常活跃在各种晚会、典礼等活动的台前幕后，大大小小的奖励、荣誉是对她努力的最好证明。

2007年12月，曹晓洁以优异的成绩通过IBM先锋实训基地第二期学员的招生考核。IBM先锋实训基地模拟IBM公司的办公环境、真实项目研发的教学理念都让曹晓洁感到如鱼得水。她喜欢这份“工作”，感到充实与快乐。

实训基地有个传统，为更好地学习日语课程，及有效提升学员专业技能、团队合作精神，会同时成立日语学习小组、技术小组和项目小组等。曹晓洁先应征了一个日语学习小组组长职位，组建了自己的团队——“七匹狼”，曹晓洁是团队中唯一的女生，且资历最浅。

实训期间，IBM实训经理人欧先生一直坚持让曹晓洁帮他做翻译。在为期10个月的项目实训中，曹晓洁多次得到欧先生的肯定与赞赏。

2008年10月，两年制专科毕业后，曹晓洁报名了自考本科。随后，她参加福富软件公司(FFCS)的面试，并成为被录取的12名人员之一。等待FFCS录取通知期间，她又应聘印度INFOSYS公司，并获得面试机会。当得知IBM公司招聘信息时，曹晓洁再次决定勇敢一搏。11月10日，IBM公司通知：曹晓洁等16位同学顺利通过面试。同时在11月上旬，FFCS提出，为不影响其本科学业，曹晓洁可以在职实习。12月下旬，IBM上海电话通知她，2009年1月，曹晓洁可以正式进入IBM公司试用。

2.曹晓洁是怎么逆袭的

(1)立足于青云之志

曹晓洁的成绩很好，尤其喜爱英语。在课堂上，老师鼓励她和同学们要自信，要敢于发言。由于她的声音比较洪亮，每次回答问题都会受到老师的表扬，这让她更加大胆和勇敢。这样的教育方式让她从中学起便为自己的将来定下了一个目标——去跨国企业发展。当身边伙伴听到这句话的时候，都惊呆了。

(2)成就在不断进取

“我最大的特点就是经得起考验,并对自己有信心。”

这是曹晓洁对自己的最大评价,她这一路确确实实对得起这个评价。

(3)高考两次失利,从没放弃自己

2006年,是她人生的一个转折点。这一年,她高考再次失利。然而痛苦过后,学总是要继续上的。带着这个简单的想法,曹晓洁按照自己的意愿填报志愿。幸运的是,她赶上了当年录取的末班车,被远在千里之外的民办江西某软件学院录取。当年9月,曹晓洁独自一人辗转从四川来到南昌。

(4)笨鸟先飞,勤能补拙

论天分,曹晓洁未必出众。同学刘海涛曾这样评价她:“她其实挺‘笨’的!每当学习一门新的课程时,总是听不明白,下课后就到处问别人。”“记得一次双休日,大家都出去玩,我因为忘了拿东西返回教室,看见她一个人抱着书在‘啃’,待我们晚上回来,发现她还在看书,当时我一下子就感动了。后来她的专业成绩上升得很快。”

(5)不断锤炼优势,让优势无人可敌

曹晓洁最大的优势就是英语很棒,为了保持这个优势,也为了顺利进入跨国公司,她竞选学习部副部长,组织英语角,并经常活跃在各种晚会、典礼等活动的台前幕后。2006年9月,学院开办了印度特色班,曹晓洁顺利成为该班唯一的女生。印度特色班的老师是主要来自印度的外教,和这些外教交流最多、配合最默契的,是曹晓洁。

案例思考:

曹晓洁择业前,主要做哪些准备?

2.增强择业过程中的心理素质

(1)敢于竞争,善于竞争

当今的时代,竞争机制已经深入社会的各个领域和人生的整个过程。大学生强化择业的竞争意识,一是要在正确自我评价的基础上,充分相信自己的实力,敢于通过竞争去达到理想的目标。二是必须从心理上做好同“铁饭碗、大锅饭”的传统思想告别的准备。必须从社会进步和深化改革的角度来加深对竞争机制的认识,强化自身的竞争意识,自觉地正视社会现实,转变观念,做好参加竞争的心理准备。同时,要想在求职与择业中取得成功,积极参与竞争还不够,还必须善于竞争。善于竞争体现在具备良好的心理素质和良好的竞技状态。

(2)正确对待挫折

人们在求职择业中遇到挫折是正常的,切不可因此而自卑。挫折是一种鞭策。双向选择的本质意义是一种鼓励手段，对优胜者是这样，对失败者也是如此。它对失败者并不是淘汰和鄙视，相反，促使失败者振作起来，彻底摆脱“等”“靠”“要”的就业心态。使自己加快自立自强的转化过程，成为新时代的开拓者。

(3)正确看待短暂性失业

在激烈竞争的今天，一时找不到工作是非常正常的，因为随着高校的进一步扩招，大学生已不再是天之骄子，人才供大于求是很正常的。所以，短暂性失业在所难免，没有找到工作并不可怕，我们能做到的就是鼓起勇气，努力提升自己的各方面能力，让没能相中你这匹“千里马”的“伯乐”刮目相看。只有这样，你的下次就业才会成功。

3.树立新的就业观

(1)竞争就业观

想要在就业竞争中获胜，仅有竞争意识是远远不够的，还必须具备雄厚的竞争实力。竞争实力是综合素质的体现，包括思想品德素质、知识结构、心理素质、特长与技巧等。在公开、公正、公平的竞争原则下，竞争实力是实现择业理想的“资本”。

就业竞争是客观现实的，同时也是无情的，但竞争应当遵守社会道德规范，反对尔虞我诈、相互诋毁、弄虚作假、瞒天过海。在就业竞争面前，要保持自己的人格尊严，诚实守信，凭自己的竞争实力并运用恰当的竞争技巧赢得用人单位的肯定。

(2)自主就业观

虽然大中专学生就业牵涉国家、学校、用人单位、家长、老师等多方面因素，但毕业生自己是主体。究竟找一份什么样的工作应由自己决定，其他人包括家长都不能代替作主。所以，我们不能依赖学校和家长，而应自己积极主动地自主选择。

自主就业是目前大中专毕业生的就业趋势。青年学生在临毕业阶段，要广泛了解和搜集方方面面的就业信息。

(3)动态就业观

“铁交椅”“铁饭碗”现象在社会主义市场经济体制下已经不复存在。未来的就业不会一锤子定终生，一劳永逸。就业是一个动态过程，就业了，也可能失业，可能下岗，要再就业，一个人很难在一个单位工作一辈子。一个人一生，一般要变换三四个职业岗位。随着科学技术的发展，产业结构调整的速度加快，知识更新、产业高级化趋势加速，传统产业逐渐被新兴产业代替。就业岗位在不断地变化，就业者不能不变。通过合理流动，大学生才能找到最适合自己的工作，才能发现最能施展自己才华的岗位。

(4)多渠道就业观

我国是一个发展中国家，又是一个人口众多的国家，目前，正面临着就业难的严峻问题。青年学生必须从多渠道、多门路入手，实现就业。多渠道就业，广泛获取就业信息，不能吊死在一棵树上。还要打破地区和所有制的界限,有的毕业生就业把自己定得太死,非大城市、大公司不去。其实,无论是进国家机关、国有企事业单位,还是到外企、私营、个体企业都有发挥个人的聪明才智的机会,是金子到哪里都闪光。那种非等到什么岗位不可、非某某单位不进、非专业对口不干的想法是不可取的。

(5)自主创业观

随着对外开放和产业结构的调整,社会已为有志青年提供了自主创业的机遇。有真才实学的人最适合自主创业,干自己的事业。青年学生要立创业之志,走创业之路,建创业之功,树立自主创业观,通过自主创业解决自己的就业问题。

【案例分析】

毕业生小王的求职经历

毕业生小王来自云南省罗平县,直到当年3月份他还未落实工作单位。小王的好友肖克去参加国家医药管理局的供需见面协调会,顺便将他的应聘材料带去帮他落实单位。刚好罗平县有一家制药厂要他,专业对口,又是家乡,然而他本人的择业意向却是:单位地点必须在昆明市,至于到昆明的什么单位、具体做什么工作都无关紧要,除此以外,什么单位都不考虑。在这种心态下,结果自然难以如愿。

案例思考:

从以上案例看,其就业观存在什么问题?

第二节　准备求职材料

求职材料的准备,重点是针对求职岗位撰写简历,即在简历撰写中凸显和岗位匹配的竞争优势、实习实践经历、项目工作经历,清楚掌握简历投递的方法及其有效性。本节系统介绍怎么撰写简历,怎样将求职书面材料呈现给招聘方,通过这个过程向招聘方展示自我,从而获得招聘方认可,赢得面试机会。

【导入案例】

王晓的简历

2017 届毕业生王晓进入大四后就开始在网上投递简历求职，在一个月内他投出了 100 多份简历，但是收到面试的机会寥寥。王晓的内心比较焦虑，忧心忡忡，信心不断受到打击。他想到了学校的就业指导老师李老师，他拿着好几页的简历找到李老师。李老师在和他交流求职的过程中了解到，王晓只关注求职岗位，并没有全面认真总结自己的优势，也不清楚自己的求取目标，不了解求取过程中需要什么样的求职资料。只要和专业相关的，他感兴趣的，都群发邮件。辅导老师也从他长达好几页的简历中看出他虽经历丰富，但是目标不清，内容罗列并没有提炼加工，导致他的求职受阻。

案例思考：

王晓的简历有什么问题？

一、简历的制作

（一）简历的重要性

简历就是把个人的综合信息提供给用人单位的书面材料。简单来说，简历就是个人的名片和广告，简历就如同企业的宣传手册一样，将个人的基本情况、特色、特长等展示给未来的雇主，表明自己拥有能够满足特定工作要求的技能、素质、资质和自信，用人单位会因录用你而获益。简历提供的信息不要太多，能令招聘者产生想要进一步了解你，获取你更多信息的欲望即可。一份优秀的简历应该凸显求职者的素质和相关技能，以最完美的状态呈现一个人的面貌，能够直接传达这样的信息“我才是该职位最佳的人选，就是你寻找、需要的人才”。

既然简历是提供给用人单位了解求职者信息的，我们就要先了解用人单位是怎样使用个人简历的。

招聘单位发布招聘信息后，通过电子邮箱、企业网上投递系统或者宣讲会、招聘会接受应聘简历。现在大学生就业竞争非常激烈，往往一个职位会收到上百甚至上千份简历。首先接收简历的人（一般是人力资源初级职员），会用大概 30 秒的时间把你的简历过滤，从简历上寻找进一步面试的理由。如果你的简历没有清楚地表明你的诉求是什么，经历不符合岗位要求，或者简历太杂、太长，有语法或拼写错误，就很容易被淘汰。

如果你通过第一关，你的简历会提供给更高层级、更有经验的人员快速浏览，用人单位会从你的才能、经验、教育背景、潜在培养发展前景等信息中综合判断是否能进入面试环节,或者提供给相关具有专业才能和经验的人进一步判断是否能进入面试环节。

根据简历挑选出最有竞争力的求职者进行面试,面试的比例 1∶2 或 1∶3 甚至 1∶5,好的职位淘汰率非常高。如果你进入面试环节,会接到招聘单位的面试电话或邮件。面试中会根据你的简历询问更多有关你的技能、经验、实习、实践等其他工作要求相关的问题。

(二)简历的格式

1.简历的整体框架

简历是提供给招聘单位的,因此不能仅从个人的角度思考和制作简历,认为华丽、漂亮、内容繁多就是好的,要学会换位思考,从阅读人员的角度考虑。简洁、明了、针对性强的简历更适合招聘人员阅读。从这个角度出发,我们构建个人简历的框架:

(1)你是谁?如何联系到你?

____

(2)你应聘什么岗位?

____

(3)为什么胜任此岗位?你有什么竞争优势、能力?

____

(4)其他的技能和素质

____

构建简历框架有助于全面掌握自己简历的形态,把控做简历的目标和针对性,理顺做简历的思路,有利于聚焦制作简历关键点,不会造成偏题、跑题。

2.简历的规格和版式

首先,对于应届大学毕业生来说,简历内容最好只用一页容纳,如果有两页,要保证第二页页面 2/3 以上有内容。主要信息、针对求职职位的、最希望招聘单位看到的信息放在最前面。

其次,字体、字号,通常姓名用二号黑体,正文标题用五号黑体强调,正文用五号宋体。简历中最好使用不超过三种字体,不用花哨的字体,除非你是申请设计或创意行业的职位,需要显示特殊的才能。少用粗体、斜体和下划线。对整个简历要检查要素字体是否协调一致,美观大方。

最后,排版要注意对齐、聚拢、强调、留白等细节问题。对齐:相关内容必须对齐,次级标题必须缩进,方便读者看到最重要的信息。聚拢:将内容分成几个区域,相关内容都聚在一个区域中,段间距应该大于段内的行距。强调:重点内容、重要信息用加黑的方式予以突出。千万不要把页面排得密密麻麻，要留出一定的空白，产生好的视觉效果。

（三）简历的模板

网上制作简历的信息非常多，也提供了很多模板，应届毕业生应该了解选择使用合适的简历模板。常见的简历类型有四种：时序型、目标型、功能型、综合型。

1.时序型简历

适合有较多实习、工作经验的毕业生，特点是所有要表达的信息以事例的形式说明，按时间倒叙排列，以事实为依据，通过你做过的事情反映你的能力、素质。

2.目标型简历

这类简历需列出自己的才能、经验和成就，这些信息和应聘的企业和职位息息相关。适合工作、实习、实践经验丰富者以及希望淡化自己的专业的求职者。

3.功能型简历

适合实习、工作经验极少的应届生，特点是不按时间排序，按照自己的能力编排，例如全篇可分为四大块：专业技能、英语能力（证书与培训）、计算机能力、其他素质能力。

4.综合型简历

适合应届生、学历较高者，兼顾前面三种类型的优点与特点。

根据求取职位的要求，分析自身的条件，挖掘自身的优势，结合实际情况，找到适合自己实际情况的简历类型。

（四）简历的撰写

撰写简历需注意做好每个细节，才能整体呈现一份好的简历。

1.标题

不同类型的简历写法不完全相同。简历开始是否要写“个人简历”或“简历”等标题？传统的简历一般都有这个标题。这个标题也可以不写，专业的招聘人员一看就知道是简历，加上这个标题会浪费你简历的宝贵空间，对你的简历可能是减分项，属于画蛇添足。

2.个人基本信息

包括必填信息和可选信息，必填的信息有姓名、联系方式（手机、地址、电子邮箱），可选的信息包括性别、年龄、籍贯、民族、健康状况、照片。

把自己的名字写在页面最上方显要位置,联络信息紧跟其后。近年流行一种写法,不写标题“简历”或“履历表”,而是将名字放在页面最显眼的地方,并且用黑体和大字号来加强视觉冲击力,目的是推销自己,形成个人的求职品牌。电子邮件是现在常用的联系方式,所以应该紧跟在通信地址之后,或放在名字下面。手机是现在最离不开的通信工具,写手机号码要用三四四的分节原则,如 186 1111 8888,这样比较容易记全和拨打。

可选信息是否需要写,应根据应聘的公司和岗位要求随机而定,一般情况未必需要,我们始终要关注企业对人才的核心要求。另外健康、身高、体重等信息,如和你应聘的职位无关,一般也不用填写。至于校名和校徽,除非有特殊影响的学校,大部分招聘人员并不认可在简历上放置学校标识的做法。

一般都应放置本人照片,而且一定要是专门拍摄的正装照,这样会给你的简历加分。不修边幅或过度修片的求职照还是不要放了。除非应聘职位有特殊要求,不要贴艺术照或生活照。

【案例分析】

个人基本信息的写法

王　×

福建省泉州市丰泽区东海大街 398 号

(362000)

××××××××××××@×××.com　　×××-××××-××××

3.求职意向

求职意向是整份简历的灵魂,简历的其他部分都是为其服务的,个人简历的内容重点与经历素材的取舍,应以应聘职位为中心展开书写。一份简历只能针对一个应聘职位,如果有多个职业目标,应针对每个应聘职位撰写不同的简历。求职意向要放在个人信息旁显眼的位置,让人一目了然。

求职意向具体名称按公司的招聘信息写,不要随意发挥和改变。很多同学写简历,因为不确定求职职位，这个项目往往不写，写一个通用的简历，投给不同公司的招聘人员。如果简历没有针对性，即使写得再好，也很难突出应聘优势，最后难以获得青睐。另外一般公司同时要招多个职位人员，招聘人员面对没有求职意向的简历就没有办法处理。所以在投递简历之前，一定要想清楚投递什么职位，千万不要在同一个公司投递多个职位，尤其是不相关的职位，这样反而会减少求职成功的机会。

4.教育背景

对于大学应届毕业生来说，教育背景是简历中一个很重要的信息，一般按照时间逆序的写法来写，主要是大学阶段所获学历，时间上需要紧密衔接。最近的学历一般放在最前面，如即将研究生毕业，要先写研究生再写本科。大学以前读书经历一般不写。

教育背景一般也包括必有信息和可选信息，必有信息包括时间段、学校、专业、学历等。可选信息包括主修课程、研究方向、研究项目、辅修课程、成绩排名、获奖经历等。来看几个简历的教育背景的写作实例：

【案例分析】

教育背景的写法 1

教育背景

2011.09—2014.06　浙江大学　管理科学与工程　　硕士

期间 2013 年作为交换生在美国西北大学学习

2007.09—2011.06　浙江大学　信息管理与信息系统　本科

【案例分析】

教育背景的写法 2

教育背景

2010.09—2014.06　浙江工商大学 会计学　本科　雅思：8.0 分

在校期间辅修本校（第二专业）市场营销

荣誉获奖

2013.10　IEERA 国际英语辩论大赛冠军　　2013. 10 校优秀学生干部

2012.10　大学生英语演讲赛浙江赛区冠军　　2012.10 校综合一等奖学金

思考:教育背景怎么写能给你的简历加分?应按下列要求撰写:

(1)时间段。每段教育经历都应有标明起止日期的时间段,有助于招聘者了解你的成长轨迹。

(2)学校专业。为便于人力资源部门能迅速识别你的学历,如果就读的是名校,建议将学校校名加粗显示。如果是非名校,要通过强调实习经历、社会实践经历等来弥补。如果是应聘专业对口的职位,所学专业是有竞争力的,需要加粗显示。若是跨专业求职,有双学位或者有相关的辅修经历,那么辅修的专业要加粗强调。如你是通信工程专业,但你辅修了金融学双学位,如果你想从事金融方面的工作,要重点强调金融学的双学位。

(3)相关课程及排名情况。一般来说,如果专业符合求职意向要求,那么可以不列课程,如果要列,那么只列三四门与职位相关的主干课程。如果你的成绩出色,平均成绩点数(GPA)排名较高,那么可以这么写"GPA 专业前 5%"。如果你的所有课程的总 GPA 不是很高,可某些与应聘职位相关的学科的 CPA 还不错的话,可用相对数字来表述,如"Finance GPA 3.5/4"。采用相对数字来表示学习成绩比较有说服力。如果你的成绩在班级或者院系有比较好的名次,那么可以这么写"排名:年级前 5%"。如果排名比教居中,但班级或者年级人数比较多,那么可以这么写"排名:40/300"。

(4)如果你有在国外项目研究经历或交换生学习经历,建议在教育背景中写出来。总而言之,应根据职位和自身情况做到突出优势,规避劣势。

5.实习、实践经历

这部分重点是陈述和你应聘职位相关经验和技能及潜在的培养、发展前景,通过你的实习、实践经历向招聘单位证明你为什么能胜任应聘的职位,是这部分简历中的重点。我们不应该把实习、实践经验写成个人编年史,要针对招聘职位的要求,围绕对人才的核心需求,精简内容,从而重点突出,清楚明了地突出自己的应聘优势。

当你要写个人的某项实习、实践经历时,其目的是向招聘人员推销自己,通过你的实习、实践经历说明你的能力、技能、素质与招聘职位的要求是相匹配的,并且有培养发展的潜质。在撰写个人工作实习实践经历,可采用 PAR 法则:P 即问题(Problem),A 即采取的行动(Action),R 即工作的结果和业绩(Result)。撰写实习经历可以按照 P、A、R 的顺序来写,具体分析如下:分析你在实习实践中的背景和问题是什么,你采取了什么行动、方式解决,最后取得了什么样的结果。通过 PAR 法则,你可以简洁清晰地陈述事件,精练到位地反映自己的专业知识技能、自我管理技能和可迁移技能。

在撰写过程中注意用专业术语、用数学表达与应聘职位相关的信息。善用动词,突出自己的作用,比如"负责、发起、独创、独立负责",要比"参与"更能体现个人的贡献和成就。

其中用数字说话时，描述一定要数字化，精确化，避免“很多、大量”等模糊词。以下三个方面特别需要用数字说话：

(1)金钱。体现你的作用，实习、实践中为企业节省了多少成本，提高了多少收入等。如销售额达5万多元，成功销售2套设备等。

(2)时间。如何在短时间内取得较大的成绩，体现你的高效率。如提前1个月完成销售任务。提出新的流程方案，将项目完成所需时间缩短25%。

(3)数量。数量能从规模上突出你的能力和效率。

用专业术语表述，让自己显得更专业。下面是根据PAR法则修改后的实习实践经历：

【案例分析】

实习经历的写法

2013.3—2014.8　杭州××信息科技有限公司　市场部　市场推广专员

1.独立负责网站与目标企业的合作推广计划的实施。

2.对全国约400家企业进行调研，确定200多所目标企业的联系人名单，并负责后续与这200多所目标企业联系人联系沟通及访谈，保持后续跟踪，完善网站制订的企业合作计划文案。

3.通过电话方式对700多家企业进行招聘规模、渠道及目标需求调研，撰写长达5000字的调研报告，并根据调查结果对企业有针对性地推广网站服务项目，最后与近625家目标企业达成合作意向。

6.学术研究项目经历

首先是项目名称，要用专业化语言进行提炼。其次项目的起始时间和周期。然后是项目的规模，这个项目有多少人参与。最关键的是项目的简介，这到底是一个什么项目，做什么方面的研究，通过什么思路，能完成什么功能，有什么价值。你写的每一样东西，你必须了解，面试时能问有所答。重要的是你所负责的部分，你做了什么，用的什么工具，用的什么思路，解决了什么问题。如果没有什么学生研究项目，课程中的大作业、竞赛中的项目、大学生创新项目、实验室的实践项目等都可以写。

7.社会工作经历

描述社会工作经历和实习、实践经历有共同之处,都要用事例、数字说话,用业绩成就证明,逻辑要清晰。

【案例分析】

社会工作经历的写法

2013.3—2014.5　浙江工商大学　学生职业发展协会　人力资源中心经理

负责2013春季招新,包括前期策划、宣传品设计、线上线下宣传、面试官培训、单面、群面、招新集训和新会员欢迎会,共招募新成员43名。

策划组织系列内部培训课程SCDA Career Workshop,以小班化培训的形式,围绕职业发展和生涯规划为主题,邀请成功学长学姐和资深培训官对会员进行了5次主题培训,参与组织协会七周年派对,和团队成员共同完成派对的前期策划和视频制作。

8.奖励情况

在描写奖励情况时,应特别注意强调奖励的级别及特殊性。奖励名目繁多,招聘人员虽然见多识广,但他并不清楚每个奖项的意义、重要性,所以仅仅列出奖励名称是没有意义的。将所获奖励的难度以数字或者奖励范围表达出来,让招聘人员明白所获奖励的含金量,从而提高简历通过筛选的概率。

【案例分析】

奖励情况

市级	杭州市奖学会(全校仅10人)、杭州市高等学校优秀学生(全校1%)
校级	浙江工商大学校综合一等奖奖学金(前2%)、浙江工商大学"优秀学生"称号(前3%)
	浙江工商大学健达奖学金(全校10人)

9.专业技能、外语能力和计算机技能

要求简明扼要,表达准确。

【案例分析】

专业技能

通过注册金融分析师(CFA)一级考试; 英语技能　CET-6(580/710 分)、雅思 7 分,有良好的英语翻译能力,英语口语流利,能用英语自由交流; 计算机技能　熟练使用 OFFICE、SPSS、STATA 等软件。

10.其他可选内容

兴趣爱好:除非公司有特殊要求,一般来说,不建议写。如果觉得和应聘职位有一定的关系,要写强项,只写两项到三项,但是要针对职位的要求写,不具体的爱好最好不写。不同的业余爱好,代表了不同职业能力倾向:如篮球、足球、排球、表演等代表团队意识;围棋、国际象棋等代表战略意识;旅游代表适应不同的环境,快速学习的能力;跆拳道代表顽强意志和出奇制胜的能力;演讲、辩论代表沟通能力、公共演讲能力。

11.自我评价

一般不要写,如果要写建议依据以下三个标准:(1)是不是每个人都可以用这些话评价自己;(2)自我评价有没有突出你的优点;(3)自我评价是否呼应正文,简单易懂。

【案例分析】

谢××同学的简历

个人简历

照片

谢××

毕业院校：浙江工商大学　政治面貌：中共党员

电话：×××××××××××　Email：××××××@××××.com

浙江杭州下沙浙江工商大学金沙港5栋×××(310018)

求职意向：财务审计

教育背景

2008.9—2014.6　浙江工商大学章乃器学院金融学专业本科生

教育类型：国家统招（全日制本科）　学位：经济学学士学位

主要专业课程

微观经济学、宏观经济学、货币银行学、证券投资学、统计学、财务管理、国际经济学、计量经济学、财政学。

保险学原理、金融风险管理、金融经济学、金融市场与机构、公司金融学、投资银行学、金融工程导论。

社会经历

2008.12—2010.12　广州军区某基层部队　警卫、军械员兼文书

· 主要从事警卫目标的站岗值勤任务，独立负责连队军械的保管、清点、收发及保养维修维护，兼职文书职务，主要从事单位各项文件资料的收发整理、有关文件起草、板报标语的绘制、各项通知上传下达等。

2011.3　组织班级半数人员出省春游爬山。期间主要负责安全工作，成功制止一名小偷的行窃行为。

2011.7—8　学校附近某餐厅　服务员

· 负责接待客人、点餐、用餐、结账以及与前后台沟通联系，处理就餐过程中的各类问题。

2011.9—2013.6　学院办公室　学工助理

· 协助学院辅导员处理各项学生事务（学生活动的召开、各项会议准备、各种学生资

料材料的整理)。

• 与学校其他学院或部门沟通联系并进行各种文件资料的往来。

2013.7—8　成都经方规范药材淘宝店　采购销售

• 负责店铺中药材的集中采购、议价以及维护与供货商关系等。

• 仓库跟进、货物库存盘点、报表制作、订单统计、货物发送等。

学生工作

2011.3—2012.3　班级学习委员　协调安排班级各项学习事务、配合其他班委组织其他活动。

2012.9—至今　校梅花桩拳兴趣爱好组织负责人　负责成员纳新、各项活动开展以及拳法教学。

2013.5—至今　商大军事爱好者协会干事　负责会员一般军事技能训练。

2013.4—至今　年级党支部书记　负责党员发展、各项活动的组织和会议的召开。

技能

专业技能:证券从业资格专业二级　会计从业证

语言技能:英语四、六级　读写能力、听说能力良好　普通话流利

IT 技能:Office 技能(PPT、Excel、Word)　浙江省计算机二级(VFP)

所获奖励

部　队:2009 年 12 月获优秀士兵称号、嘉奖一次;因表现良好,工作成绩突出于 2010 年 9 月在部队光荣入党

国家级:2011 年、2012 年国家助学金 校级:校"中华保险杯"学生科技论文竞赛鼓励奖

社会级:2011 年杭州经济技术开发区慈善总会"金秋助学"助学金

二、求职信的书写

在寄信为主要通信手段的年代,求职信的应用非常广泛,求职者在寄送简历时需要写一份定制的求职信,邮寄给招聘单位。在当下数字化、网络化时代,除参加现场招聘会,我们在递交简历时都是提供电子版,求职信是否就不那么需要了呢?当你通过电子邮件给招聘人员联系并递交简历时,我们不能仅仅只是发送一份简历过去,要在电子邮件中写上一段话,这段话也是求职信。求职信是你的一份重要营销文件,好的求职信会吸引招聘人

员的目光，令招聘人员耳目一新，对你留下较深的印象，让招聘者迫不及待地想阅读你的简历，了解你更多的信息。

求职信既然是信，其基本格式就应当符合书信的一般要求。

求职信一般分为标题、称呼、正文、落款和附件五部分。

（一）标题

标题是求职信的标志和称谓，要求醒目、简洁、庄雅。要用较大字体在用纸上方标注“求职信”三个字，显得大方、美观。如果是通过电子邮件发送就不需要标题了，因为发送电子邮件都是有主题的。

（二）称呼

这是对招聘人员或收件人的呼语。如接收人明确，可直接写上招聘人员的姓，前加“尊敬的”修饰，后以领导职务或统称“尊敬的＋姓氏＋先生或女士”；如招聘接收人不明确，则用统称“尊敬的贵单位先生或女士”起，最好不要直接冠以最高领导职务，这样容易引起第一读者的反感，反而难达目的。

（三）正文

正文是自荐信的核心，开语应表示向对方的问候致意。主体部分一般应当包括以下主要内容：

1.求职信息的来源及应聘岗位

这部分要写明你想申请的职位，以及你是如何知道该公司的招聘信息的。

【案例分析】

求职信息的来源

我对贵公司×年×月×日【网站名或其他信息来源】发布的【职位名称】很感兴趣，现寄上简历，敬请斟酌。

【案例分析】

应聘岗位

> 我希望应聘贵公司招聘的【职位名称】,我很高兴在【网站名或其他信息来源】得知你们的招聘信息,我的专业是【专业名称】,我对贵公司关注已久,一直期望着能有机会加盟贵公司。

2.本人的基本情况及优势

这部分写明你对单位或职位感兴趣的原因,以及你个人所特有的、可以为公司作贡献的教育背景、技能特长及其他有价值的个人信度。这部分与你的简历是相辅相成的,既要说明你独特的个人能力,又不能把简历内容都写进去。注意:不要单纯写自己的长处和技能,而要着重说明这些长处和技能能给该公司带来什么益处。条件展示是求职自荐的关键内容,主要应写清自己的才能和特长。要针对所应聘工作的应知、应会去写,充分展示个人的求职条件,从基本条件和特殊条件两个方面解决凭什么谋求该职位的问题。

【案例分析】

本人的基本情况及优势

> 我具备以下的资格:
>
> 需要具备的资格1:此处证明你具备该资格
>
> 需要具备的资格2:此处证明你具备该资格
>
> 需要具备的资格3:此处证明你具备该资格

3.写作提示

这部分内容一定要有说服力,说明你如何适合这个职位,更重要的是要表明:如果公司录用你,你能为公司做出怎样的贡献。

4.面试请求

愿望决心部分要表示加盟对方组织的热切愿望,展望在单位工作的美好前景,期望得到认可和接纳,要做到自然恳切,不卑不亢。结语一般在正文之后按书信格式写上祝语或

“此致 敬礼”“恭候佳音”等。

(四)附件

求职自荐信的附件主要包括个人简历、证书及文章复印件。需要附录说明的材料,也可作为附件一一列出。

(五)落款

落款处要写上“自荐人”的字样,并标注规范的公元纪年、月、日。随文处要说明回函的联系方式、邮政编码、地址、信箱号、电话号码及微信号等。署名处如是打印件则要留下空白,由求职人亲自签名,以示郑重和敬意。

自荐信写作虽有一定的自由度,但务必要注意文明礼貌,诚朴雅致,特别要注意突出才艺与专长的个体特征,注意展现经验、业绩和成果。

【案例分析】

自荐信

尊敬的王经理:

您好!我叫王××,是浙江工业大学机械制造专业的2013届毕业生。我拥有专业的背景,同时我具有良好的交流沟通能力和销售方面的才能。我想申请贵公司的销售员职位,请您考虑我。

我非常激动地看到贵公司机械销售团队有了空缺的职位,因为我关注了很久。我在大学一年级时,我就参加了学校的市场营销社团,开始对销售产生浓厚的兴趣,后来我因为能力突出成为市场营销社团骨干力量,组织举办多项市场营销活动。我参加了全国市场营销策划大赛,获得了全国比赛三等奖。这些经历都锻炼我的人际交往、沟通能力和销售能力。

我在专业上系统学习了机械制造的知识,在学习和实践活动中积累了丰富的知识和能力。可以让我更快成为一名专业的销售人员。

附件中是我的简历,我期待能与您进一步讨论这个工作机会,我的联系电话是××××××××××。期待与您在面试中有更多的沟通。

祝您工作愉快!

此致

敬礼!

王××

2014年9月20日

这位应聘者在求职信的第一段话，就明确地让收件人知道他是谁、他申请什么岗位、主要的竞争力在什么地方(机械制造专业背景、沟通和销售才能)，表述简洁且能切中要点。接着两段，分别简要阐述了销售方面的实践经历和能力积累以及机械制造专业的学历背景。结尾问候礼貌，祝福暖人。这封求职信言之有物，总结了简历所反映的岗位胜任能力，会让招聘人员大有兴趣。

三、就业推荐表和毕业登记表的书写

(一)毕业生就业推荐表

1.内涵

《毕业生就业推荐表》是由学校就业主管部门统一编制的，学校对材料内容的真实性通过加盖公章进行证实，优点是规范性强、权威性高等；缺点是过于拘谨、呆板，内容难以全面地展示毕业生各个方面的才能特点，容易产生千人一面的感觉。

2.作用

就业推荐表由省教育主管部门监制，是各级人事部门列入当年度就业计划的重要依据，每人一份。就业过程中，资格审查时，招聘单位在检验原件后可收取复印件，待通过试用考核，单位人事部门需要上报办理就业接受函手续时才收取推荐表原件。

3.填写指南

(1)总体要求

态度认真，用黑色钢笔、签字笔填写，也可打印(有的高校通过手机 APP 进行填写)；要求字迹工整清楚，不能涂改；避免错别字；保持页面整洁。

(2)填写指南

①学校名称：泉州师范学院；

②学校隶属：福建省教育厅；

③专业名称：要填写全称(规范)；

④学历：本科；

⑤姓名：姓名填写与户口本、身份证姓名必须一致，不得有异，否则会给录用、编制、审批就业方案、办理报到手续带来不必要的麻烦；

⑥政治面貌：中共预备党员/中共党员/共青团员/群众；

⑦健康状况:如无异常者请统一写“健康”,不宜用“优秀”“良好”或者“一般”等字眼描述;

⑧生源地区:填写毕业生入大学前就读的家庭户口所在地;

⑨入学时间:2012 年 9 月;

⑩修业年限:四年;

⑪通讯地址和联系电话:填写可以联系到本人的详细地址和电话,可以写家庭住址;

⑫贴照片处:必须贴一寸免冠半身照片;

⑬在校期间社会工作情况:填写担任班级以上(包含班级)职位。可以填写社会实践经历、打工兼职经历、学生干部经历、义工服务等;

⑭奖惩情况:应填写院级(含院级)以上的奖励、处分情况,也可以填写各类大赛获奖情况;

⑮有何特长:写自己擅长的,不要填写自己一般感兴趣的方面;

⑯外语水平:填写已通过的外语考试如“大学英语应用能力 B/A 级”“大学英语四/六级”(不应笼统地填写“一般”“较好”等);如果没有过级,则填写“能够运用英语进行简单的交流”等;

⑰个人简历:从初中开始填写;

⑱自我鉴定:非常重要,请毕业生认真填写。可分别从思想、学习、社会实践活动、技能特长各方面介绍,建议毕业生先起草稿并用铅笔打好暗格后再填写,字数应在 500 字以上,务必在本人签名处签名;

⑲本人求职意愿:由毕业生填写,主要填写希望从事的职业、工作岗位、工作单位的性质等情况;

⑳“院系推荐意见”栏:班主任或辅导员填写,盖二级学院章;

㉑“学校意见”栏:就业指导中心填写,盖章;

㉒成绩表:向二级学院教务科或学校教务处申请,建议以班级为单位统一去打印。有的高校通过自助打印机进行打印,不用去教务处或教务科,如泉州师范学院。

(二)高等学校毕业生登记表

1.内涵

《高等学校毕业生登记表》是毕业生人事档案的核心材料,是证明毕业生获得毕业资格的重要档案资料。

2.作用

《高等学校毕业生登记表》是由国家教育部制订的学生毕业档案材料之一。它包括学生本人基本情况、学习经历、社会关系、自我鉴定、班委鉴定、院系意见及学校意见等内容，并对完成全日制国家高等教育的情况作出总结，如“准予毕业”或“准予结业”等，是就读大学的重要证明，不可或缺。

3.填写指南

用黑色钢笔、签字笔填写，字迹工整清楚，不能涂改，避免错别字，保持页面整洁。

【案例分析】

范　例

一、封面
学校：泉州师范学院；
系别：陈守仁商学院；
专业：国际贸易；
姓名：（与身份证、户口本上信息一致）；
填表时期：2015 年 6 月 10 日（此日期非常重要）。
二、第一页
姓名：同封面；
性别：“男”或“女”；
民族：全称，如“汉族”；
曾用名：有则填写，无则填“无”；
出生年月：填写六位，格式如“1985 年 06 月”；
籍贯：××省××县（市），本人最初户籍所在地；
出生地：出生的地方，××省××县（市）；
学历：大专；
现家庭住址：填写详细；
是否华侨/侨居何处：是则填写，无则填“否”；
健康状况：健康（有较大疾病则填写具体名称）；
婚否？对方姓名、政治面貌等：统一填写“否”；
何时何地何人介绍加入中国共产党：党员学生填写：××××年××月××日在××

经×××介绍加入中国共产党；

团员学生填写：××××年××月××日在××经×××介绍加入中国共产主义青年团；

何时何地何原因受过何种奖励：××××—××××学年在×××学院因学习优异(表现突出)获×等奖学金(××称号)；

何时何地何原因受过何种处分：无处分同学填写“无”，曾受处分同学暂不填写；

照片：近期一寸正面半身免冠彩色照片。

三、第二页

本人学历及社会经历：从初中开始填写，依时间顺序详细填写，年月要衔接。最好倒序填写；

起止年月：××××年××月至××××年××月；

学习或工作单位：××省××县(市)××××(学校或单位)学习(或工作)；

证明人：填写班主任或辅导员姓名；

家庭成员及主要社会关系：如实填写；

姓名：如实填写；

年龄：如实填写；

与本人关系：母亲/父亲/姐/妹/兄/弟/祖父/祖母等(按书面语言填写)；

政治面貌：如中共党员填写“中共党员”，民主党派填写具体党派名称，28 周岁以下如是团员填写“共青团员”，28 周岁以上无党派人士填写“群众”；

工作或学习单位：××省××县(市)××××(学校或单位)学习(或工作)，××省××县(市)××乡××村务农等。

四、第三页

自我鉴定：

1.字数：最少一页，不够可附纸。严禁抄袭！

2.内容：

①思想政治方面：是否维护祖国利益；能否准确理解和贯彻执行党的路线、方针、政策；在校院班各项政治活动(如政治学习、党团活动)中的表现；

②现实表现方面：主要指能否自觉遵守学校各项规章制度；遵守学校纪律情况(如平时有无旷课、迟到、早退等)；在日常生活中表现出的基础文明状况(如是否注重自身修养，是否热心和积极参加公益活动和社会工作，是否关心他人，尊敬师长，团结同学等)。

③学习方面：是否具有勤奋刻苦的学习精神和献身科学的事业心；对基础理论、专业知识与基本技能的掌握情况；业务学习成绩；分析问题、解决问题的能力；毕业论文或毕业设计完成情况等；

④劳动观念和社会实践方面：能否积极主动地参加义务劳动和其他公益活动；在日常生活中的劳动态度，宿舍卫生值日中的表现，所在宿舍卫生状况，社会实践及第二课堂中的表现等；

⑤身体素质方面：是否积极参加各种体育锻炼和体育活动，能否认真上好体育课；体育成绩及达标情况等；

⑥主要优缺点及今后努力的态度等。

3.结束时要写：本人签名：×××

五、第四页

班委会意见：请班长认真、如实填写，尽量发掘学生的优点和长处，但也不能凭空捏造；

院系意见、学校意见：不必须填写(但建议写)。

六、第五页

毕业实习单位和主要内容：根据实际情况填写；

毕业设计题目：根据已确定题目填写；

有何特长：根据实际填写；

掌握何种外语，程度如何：如实填写掌握语种及相应的听说读写能力水平；

本人工作意愿：如实填写；

学校授予何种学位：无。

实训活动：生涯人物访谈报告

每个学生撰写一份生涯人物访谈报告。报告主要内容有：背景介绍(包含受访人所在的单位简介，受访人简介，参与人员，访问时间、地点、方式等基本信息)、访谈记录、小结。其中，小结包含撰稿人对访谈的感想和访谈内容的总结提炼，比如，我的专业可从事的职业有哪些？我对感兴趣的职业有什么了解？

生涯人物访谈报告不超过3000字，随稿可附一两张访谈照片或手机截图。

思考与练习

1.简历写作的关键点有哪些？

2.写一份简历。

3.写一封求职信。

第四章　求职择业的方法与技巧

就业是最大的民生。要坚持就业优先战略和积极就业政策，实现更高质量和更充分就业。大规模开展职业技能培训，注重解决结构性就业矛盾，鼓励创业带动就业。提供全方位公共就业服务，促进高校毕业生等青年群体、农民工多渠道就业创业。

——习近平

求职择业是大学生在人生道路上面临的一次重要抉择，找到一份心仪的工作是所有期待就业的大学生共同的心愿。然而随着高校毕业生人数的不断增加，用人单位对毕业生的要求也越来越高。如何才能如愿以偿地找到好工作是所有大学毕业生关注的话题。成功就业不仅取决于大学生自身的综合素质，而且与求职择业所采用的方法与技巧有着密切的关系，处在求职期的大学生掌握求职择业的正确方法和技巧至关重要。

【学习目标】

1.学会收集有效的就业信息；

2.掌握求职的正确方法和技巧；

3.掌握笔试技巧和面试礼仪。

【导入案例】

我的困惑

我是个即将面临毕业的大学生，没有任何工作经历，除了学习也没参加过太多社会活动。我的简历写出来很简单，一点特色也没有，我该怎么办？

我参加了几次面试，效果都不理想，感觉自己很难给面试官留下深刻的印象，我应该做些什么才能改变这种情况？

案例思考：

你对以上案例中的“我”有何建议？

第一节　择业程序与人事档案

面对严峻的就业形势，高校毕业生不仅要有过硬的专业知识，更要有适应社会需求的综合能力。在具体的求职择业过程中，信息渠道的畅通与整理是成功就业的可靠保证，因此，毕业生应当及时、主动、多元、全面地了解并收集就业信息，以确保找到适合自己的职业。

一、大学生的择业程序

（一）高校就业管理部门相关工作

我国高校都设有毕业生就业指导中心或学生就业指导办公室，主要负责大学毕业生就业、日常管理等工作。

1.高校就业管理部门的工作程序

（1）根据上级部门的要求，制定本校毕业生就业实施办法。

（2）统计毕业生生源信息并向社会公布、搜集需求信息，及时向毕业生公布。

（3）开展学生就业指导和服务工作，并积极做好毕业生推荐工作。

（4）完善就业市场，组织校园招聘活动，促进毕业生充分就业。

（5）根据毕业生签订的就业协议书，提出就业建议方案。

（6）组织并做好本校毕业生派遣离校工作。

（7）开展毕业生就业质量跟踪调查和市场调研工作，并及时反馈有关信息。

2.高校毕业生就业的主要形式

（1）毕业生签订《全国普通高校就业协议书》，领取《全国高等学校本专科毕业生就业报到证》，到用人单位报到就业。

(2)毕业生与用人单位已签订劳动合同,或用人单位出具接收函,则不需要报到证就可到用人单位工作。

(3)定向、委培毕业生应该回原定向、委培单位就业。

(4)毕业生可以以灵活方式就业,其中包括自主创业、自由职业等。

(5)升学,指考取研究生,或者专升本、考取第二学位等。

(6)毕业生出国、出境留学、工作等。

(7)参加国家、地方项目的就业,如"三支一扶"等。

(8)毕业生参加预征入伍。

3.高校毕业生就业管理相关工作

(1)毕业生的日常管理工作

高校毕业生就业管理部门主要负责毕业生的日常管理工作,包括发布就业信息、统计毕业生就业率、签署就业协议、发放派遣证及转寄档案等工作。

(2)拓宽毕业生就业创业市场

拓宽毕业生就业创业市场,引进优秀用人单位,举办校园就业洽谈会,开展各类就业咨询指导服务,推荐优秀毕业生等,为大学生求职择业提供更广阔的空间。

了解高校就业管理部门的相关工作是为了毕业生更好地求职,减少不必要的时间浪费,同时也是清理毕业生求职择业思路的基础,应当引起重视。

(二)毕业生的择业程序

1.进行正确的自我评估

毕业生要在求职择业过程中正确地评估自己,理性地进行自我分析,及时调整心态,确立就业目标,根据实际情况适当降低就业期望值,树立与时俱进的就业观。

(1)分析自己的兴趣、爱好、专业技能、基础知识、特长等。

(2)评估综合素质,在择业过程中,应做到扬长避短、发挥优势。

(3)树立目标,思考自己的人生观、价值观,准确找到适合自己的领域、行业,给自己准确定位。

2.积极准备求职材料

求职材料是大学生择业程序中较为重要的部分,是用人单位了解毕业生的第一手资料,应该积极、主动地准备。求职材料包括就业推荐表、个人简历、成绩单、自荐信、获奖证书、资质证书、参加社会实践的鉴定材料,以及有关科研成果等。

3.积极参加招聘会

在充分准备好求职材料后，毕业生就可以根据收集的就业信息选择性地参加招聘会，应以良好的精神面貌应聘，充满自信，做到心中有数、知己知彼。

4.积极参加笔试

很多用人单位在招聘过程中，经常采用笔试的方式考核应聘者的知识、能力和素质，从而选拔优秀的毕业生。笔试的时间、地点用人单位会提前通知毕业生。

5.力争参加面试

通过用人单位笔试筛选后还需参加面试，面试是在特定场景下以考官对求职者的面对面交谈和观察，由表及里地测评求职者的知识、能力、经验等笔试难以测试的内容。毕业生应做好充分的准备，适当进行形象设计，从而提升考官对毕业生的第一印象的好感度。

6.最终签订协议

《全国普通高等学校就业协议书》是明确毕业生、用人单位和学校在毕业生就业工作中权利和义务的书面表现形式，一般为一式三份，用人单位留一份，学校留一份，毕业生本人留一份，就业协议书是发放报到证的重要依据。毕业生在签订时需要提前明确双方的责任、权利、义务，最好询问清楚用人单位的性质。

7.按时报到上班

签订就业协议后，毕业生应在毕业后持报到证按照有效报到时间前往单位报到，办理档案转接和落户手续。

【案例分析】

如何面对考研和就业的两难选择

小张家境贫寒，听说管理学系研究生毕业后能拿到很高的薪水，便决定跨专业跨校考浙江大学管理专业的研究生。可是购买考研教材、报名参加辅导班的费用让他难以承担，而专业复习对他来说又是一道难以跨越的坎。在经过一段时间的挣扎之后，他选择放弃考研。于是在临近毕业学校组织的双选会中，他毅然和一家公司签约，负责工厂的技术工作。虽然工作地方离大城市很远，但对于刚毕业的大学生来说，各方面福利待遇很不错，并且给他提供了单人宿舍。

放弃有时比选择更艰难，不过他此时的放弃却成就了自己日后的发展。经过一段时间的工作，家庭的经济危机得到了有效缓解，他已经完全有能力支撑起家庭的重担。同时，他报读了在职工商管理硕士课程，公司领导十分支持，甚至为他申请减免了部分学费。成功拿到学位后，公司不仅给他加薪水，还推荐他到国外考察学习。

案例思考：

你如何评价小张的选择？

（三）用人单位招聘程序

全面了解用人单位的招聘程序有利于择业的有效进行。一般而言，用人单位的招聘程序包括以下几点。

1.确定需求信息

用人单位会根据企业发展的实际情况，确定岗位需求信息，并制定详细的招聘计划。

2.公布需求信息

确定需求信息后，通过各种渠道公布需求信息，并传达给毕业生，如在高校毕业生就业工作部门登记，在相关网站上发布需求信息，通过报纸、广播等媒体发布需求信息等。

3.举办就业洽谈会

为了扩大企业在学生中间的影响力，使学生能够充分了解用人单位的情况，很多企业选择在高校举办专场宣讲招聘会，主要介绍企业概况、解答现场毕业生们关心的各种问题。

4.筛选简历，组织笔试、面试

用人单位根据招聘人才的要求进行简历筛选，之后进行笔试和面试，从而筛选出优秀的毕业生。

5.签订协议

用人单位在与毕业生双方达成意向后签订就业协议，毕业生将就业协议信息完善后交由用人单位签字盖章。就业协议经毕业生、用人单位、高校三方认可后则生效，三方都应严格履行协议，若一方提出变更协议，须征得另外两方的同意，由违约方承担违约责任。

6.岗前培训

毕业生报到时,用人单位会将毕业生的报到证、毕业证、户口迁移证等相关证件予以查验,以办理户籍手续。用人单位会对每年新进员工进行岗前培训,以帮助他们尽快实现角色转换、为投入新环境工作打下基础。

【案例分析】

苏云鹏的经历

苏云鹏是我大学同宿舍的同学。毕业之后就一直没见过他,偶尔在网上会聊几句。在获知他终于录取为广东某地的公务员后,我既高兴又羡慕。我们本科就读一个武汉不知名的高校,所学专业又是较难就业的行政管理。所以,公务员是老师、同学眼中的理想职业。我原本计划邀约同学到武汉找他叙旧。我打通电话,说明来意,他半晌说了句:"黄了"。我一怔,说:"不是体检都过了,还能出什么岔子?"聊了两个多小时,直到手机没电,最后才知道,他居然政审没过,因为他曾多次信用卡逾期未还未处理,被列入失信人的名单。

案例思考:

你从苏云鹏的经历中受到什么启发?

二、人事档案

近年来,大学毕业生就业的途径有了很大变化,在迅速发展的社会经济形势下,人的流动越来越频繁。大学生从学校毕了业,往往是一个人带着身份证到处闯,完全没有意识到档案会对以后的生活造成何种影响,对自己的户口档案不管不顾,或者无暇管理。没有户口档案,似乎对毕业生的日常生活工作没有太大影响,可是一旦遇到结婚、生子、购房,以及办理医保、社保、出国等手续需要户籍资料时,就该开始着急了。只得"从群众中来,回到群众中去",成为"超期""黑户""无档"派人士。

【问一问】你对档案了解吗?

1.你毕业后知道档案应该放在哪儿吗?

2.你知道什么是转正定级和它的作用吗?

3.你知道政审证明、无犯罪记录证明、存档证明找哪儿出具吗？

毕业了，档案、户口怎么办？求职、考研、留学、婚姻需要出具证明怎么办？评职称怎么办？党组织关系怎么办？这些问题常常困扰毕业生。因此，需要了解档案有关知识。

（一）人事档案的含义

人事档案是记录一个人的主要经历、政治面貌、品德作风等个人情况的文件材料，起凭证、依据和参考的作用。

毕业生的人事档案由学籍档案转换而来。毕业生的学籍档案是通过参加全国统一考试并被录取的大中专院校学生的档案，它以文字资料的形式记录了高考成绩、在校学习成绩、在校期间表现、奖惩情况、家庭状况等。学生毕业后，在其学籍档案中装入该毕业生的就业《报到证》通知书联，然后由学校将档案转交毕业生就业单位的人事部门或人事代理部门。

（二）大学生毕业后档案几种去向

(1)升学到所在高校；(2)到就业地落实档案；(3)回生源所在地人才流动服务机构。

（三）人事代理的国家政策依据

中组部、人事部《关于印发〈流动人员人事档案管理暂行规定〉的通知》（人发〔1996〕118号）的规定：按照“集中统一、归口管理”的原则，流动人员人事档案管理机构为县以上党委组织部门和政府人事行政部门所属的人才流动服务机构，其他任何单位不得擅自管理流动人员人事档案，严禁个人保管他人人事档案。

（四）人事代理制的好处

第一，明确了双方的权利和义务，毕业生将更多精力投入工作；第二，人事代理是一种法律行为，具有法律保证的权益；第三，有助于形成人才能进能出、能上能下的良性用人机制；第四，“单位人才所有”变成了“社会人才所有”代表了社会主义市场经济体制下人才管理制度的一个发展方向。

（五）人事档案与学籍档案

1.学籍档案

毕业生的学籍档案是指通过参加全国统一考试并被录取的大中专院校学生的档案，

它以文字资料的形式记录了高考成绩、在校学习成绩、家庭状况、在校期间表现和奖惩情况等。

2.人事档案

毕业生的人事档案由学籍档案转换而来，是指毕业生毕业后，在其学籍档案中放入该毕业生的报到证，然后由学校将档案转交毕业生就业单位的人事部门或委托的人才交流机构。这时的学籍档案正式成为人事档案，它是通过毕业生与用人单位或委托的人才交流机构签订就业协议，然后履行相关毕业程序并取得报到证后，才得以实现。

（六）档案的主要内容

档案材料涉及初高中毕业登记表、高考相关档案、填报志愿表、大学学习情况表、实习鉴定表等，工作后陆续增加转正手续、考核表、职称评定（报考）表、奖惩记录、出国记录及各种鉴定材料。涉及党团关系、政审、调函等一系列材料也会存放在档案中。

大学毕业生人事档案清单

⋆ 1.××省高校（中）等学校招生报名登记表
⋆ 2.高校招生政治思想品德考察表
⋆ 3.高中毕业生登记表
⋆ 4.高考体检表
5.提档照顾表
6.免试保送表
7.入团志愿书
8.大学期间违规违纪处理文件
9.大学期间学籍处理文件
10.大学期间获奖评审表
11.（大学）入学单独考试材料
⋆ 12.大学毕业生体检表
⋆ 13.大学毕业生成绩表
⋆ 14.大学毕业生登记表
15.授学位证证明书
16.入党志愿书
17.入党申请书

18.升学合同

注:带*号的材料为每生必有,其余因个人情况而定

(七)档案的作用

个人档案是一个人生命轨迹的缩写,是用人单位了解一个人情况的非常重要的资料,也是一个人政治生涯中的重要组成部分,绝不可小看和忽视。一个人只要需要工作、需要生活,就不能不与社会上一些单位、一些部门打交道,建立起个人档案既是工作的需要,也是社会的需要,更是一个人在社会上工作和生活的需要,这是单位或企业了解一个人的重要手段。没有档案的人当然就不便于单位或企业了解你,对个人是肯定不利的。存放和保管好个人档案当然是一个重要环节。总体来看,人事档案对就业报到、户口迁移、工龄计算、工资核定、职称确认、调整就业、工作调动等活动有着重大的关联。

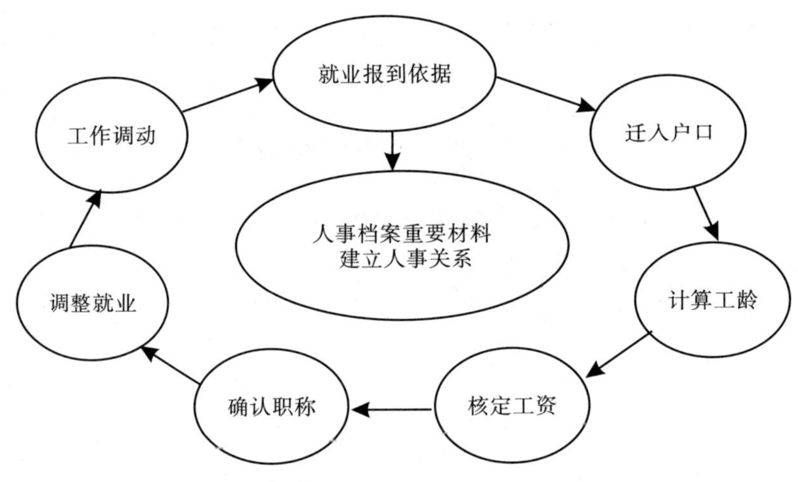

图 4-1　人事档案的作用

(八)档案的认识误区

毕业生对待档案问题的五大误区:工作中对档案关注度不高;档案束缚跳槽,转来转去太麻烦,不要也罢;用人单位不要求档案;为了图方便自己揣着档案。

高校毕业生最容易出现三种档案问题:一是留在自己手上,成了不被承认的“死档”;二是把档案托管到相关机构,从此置之不理,直到用时才回头查找;三是毕业时未办任何手续,任档案“自由飞翔”。

【案例分析】

丢失档案 痛失公务员资格

2007年从长沙某知名大学毕业的小双先后在深圳两家民营企业就职，没有在意过自己的档案。去年，她为了备考深圳的公务员考试，提前3个月辞去了工作。小双一路过关斩将，笔试和面试都顺利通过。只等着就职时，录取单位要求她在一周之内提供人事档案。小双奔波于曾就职单位、毕业的大学和人才市场，最终都没有找到自己的档案。因为超过期限，她的公务员录取资格也被取消。

自存档案变成“死档”

王先生2006年大学毕业，先是在深圳一家电子企业工作，他并没有在这家单位长期工作的计划，因此没有到单位人事部门办理档案寄存手续，而是把户口和人事档案从学校“弄”出来，放在自己家里。之后，王先生一直在全国各地“漂”着，把办理档案手续的事忘记了。

直到前不久，王先生返回家乡沈阳找到了一份稳定的工作，相关部门要求他提供人事档案确定工龄办理社保，他从家里翻出了放置5年的档案。可是，被告知国家严禁个人保管本人和他人人事档案。私自保存的档案，是不被承认的，五年的工作经验因为没有记录和正规机构的认证，只能为零。

工作10年身份仍是“学生”

除了个人保存档案外，有的毕业生把档案存进人才服务中心，就以为万事大吉，档案会自行成长，莫名做了“弃档族”。

在一家媒体工作的刘先生毕业已经10多年，当年他缴了两年的代管费，就把自己的档案托管到辽宁省人才中心，随后再也没去管过。

直到今年，他打算评副高职称，需开具户籍证明时，才想到一直“酣睡”在人才服务中心的档案。令他意外的是，由于没有及时递送相关材料，他的档案内没有任何工作业绩和职业信誉等方面的资料，甚至档案身份仍然是“学生”，不具备评定职称的资格。

案例思考：

从刘先生档案的人事代理经历看，每隔一定时间关注自己档案的重要性是什么？

三、人事代理

随着社会主义市场经济深入发展，以及大中专毕业生就业形势的日益严峻，毕业生就业的难度加大，毕业生完全自主择业（特殊院校除外），大部分毕业生到非国有单位就业，灵活就业的形式大大增加。作为在非国有单位工作的主体人员——毕业生，其档案等相关手续由谁来管理，涉及毕业生个人家庭的幸福和社会的稳定，人事档案代理是解决这一问题的最好办法。

（一）人事代理的含义

人事代理是毕业生择业过程中，由用人单位或毕业生本人委托各级人才流动服务机构对其人事关系实行社会化管理的一种人事管理方式。人事代理可以高效、公正、负责地为各类毕业生解决在择业、就业中遇到的人事方面的有关问题，并提供以档案管理为基础的社会化人事管理与服务。

（二）人事代理的对象

哪些毕业生应该申请实行人事代理？主要有三类：

第一，被外资企业、股份企业、乡镇企业、民营企业、私营企业及各类事务所、医疗机构、私立院校等非国有企事业无人事管理权限的单位聘用的人员；第二，被国有企事业单位、各类公办院校、医院等聘用，暂时无法解决编制的人员；

第三，准备考公务员、自费出国留学或准备考研深造，不想把档案或户口转回原籍贯的人员。

人事代理的主要好处是：不管到什么单位从事什么工作，都保留其原有国家干部身份，摆脱对单位的依附关系，成为平等的人事主体，享有社会提供的各类人事服务，真正落实了个人选择单位的自由权；找到接收单位，可及时从人才中心办理调动手续：出具各种证明，如公证材料、婚姻状况证明等。

【案例分析】

工龄计算案例

大学生刘某，2004 年毕业于南昌大学，毕业时选择了择业代理，后来在私营企业工作多年，一直没有过问档案的事。2010 年，刘某考上赣州市公安局，调档时因其是应届毕业生身份，工龄从录用时算起，损失六年工龄，每月工资比办了人事代理的同期录用人员少发 200 多元。刘某后悔不已！

政策提示：除县以上（含县）党委组织部门和政府人事行政部门人才交流服务机构外，其他任何单位及社会职业中介组织均不得保管流动人员人事档案。严禁个人保管本人或他人的人事档案。

大中专毕业生，如果不是毕业时被有人事权的单位录用，要及时办理人事代理，委托人才中心管理人事档案，否则不再保留其干部身份，不再连续计算工龄。

【案例分析】

职称评定案例

“同志，我想申报中级职称，不知道如何办理？”在人事代理部的柜台前，一位中年男子向工作人员咨询。

“请问您是什么学历，什么专业，哪年毕业的，取得初级职称了吗？”

面对工作人员一连串的问题，该男子纳闷了半天，最后才吞吞吐吐地说：“我是本科学历，1997 年毕业的，还没取得过什么职称，现在我能申报中级吗？”

“当然不能，”工作人员委婉地说。“从你的情况看，你都还没有办理转正定级，连助工资格都还没认定，怎么能申报中级呢？”

听完工作人员的解释，该男子懊悔不已，唉声叹气地说，都怪当初太过轻率，不重视保管档案。

据了解，该男子毕业后曾在一家国企工作，但那时适逢大学生南下创业的热潮，他也像许许多多的年轻人一样，在原单位工作不到一年便辞职。由于新单位不对档案作何要求，而且他认为档案转接比较麻烦，所以几年来一直对档案置之不理。直到去年他发觉，很多有职称的同事的工资待遇比他好，才萌生了申报职称的念头。

案例思考：

以上案例中的男子，为什么不能评职称？

政策提示：毕业生办理人事代理后，本科毕业生见习满一年后就可申报办理“助师”级职称，四年后就可以申报中级职称；大专毕业生见习满一年后办理“员”级职称，或再从事专业技术工作两年可直接办理“助师”级职称；中专毕业生见习满一年后可办理“员”级职称。

【案例分析】

落户案例

据了解，来咨询落户问题的有很大一部分人是这种情况，例如，一位2000年毕业的大专生因为户口的事就碰到了难题。该生2000年毕业后就职于某私营公司，该公司作为一家私营企业，没有落户指标，也不保管档案。因此，该生没有办理档案托管，户口迁移通知书一直在自己手上拿着。直到有一天该生打算结婚购买经济适用房，需要用到户口证明的时候，才来人才中心了解情况。

可是让他失望的是，当工作人员看了他的户口迁移证后就说："你的迁移证已过改派期，没办法落户了。"这就是因为缺乏对政策的了解，不注重对档案的保管，认为这个社会档案已是可有可无，导致最后丧失了落户的机会，只能将自己的户口迁回老家，不能购买经济适用房了。

案例思考：

为什么这位毕业生不能落户？

政策提示：大中专毕业生户口迁到学校的，毕业时只要拿户口迁移证、报到证等有效证件到人才中心办理落户手续，就能拥有工作所在城市户口。

（三）人事代理办理程序

为妥善解决毕业生就业报到过程中所涉及的档案、户口及党组织关系问题，避免毕业生的档案因接转保管不善等原因造成不必要的麻烦和损失，解决毕业生的后顾之忧，部分学校可根据毕业生的意愿全程提供一站式服务将毕业生档案托管到省级人才交流中心，具体程序如下：

（1）毕业生统一将加盖接收单位章的《全国普通高（中）等学校毕业生就业协议书》交所在学校就业指导部门，同时交纳当年全额档案管理费并填写相关人事代理表格。

（2）学校就业指导中心将《全国普通高（中）等学校毕业生就业协议书》一并报送省就业中心，由省就业中心统一到人才交流中心加盖人事代理专用章后，统一办理毕业生《就业报到证》。

（3）省就业中心将毕业生《就业报到证》统一发给学校就业指导中心，由学校就业指导中心向毕业生发放《就业报到证》，统一协调、组织需入户的毕业生到其户口所在地办理《户口迁移证》。党员应到学校等党组织部门办理组织关系转移手续。

（4）学校按照名单顺序整理毕业生档案，由省就业中心统一转送到人才中心。

（5）档案转移至省人才交流中心的需办理《存档手续领取凭条》，由省就业中心为毕业生办理以上材料，毕业生持材料按材料要求到各人才中心完善手续。

(6)毕业生在择业期内改签的，需将新的接收单位证明和已签发的《就业报到证》及原接收单位出具的解约函交到校就业中心，由校就业中心到省就业中心办理新的《就业报到证》。

(四)人事代理注意事项

首先，在择业期内无接收单位又未办理人事代理手续的毕业生，择业期后即使找到了接收单位，也不能办理就业报到手续了，只能按成教生、自考生的待遇，办理诸如招工、聘干之类的手续。而该类手续又有很多限制，即使办理成功，工龄也耽误了两年以上。此外，严格意义上讲，超过择业期也会失去实行人事代理的资格。

其次，择业期到了，未到学校办理报到、转档手续，以致学校只能把其档案转回原籍，毕业生一定要回原籍办理就业报到转档手续，不能不管不问不当成回事只顾工作，从而造成档案手续不全。毕业生在考公务员时，即使笔试面试通过了，但个人若不能提供档案，也会失去录取资格，或者个人保管着档案，就是提供了档案，工资和工龄也从最基础的计算。

如果择业期内实行了人事代理，择业期满正式进入国有单位的，可以通过干部调动程序调入，其干部身份和工龄均没损失。因此办理人事代理手续越早越好。

四、毕业派遣材料

(一)就业协议书

它是为了明确毕业生、用人单位、学校三方在毕业生就业工作中的权利和义务，经协商签定的协议。就业协议书是有人事权的用人单位到毕业生就业主管部门办理毕业生审批手续的凭证。在非公有制单位工作协议书上有两个地方要盖章，一个章是表明劳动关系建立，一个章是表明人事关系建立。在党政机关、国有企事业单位录用的，因为人事劳动关系合一，只盖一个章。

1.签订注意事项

用人单位为国家机关、事业单位、国有或集体所有制企业的，有独立人事档案管理权的单位的主管部门为该单位的人事部门(如人事处或人力资源部)，没有独立人事档案管理权的单位的主管部门为该单位的上级人事部门；

用人单位为私营企业、三资企业的，主管部门为各类政府所属人才市场；

凡与北京、上海、天津、广州、深圳、南京、厦门等地用人单位签订《就业协议书》的毕业生，派遣依据除《就业协议书》外，还须附加当地政府人事部门的接收函或审批表手续才完整。

2.填写注意事项

只有毕业生将签署完整的就业协议书(四个章都盖了的)，在学校规定时限内上交就业指导中心，才会根据就业协议书、调档函等相关就业材料编制毕业生的就业派遣方案，并上报省教育厅。

省教育厅根据学校报送的就业派遣方案及就业协议书、调档函原件为毕业生办理报到证。签署完整就业协议书的毕业生，可以拿到写着工作单位名称和主管部门名称的就业报到证。而当你拿着就业报到证到你工作的单位报到，就此开始就拥有了你的工作档案。

没有向就业指导中心递交就业协议书的毕业生，会发到待就业报到证。因为全省教师统考各地教育局政策不一样，有的教师岗位要求持待就业报到证的毕业生才能报名。如果想参加教师招考的毕业生要注意，慎重与用人单位签订协议书。已落实就业单位的师范类毕业生可以提交劳动合同、就业证明等材料给辅导员作为就业方案登记的依据材料。

范例

学号：×××××××

普通高等学校毕业生就业协议书

用人单位(甲方)：此处正确填写即可，不必加盖公章

毕 业 生(乙方)：张　三

毕 业 学 校：学校全称

福建省教育厅印制

<table>
<tr><td rowspan="10">甲方（用人单位）</td><td>单位名称</td><td colspan="2">务必依照公章抄写、不得简写、错写、漏写、务必书写工整!!</td><td>单位组织机构代码</td><td>必填</td></tr>
<tr><td>单位隶属</td><td colspan="2">□中央属 □省属 □设区市属
□县(市、区)属
□县以下(含乡镇、村、居委会等)</td><td>联系人</td><td></td></tr>
<tr><td>单位地址</td><td colspan="2">按照单位营业执照注册地址填写</td><td>联系电话</td><td></td></tr>
<tr><td>单位性质</td><td colspan="4">□机关及参公单位 □科研设计单位 □高等教育单位 □中初教育单位
□医疗卫生单位 □其他事业单位 □国有企业 □三资企业
□其他企业 □部队 □农村建制村 □城镇社区</td></tr>
<tr><td rowspan="3">单位行业产业</td><td>□第一产业</td><td colspan="3">□农、林、牧、渔业</td></tr>
<tr><td>□第二产业</td><td colspan="3">□采矿业 □制造业 □电力、热力、燃气及水生产和供应业
□建筑业</td></tr>
<tr><td>□第三产业</td><td colspan="3">□批发和零售业 □交通运输、仓储和邮政业
□住宿和餐饮业 □信息传输、软件和信息技术服务业 □金融业
□房地产业
□租赁和商务服务业 □科学研究和技术服务业 □水利、环境和公共设施管理业 □居民服务、修理和其他服务业
□教育 □卫生和社会工作 □ 文化、体育和娱乐业
□公共管理、社会保障和社会组织 □国际组织 □军队</td></tr>
<tr><td>档案接收单位</td><td colspan="2"></td><td>接收人姓名</td><td></td></tr>
</table>

<table>
<tr><td rowspan="7">乙方（毕业生）</td><td>姓　名</td><td></td><td>性别</td><td></td><td>出生年月</td><td></td><td>毕业时间</td><td></td></tr>
<tr><td>入学前户口所在地</td><td></td><td>民族</td><td></td><td>政治面貌</td><td></td><td>联系电话</td><td>手机号码</td></tr>
<tr><td>学　号</td><td colspan="3"></td><td>学　制</td><td></td><td>学历层次</td><td></td></tr>
<tr><td>专　业</td><td colspan="3"></td><td>培养方式</td><td colspan="3">□非定向□定向□委培□自筹</td></tr>
<tr><td>家庭地址</td><td colspan="4"></td><td>电子邮箱</td><td colspan="2">数字QQ号码</td></tr>
<tr><td>工作职位类别</td><td colspan="7">□公务员 □科学研究人员 □工程技术人员 □农林牧渔业技术人员
□卫生专业技术人员 □经济业务人员 □法律专业人员 □教学人员
□文学艺术工作人员 □体育工作人员 □新闻出版和文化工作人员
□其他专业技术人员 □办事人员和有关人员 □商业和服务业人员
□生产和运输设备操作人员 □军人 □其他人员</td></tr>
</table>

<table>
<tr><td>学院(系)联系人</td><td></td><td>联系电话</td><td></td></tr>
<tr><td colspan="2">用人单位意见：
单位公章或人力资源部章、办公室
签　章
年　月　日</td><td colspan="2">用人单位主管部门或人事代理机构意见：
工作单位是福州地区(除平潭)的由海峡人才盖章
签　章
年　月　日</td></tr>
<tr><td colspan="2">学校院(系)意见：
各院(系)统一盖章!
签　章
年　月　日</td><td colspan="2">学校毕业生就业工作部门意见：
学校就业办统一盖章!
签　章
年　月　日</td></tr>
</table>

◆说明：政府机关、事业单位填组织机构代码，私企填统一社会信用代码或营业执照；单位性质和单位行业要勾选；工作职位类别要勾选

甲乙双方依照就业相关政策规定，遵循诚实守信原则，在平等自愿、协商一致基础上，依法达成以下协议：

一、甲方同意录(聘)用乙方，于乙方报到之日，双方建立劳动人事关系，签订劳动合同，并在《全国普通高等学校毕业生就业报到证》备注栏盖章。

二、乙方同意毕业后到甲方工作，于＿＿＿＿＿年＿＿＿月＿＿＿日前执毕业证、《全国普通高等学校毕业生就业报到证》向甲方报到，根据甲方要求办理入职手续。

三、双方同意，乙方入职后工资不低于＿＿＿＿＿＿元/月，工作期限为＿＿＿年，试用期＿＿＿月，工作岗位为＿＿＿＿＿＿，工作地点为＿＿＿＿＿＿＿＿；若甲方同意乙方落户，落户地址为＿＿＿＿＿＿＿＿＿＿＿＿＿＿。没有具体约定可划掉。

四、在履行协议期间，发生以下情况，双方互不承担违约责任。

1.甲方被撤销或依法宣告破产的，协议中止；

2.乙方未按期取得毕业资格，甲方不同意其入职的，协议中止；

3.乙方考入普通高校、依法服兵役，或参加国家和地方基层就业项目的；

4.经双方协商一致，书面同意解除协议的，或书面变更协议条款的；

5.由于各类不可抗力导致协议无法履行的，协议中止。

五、在履行协议期间，发生以下情况，应认定为违约，责任方应向无责任方支付违约金＿＿＿＿＿＿元。没有约定可不用写违约金，以免造成不必要的法律纠纷。

1.存在蓄意欺骗对方的事实或提供虚假材料的；

2.单方违反协议条款，拒不履行义务的；

3.擅自变更协议条款的。

六、未尽事宜可由甲乙双方另行约定，作为本协议附件，发生同等法律效力。

七、因协议产生的纠纷，由双方协商解决，协商无果的，可以先提请政府就业主管部门调解，仍无果的，可以向当事方所在地的人民法院提起诉讼。

八、本协议一式四份，甲方、乙方、学校毕业生就业工作部门及用人单位上级主管部门(或人事代理机构)各执一份。学校毕业生就业工作部门依此列入毕业生就业方案，报毕业生就业主管部门签发就业报到证。

九、本协议自甲乙双方签字盖章之日起生效，至乙方报到之日止。

甲方(公章)：	乙方(签名)：
单位公章或人力资源部章、办公室	学生本人签名
年　月　日	年　月　日

(二)户口迁移证

上大学时把户口迁到学校的毕业生,毕业时其户口从学校所在地派出所迁出的证明,不能丢失。不管到哪里,毕业生要在规定时间内尽早把户口落放下来,不要把《户口迁移证》一直放在口袋里。

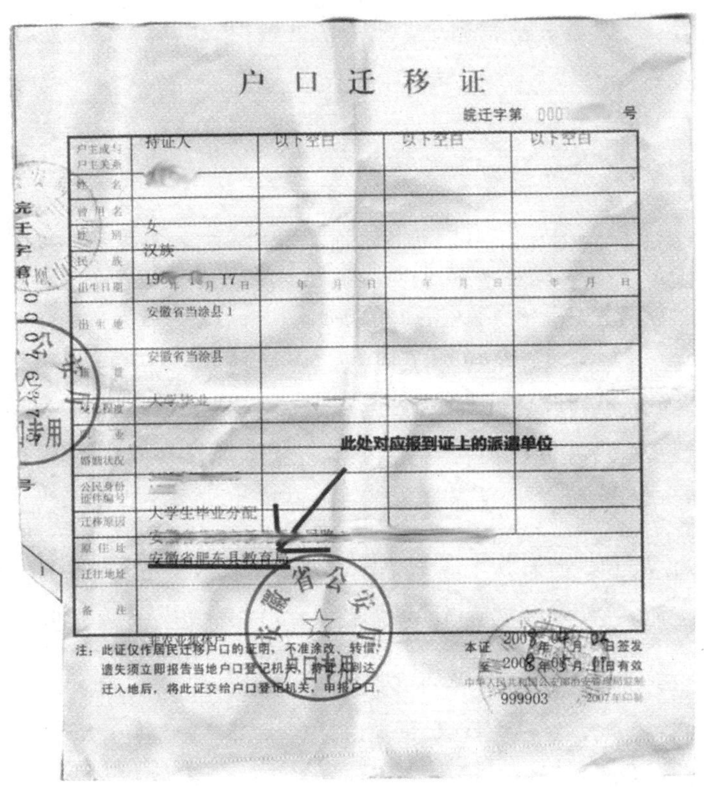

户 口 迁 移 证

皖迁字第 000 号

户主或与户主关系	持证人	以下空白	以下空白	以下空白
姓名				
曾用名				
性别	女			
民族	汉族			
出生日期	19 年 月17日	年 月 日	年 月 日	年 月 日
出生地	安徽省当涂县			
籍贯	安徽省当涂县			
文化程度	大学毕业			
职业				
婚姻状况				
公民身份证件编号				
迁移原因	大学生毕业分配			
原住址				
迁往地址	安徽省肥东县教育局			
备注				

此处对应报到证上的派遣单位

注:此证仅作居民迁移户口的证明,不准涂改、转借,遗失须立即报告当地户口登记机关,持证人到达迁入地后,将此证交给户口登记机关,申报户口。

本证 200 年 月 日签发
至 200 年 月 日有效

999903

图 4-2 户口迁移证

户口是中国特有的一种户籍制度。没有户口,就是“黑户”,将面临着种种麻烦,比如没法办理身份证(于是需要身份证的事情都没法做),没办法登记结婚,没办法领取社会补助,没办法读书上学,甚至面临着涉嫌“偷渡”的问题。

其实“黑户”很常见,而且不少都拥有至少是本科的文凭,可以说是知识分子。他们成为黑户的原因很简单,就是毕业以后“三不管”,户籍档案关系“任逍遥”,等到要用的时候发现,自己竟然莫名其妙变成“黑户”了,又得重新办理,费钱又费时间,麻烦至极。所以毕业生一定要时常关注自己的户口,别因丢了户籍档案受冤枉罪。

一般来讲,高考后户口迁移到高校的毕业生,户籍科会在其毕业后将户口根据报到证迁回原籍或工作地的户口所在地,并向毕业生寄递一份户口迁移证。毕业生必须在户口迁移证的有效日期内，持报到证、毕业证、身份证和原来的户口本到派出所办理户口落户手续。切记，一定要进行最后的“落户”步骤，否则会成为“黑户”。

（三）档案及传递

真正能证明毕业生学习经历的就是毕业生的档案。在档案里面有毕业生各个时期的学籍卡、学习成绩单、各方面的评语、获奖证明、党团材料等。这些都是原始材料，不可复制，因此一定要重视自己的档案。

要搞清楚用人单位是否具有人事主管权；询问清楚用人单位的性质；弄清楚本人的档案转递流程。

第二节　笔　试

对于大学生而言，笔试并不陌生，在成长过程中，考试本就是最常见的学业考查方式，但求职的笔试与学业考试不论是内容的广泛性、针对性，还是考试的形式都有很大差别，其应对也更为复杂。笔试是对应聘者能力和知识结构的考量，往往是进入面试和最终录取的先决条件。

一、笔试的种类

（一）专业考试

对于一名合格的大学生来说，一般都具备了较好的专业功底，用人单位对学生专业素养的考察往往通过查阅学生的毕业成绩单就可以对应聘者有一定的了解，因此并不是所有用人单位和岗位都需要进行专业考试。但也有一些专业要求比较高的单位和岗位，仅仅通过在校期间的专业成绩不足以考察学生的真正专业水平，因此许多单位会组织更有针对性的专业考试。如外贸或者外资企业招聘雇员要考外语，公检法机关招聘时要考法律法规等。

（二）技能测试

这种考试主要考核求职者的实务技能和操作水平。用人单位会根据招聘岗位的工作职责和内容,结合专业,有针对性地设计考试题目,这类考试往往针对技能要求较强的岗位招聘。如用人单位招聘文秘人员,可能会要求应聘者阅读一篇文章,并且写出读后感,也可能会要求应聘者拟一篇会议通知,又如招聘营销人员时,可能会让应聘者拟一份营销方案等。

(三)心理测试

心理测试是主试者使用事先编制好的标准化量表或问卷要求应试者完成,根据应试者完成的结果来判定其心理水平或个性差异的方法。当前,越来越多的招聘单位开始重视和使用心理测试。一些特殊的用人单位常常以此来测试求职者的气质、性格、态度、兴趣、动机、智力、个性等心理素质。如高等学校招聘辅导员时,往往在传统笔试、面试后对应聘者增加心理测试内容。

(四)国家公务员录用考试

公务员考试包括笔试(公共科目、专业科目)和面试。笔试一般分为行政职业能力测验和申论。各个地方的考试科目都是地方自定的,一般都有笔试和面试,笔试科目各有不同,北京、山东、浙江、上海和广东等省市的笔试科目为行政职业能力测验和申论,黑龙江省的笔试科目为综合基础知识、行政职业能力测验和申论。

二、笔试的准备

(一)了解笔试内容,有的放矢

很多大学生很容易对笔试产生误解,往往认为笔试无法准备也无从准备,因此并不十分重视笔试。这种过于放松的心态往往会使应聘者陷入失败。面对笔试,要不打无准备的仗。笔试前,必须了解"参加什么类别的笔试""考试科目有哪些""参加的考试要考察什么"等信息。

专业知识的考试题目更多地体现专业性强的特点。外企,外贸公司以及一些涉外事务较多的单位会考察外语的知识和能力,行政机关等岗位的招聘会考察行政知识和认知水平,银行等金融机构招聘时会考察金融专业知识。

(二)了解笔试重点,认真复习

一般而言,用人单位组织笔试都会有一个大体的考核范围,在参加考试之前要尽可能地了解笔试的范围和重点。求职的笔试准备和复习的时间都比较短,所以要根据范围和重点安排复习的节奏。通常情况下，用人单位的笔试常常会把重点放在基础知识和常规知识上，因此在时间不允许的情况下，一些偏题和怪题或者本来就比较生疏的知识需要选择性地放弃，把更多的精力和时间放在基础题上；同时，用人单位出于考核工作岗位技能的要求，也会对知识的实际应用进行考察，因此复习时也要注意基础知识的实际运用。总体来说，求职笔试和学业考试还是有较大区别，难度不会太大，但会强调基础知识的实际运用，题目会更加灵活，更加注重应聘者的基础知识储备、实际运用能力和思维能力。

（三）了解用人单位，周全准备

对于应聘者来说，无论是笔试还是面试，对报考单位的了解是必须的。用人单位不仅考察具体的学科知识，也会考察应聘者与单位和岗位的契合度。应聘者在笔试前，要了解单位的基本情况，如单位的基本文化、用人理念、人事框架，了解单位和岗位考察的侧重点是什么，更有针对性地进行准备。高等学校等事业单位，有时候会考单位网站公布的一些信息，准备认真周全的人往往会抢得笔试先机。

（四）熟悉考场环境，有备无患

考试前最好了解考试地点在哪里，乘坐什么交通工具方便，考场的环境怎样，就不至于参加考试时过于仓促。一些不注意细节的人往往可能会遇到很多意想不到的问题，有的考生考前没了解考试地点，“坐车坐过站了”“堵车了”“找不到考场位置了”等情况屡见不鲜，不但影响了考试的心情，也可能耽误了考试。考试之前还应当注意检查考试的必要工具和证件是否都带齐，考场上忘记带身份证、准考证等有效证件，或者答题用笔不出水等小问题往往会影响整个考试的成败。

（五）保持良好心态，平和应考

参加考试前，要适当给自己减轻思想负担，不可过度执着于考上或考不上的问题，要将注意力更多地放在考试本身而不是考试的结果上，放下包袱，轻装上阵。同时也要注意休息，不要让大脑长期处于疲惫的状态，适时的放松有助于提高自己应考的状态，也有助于维持较好的身体状况。

【案例分析】

2016年国家录用公务员考试
《行政职业能力测验》真题卷(地市级)

1.“四个全面”是新一届党的领导集体治国理政的战略布局。下列与“四个全面”有关的说法正确的是(　　)。

A.党的十八大通过了《中共中央关于全面深化改革若干重大问题的决定》

B.十八届三中全会通过了《中共中央关于全面推进依法治国若干重大问题的决定》

C.十八届四中全会提出了“全面建成小康社会”的战略目标

D.习近平在江苏调研时将“从严治党”首次提升到“全面从严”的高度

【解析】D。A项,2013年11月12日,中国共产党第十八届中央委员会第三次全体会议通过《中共中央关于全面深化改革若干重大问题的决定》,11月15日,该决定正式发布。A项错误。B项,中国共产党第十八届中央委员会第四次全体会议审议通过了《中共中央关于全面推进依法治国若干重大问题的决定》。B项错误。C项,中共十八大提出了“全面建成小康社会”的战略目标。C项错误。D项,12月13日至14日,习近平在江苏调研将“从严治党”首次提升到了“全面从严”的高度。D项正确,当选。

2.“行政机关不得法外设定权力,没有法律法规依据不得作出减损公民、法人和其他组织合法权益或者增加其义务的决定”,这体现了法治政府建设中哪项要求(　　)。

A.职能科学　　B.守法诚信　　C.执法严明　　D.权责法定

【解析】D。题干强调,要法定职责必须为,法无授权不可为,强调所有的权利、义务、责任都要有法定依据,所以很明显地体现了权责法定原则,D项正确,当选。

23.实际上雾霾形成的原因是多方面的,识别污染源是有效治理大气污染至关重要的环节。对京津冀区域而言,认清区域内污染源的共性及差别,有助于区域内地区__________地对污染源进行综合治理。

填入划横线部分最恰当的一项是(　　)。

A.因地制宜　　B.正本清源　　C.齐心协力　　D.有的放矢

【解析】D。由“认清区域内污染源的共性和差别”可知,文段强调的是有针对性的进行综合治理。D项“有的放矢”比喻说话做事有针对性,符合句意。A项“因地制宜”指根据各地具体情况制定适宜的办法,而文段强调的是了解“京津冀区域内污染源的共性与差别”,强调的不是不同区域,而是污染源的不同情况,排除。B项“正本清源”指从根本上加以整顿清理,C项“齐心协力”指认识一致,共同努力,均不能体现有针对性地进行治理,排除。

61.某电器工作功耗为370瓦,待机状态下功耗为37瓦。该电器周一从9:30到

17:00处于工作状态，其余时间断电。周二从 9:00 到 24:00 处于待机状态，其余时间断电。问其周一的耗电量是周二的多少倍(　　)。

A.10　　　　B.6　　　　C.8　　　　D.5

【解析】D。耗电量=功耗×时间，由题意可知周一工作状态的功耗为 370 瓦，时间为 7.5 小时；周二待机状态功耗为 37 瓦，时间为 15 小时。周一的耗电量是周二的 $\frac{370\times7.5}{37\times15}=5$(倍)。D 项当选。

75.左边给定的是纸盒的外表面，下列哪一项能由它折叠而成(　　)。

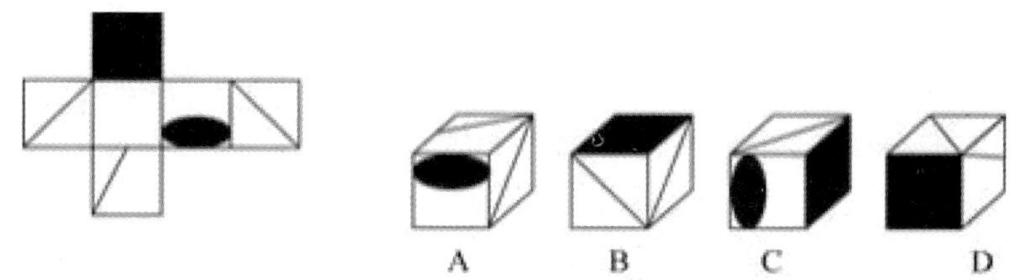

【解析】B。观察相邻面与相对面。A 项中椭圆面作为正面时，可以将给定图形旋转 180°，则其右侧面应为空白面，而非对角线面，因此排除 A 项。将最右边的对角线面移至最左边，B 项正确。C 项椭圆面，当椭圆竖向摆放时，可以将给定图形顺时针旋转 90°，右侧为黑色面，其顶面应为空白面，排除。D 项中黑色面与右侧的斜线面是相对面，不能同时出现，排除。

82.合成字是合体字中一个比较特殊的门类。它原本是汉语中一个常用的词语、词组，但由于这些词语、词组在方言中使用的频率很高，就把这些词语在讲究字形美观的前提下原封不动地组合成了一个独有的汉字。

根据上述定义，下列汉字根据其意思不属于合成字的是(　　)。

A.氼，读作 nì，古同“溺”，沉没，沉溺

B.嘦，读作 jiào，方言，“只要”的意思

C.覅，读作 fiào，表示否定，相当于“不要”

D.尠，读作 xiǎn，意思是稀有的、罕见的

【解析】A。定义要点是：①原本是汉语中一个常用的词语、词组；②方言中使用频率高；③原封不动地组合成了一个独有的汉字。A 项不符合要点①②，当选。

100.“历练”对于(　　)相当于“磨砺”对于(　　)。

A.栉风沐雨　千锤百炼　　　　B.波澜不惊　一鸣惊人

C.处心积虑　百折不回　　　　D.千辛万苦　九死一生

【解析】A。“历练”指经历世事，锻炼。“栉风沐雨”指在外面不顾风雨地辛苦奔波，二者意思相仿。“磨砺”意思是磨练、锻炼，“千锤百炼”指经历多次艰苦斗争的锻炼和考验，

都是锻炼、磨练的意思，A项当选。B项，“波澜不惊”指局面平静、形势平稳，没有什么变化或曲折。“一鸣惊人”平时没有突出的表现，一下子做出惊人的成绩；C项，“处心积虑”指费尽心机、想方设法。“百折不回”指意志坚强，无论受到多少次挫折，毫不动摇退缩；D项，“千辛万苦”指艰辛劳苦。九死一生指多次经历生死危险而幸存，均与“历练”“磨砺”无关，排除。

108.甲、乙、丙、丁四人商量周末出游。甲说：乙去，我就肯定去；乙说：丙去我就不去；丙说：无论丁去不去，我都去；丁说：甲乙中至少有一人去，我就去。以下哪项推论可能是正确的（　　）。

A.乙、丙两个人去了　　　　B.甲一个人去了

C.甲、丙、丁三个人去了　　　　D.四个人都去了

【解析】C。题干翻译为：①乙→甲；②丙→乙；③丙；④甲或乙→丁。A项，乙去了，根据条件①，甲也会去，所以A项错误。B项，甲去了，根据条件④，甲或乙就是真的，一定可以推出丁去，所以B项错误。C项，甲去了，根据④，丁也去；丙去，根据条件②，乙就不去，所以C项可能正确。D项，丙去，根据条件②，乙一定不去，所以不可能四个人都去。因此C项当选。

三、根据以下资料，回答121～125题。

2014年全国社会物流总额213.5万亿元，同比增长7.9%，比上年回落1.6个百分点。

2014年全国社会物流总费用10.6万亿元，同比增长6.9%，其中，运输费用5.6万亿元，同比增长6.6%；保管费用3.7万亿元，同比增长7.0%；管理费用1.3万亿元，同比增长7.9%。

表4-1　2014年全国社会物流总额构成情况

	总额（亿元）	当年同比增速（%）	2013年同比增速（%）
工业品物流	1969000	8.3	9.7
进口货物物流	12000	2.1	6.4
再生资源物流	8455	14.1	20.3
农产品物流	33000	4.1	4.0
单位与居民物品物流	3696	32.9	30.4

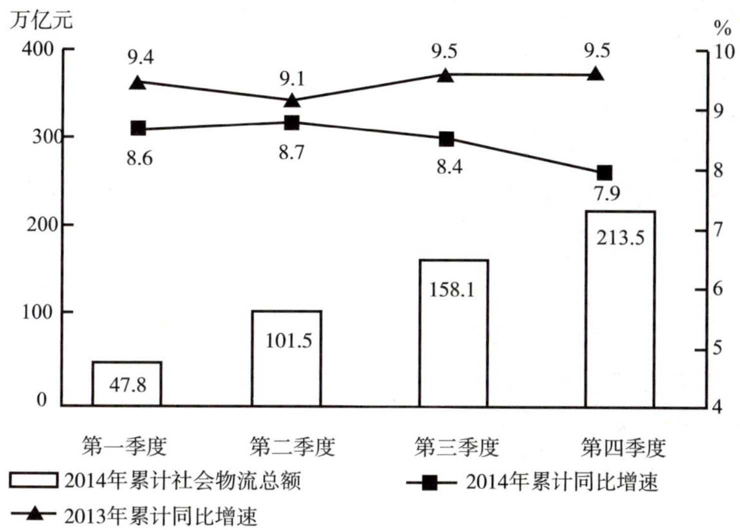

121.2014 年每实现 100 万元的社会物流额，其运输费用平均约为多少万元(　　)。

A.5.6　　B.10.6　　C.2.6　　D.5.0

【解析】C。2014 年物流总额 213.5 万亿元，运输费用 5.6 万亿元，每 100 万元社会物流额，运输费用平均约为$\frac{5.6}{2.135}\approx 2.62$(万元)，C 项符合。

2018 年国家录用公务员考试《申论》真题卷
省级以上(含副省级)综合管理类

资料 1

N 市为推动“中国制造 2025”试点示范城市在本地落地实施，组成调研组对本市制造业情况进行了调研。下面是调研所形成的材料。

我市已经基本形成了比较完备的智能制造政策框架体系，智能制造试点示范工作稳步推进……

资料 2

W 市多次举办了中国机器人峰会。人工智能等流行词汇在这里不是抽象的概念，而是触手可及的现实。W 市民营经济发达，但传统产业占比超过 70%。这样一个传统制造业占大头的县级市，经济转型升级的突破口在哪儿？W 市的探索表明，发展智能经济或许是关键之招……

资料 3

日前，“D 市杯”国际工业设计大奖赛举行了颁奖典礼，共有海内外 20 多项设计从

3000 多件参赛作品中脱颖而出,拿下各项大奖。

D 市共举办了 11 届国际工业设计大赛……

资料 4

以下是专家意见摘录。

人类经过了农业时代,工业时代,进入了现在的互联网时代,接下来的时代应该是“想象力经济时代”。设计师将是那一个时代的主人……

资料 5

有学者认为:“人最伟大的特点和优势不只是会学习,关键在于富有想象力,具有穿越未来的能力。”爱因斯坦曾经说过:“想象力比知识重要。”

想象力是人类所特有的一种天赋……

(一)根据给定资料 1,对调研组的调研材料,从成绩、问题和建议三方面进行概述。(15 分)

【参考答案】

成绩:(1)以智能制造为核心的智能经济初步形成。(2)具有示范意义的项目不断涌现,传统产业智能化改造的动力强、基础扎实。

问题:(1)智能制造基础弱,基础性关键环境要素的建设滞后于智能制造发展需求,缺少核心控制技术。(2)生产效率低、产品品质和营利能力差。(3)大企业智能化改造比例低,中小企业未开展智能化改造。传统产业企业主存在不懂、不敢、不愿三种态度,主体意识不强,核心技术发展滞后、系统集成供给不足、人才和网络基础设施支撑薄弱。(4)生产性服务业滞后。

建议:(1)推进强基工程,打通智能制造承载能力的卡口。(2)推进传统产业进行智能化改造。(3)要加快谋划新增关键生产性服务业集聚平台。(4)要大力推进企业内生产性服务建设。(5)要大力培育智能制造生产性服务龙头企业。

(二)上级部门来 W 市考察,请你根据给定资料 2,就 W 市在经济转型升级过程中的探索,写一份汇报提纲。(20 分)

关于 W 市经济转型升级探索的汇报提纲

W 市民营经济发达、传统产业占比高,发展智能经济是其转型升级的突破口。该市进行了如下探索:

(1)举办机器人峰会,拉动机器人产业发展;(2)产业研究院自主研发双臂柔性机器人,将机器人产业作为发展智能经济切入点;(3)规划建设机器人小镇,将机器人作为新的经济增长点,推动产业结构调整升级;(4)传统企业借助“机器换人”进行自动化、智能化改造,减少人员、提升效率;(5)基于物联网技术,用数据建模,用大数据分析的方法,找到最合话、成本最低的制造模式;(6)引进高端人才,带来新产业;(7)政府营造良好环境,吸引创新基因、辅以相应生态,促进企业家之间、企业家和政府密切互动,助力企业成长。

案例思考:

看了以上案例,如果你要参加公务员考试,你将如何准备?

三、笔试的应对方法

1.保持良好的自信心

越临近考试,考生往往会更加紧张,更加怯场,有的考生会把这种怯场心理一直带到考试现场,甚至考完了还是"心有余悸",其实大可不必。首先,应聘考试并不是"一考定终身",随着职业成长,考试会伴随职业生涯的多个阶段,参加求职考试机会还有很多;其次,当我们感觉到紧张之时,所有考生也不会都觉得试卷很简单,考试的难易程度对每个考生是平等的。因此考生要保持良好的自信心,这样才有助于考场良好的发挥。

2.要掌握科学的答卷方法

求职笔试和学业考试相比较,有三个特点:一是题量可能会更大些,答题时间也会更加紧迫;二是题型设计偏向于实际应用;三是题目的难易落差比较大。

拿到考卷后,最好首先通览一遍,看看试卷容量有多大,难易度如何,这样更有利于把握答题的时间。然后结合个人的时间安排,按照先易后难的顺序,先做相对简单的题,最后再攻难题,对于暂时回答不出来的题目,尽可能不要花费太多时间,等考卷大体答完,时间仍然充裕再作答。要注意一些大型主观题的回答,很多学生由于参加学业考试养成的习惯,往往会猜测是否有"标准答案",其实有些求职笔试的主观题,不一定有标准答案,招聘方设计这类题,更多的是出于考察应聘者处理问题的能力或是反应能力。最后,要尽可能留出时间对易出错的地方进行复查,特别注意不要漏题。

3.工整答题,妥善处理考试细节

细节决定成败,笔试也是如此。有的考生因为粗心,答题遗漏、答案写错、姓名考号漏写了……这些情况很有可能让考生前功尽弃,因此必须要注意细节,尽可能在答题结束前留点时间查漏补缺。有的考生在临近考试结束前,客观题的答案都未写到答题卡,因此也要注意答题时间的把握。特别需要提醒的是,答题时,卷面字迹要力求清晰整齐,书写过于潦草、字迹难于辨认或涂涂改改也会影响考试的成绩。因为求职笔试不同于其他纯专业性的考试，“醉翁之意不在酒”，有时招聘单位并不特别在意应试者考分的稍许高低。而考生在考试中表现出的认真的态度、细致的作风，则会大大增加被录用的可能性。

4.诚信为本，注意考场纪律

考试如做人，诚信是最基本的原则。考生在答题时，难免遇到无法回答的题目，有些考生会在功利的驱动下，放松对自己的要求，搞点“小动作”，这类“险招”必须杜绝，一旦发现，不只是丢了工作机会的问题，更重要的是失去了诚信，是关系品格的问题。用人单位对于考生诚信这一点极为看重，很多单位在招考中都设有举报方式，主考单位发现考生作弊，除了单位对考生本身的处理外，还会联系所在学校通报相关情况。

【案例分析】

“国考”常见问题

2014年“国考”昨日举行　考生：题目不难但来不及做

据《新闻晨报》报道，一道简单的仅允许花不到一分钟的行政职业能力测试题，不少考生却花了七八分钟才算出结果，部分考生甚至10分钟深陷其中算不出正确答案。昨天中午，很多考生走出考场后反映，今年的行政职业能力测试题不难，但题目多、题目难弄。很多考生懵懵懂懂，刚出考场就把数分钟前还全神贯注、奋笔疾书的考题忘得一干二净。

据悉，昨天共有3万多名考生在本市9个中心城区的39个考点，共1000多个考场参加2014年度中央机关及其直属机构公务员录用考试，考试秩序井然。

135道题很少有考生做完

昨天11时，随着考试结束的铃声响起，行政职业能力测试宣告结束。考试结束后，记者逐个询问出考场的近20名考生，他们几乎无一例外地反映，题目不难，但题多来不及做，题目没做完。

“135道题目，120分钟考试时间，平均不到一分钟做一题，有哪路神仙能够准确率很高地做完全部题目?”考生承认，今年行政职业能力测试题目针对性强，能够充分测试考生潜在的行政职业能力，但用题海战术考考生有没有必要？值得商榷。一些考生认为，应改变通过题量来测试能力的检查方法，用恰当的题量、题目难度来测试考生的优劣和能力。

“一家单位原先有45名员工，新来5名党员，党员比例增加了6%，后来这家单位又转来2名党员。问该单位党员的比例是多少?”出了考场的考生向记者大概叙述了题目的内容，不过，这道看似简单的题目，考生们做的答案无一相同。“这道题目蛮难的，我做这道题足足花了7分钟时间，至于答案到底对不对就很难说。"一名毕业于河北工业大学的考生告诉记者："我学习的是建筑环境与设备工程专业，按道理说这样的题目不在话下，但看了题目就深陷其中，做不出来。"

一名上理工经济专业研究生毕业的考生昨天几乎放弃了所有的计算题，她反映："凡是遇到计算题目，我都是随便写写的，要不然一分钟不到做一题怎么来得及？"

部分考生为"市考"打前战

与昨日上午的行政职业能力测试相比，更多考生则很认同下午的申论考试。他们认为，申论考试的题量、难易程度和题目的针对性都恰到好处。一名在南京一所大学生物专业学习的考生回忆，其中一道关于大学生心理活动的题目，要求考生作为省教育厅工作人员全程参与这项活动后，为总结大会写一份发言稿。"这道题其实是在测试考生综合能力，包括概括和总结、写作能力等，这是一个公务员必须具备的能力。"

"最后一道《慢生活》的作文题同样具有现实意义和历史意义，反映考生对现代生活的理解和基本观点。"很多考生指出，这样的题目从一个侧面测试考生是否具备成为公务员条件，应该说是个不错的题材。

在昨天的采访中记者还发现，约占1/4的被采访对象是首次参加公务员考试，他们是在为接下来的上海市公务员考试探路，做准备。

第三节　面　试

面试是在特定场景下，用人单位对求职者面对面交谈的考核形式，以观察为手段，由表及里地测评求职者的知识、能力、经验等综合素质。本节围绕面试准备、面试技巧、面试礼仪展开，希望能够帮助到更多的大学毕业生。

一、大学生面试的准备

（一）面试前的材料准备

机遇永远都留给有准备的人，作为一名大学毕业生，在求职面试前究竟该准备些什么？

1.公文包

求职时应该带上一个公文包。公文包不要求是很贵重的真皮包,但看上去应大方典雅,并可以平整放下A4纸大小的文件。

2.笔记本

在寄出简历的同时,应该把每个公司的招聘信息统一整理到一个求职记录本中,以便在收到企业面试通知时进行查询。当然,这个求职记录本还应记录即将参加或已参加过的面试时间、地址、联系人、联系方法以及面试过程的简单记录、跟进记录等。

3.毕业证、身份证和各种证书

准备好毕业证、身份证以及所获奖励证书的备查文件的原件和复印件。如果面试时公司人事主管提出要查看一些文件的原件而面试者又没有带的话,是非常尴尬和不礼貌的,这是面试礼仪中最应该避免的疏漏。此外,如果有工作成果的证明、作品或者专利证明,务必带上,因为这是证明自己最好的“秘密武器”。

4.简历和求职信等材料

简历、求职信、就业推荐表等材料也应带上。面试是毕业生向用人单位充分展示自己才华的最好时机,在面试前要将自己的材料内容反复阅读、熟记,有助于在自我介绍环节发挥得淋漓尽致,在面试中做到胸有成竹、信心十足。

5.对方单位资料准备

尽可能掌握用人单位的相关资料,如单位性质、主要职能、人员结构、规模和效益等,以免用人单位主考官问到相关话题。

6.面试官的个人材料准备

尽可能了解到面试考官的年龄、身份、性格、爱好等,根据掌握的资料,结合自身的条件,有的放矢地采取对策提高面试成功率。

【案例分析】

模拟情景面试

某大型招聘会。一家知名留学/移民中介机构招聘“咨询顾问”。由于招聘门槛不高,该展位前人头攒动,很多应聘者跃跃欲试。此时,一名年轻男性求职者递上简历。

面试官看了简历后频频点头:某重点大学市场营销专业本科毕业,一年工作经验,性格外向,有团队合作精神和沟通能力……经过数轮问答之后,面试官说,我们做个"情景模拟面试"吧。

"假设我是一名想要移民加拿大的咨询者,你是公司的咨询顾问。请你跟我说说,如何才能成功移民加拿大?"面试官问。

"啊? 好的……是现在就开始了吗?"求职者有些不知所措。

"是,开始了,"面试官重复。

"请先让我想想该怎么回答。"看得出此时求职者非常紧张,一边思考,一边用手擦着汗。2分钟沉默后,求职者说:"一般是前来咨询的人先提问吧? 你不提问,我怎么说啊?"

"哦,也行,那么我提问。请问移民加拿大的方式有哪几种? 适合我的移民方式是什么? 你们公司的成功率有多高?"面试官很明显不太满意,露出无奈神色。

"哦,先生你好,欢迎你来我们公司咨询。移民加拿大的方式有……我没有移民相关的知识和经验,你们也说允许没有经验的人应聘啊,所以我不知道。你的问题太专业了。"

"那么请问移民加拿大要做哪些准备?"面试官没有辩解,继续提问。

"准备啊? 我想想,如果投资移民的话,需要一笔资金,大概是50万元吧,对吗? 具体我也不清楚,"求职者回答得结结巴巴。

还没等他缓过神来,面试官就说:"好了,今天的面试到这里,如果录取会在一周内通知。"

案例思考:

1.该求职者会被录用吗?

2.该求职者面试过程中存在的问题是什么?

(二)面试前的问题准备

面试的形式多种多样,如提问式、交谈式、情景式、综合式等,结合面试的形式准备相关的问题才能做到心中有数。

1.提问式问题准备

提问式是用人单位提出一系列问题,让求职者回答。可能涉及教育培训类的问题:你从哪所学校毕业? 什么院系? 求职动机类问题:为什么来本单位应聘? 你对应聘职位有哪些期望? 实践经验类问题:你参加过哪些社会实践? 时间多长? 承担什么工作?

2.交谈式问题准备

交谈式是用人单位海阔天空地与求职者交谈，让求职者自由地发表议论来观察其能力、知识、谈吐和风度。可能涉及计划类问题：假如你被录用，你准备怎样开展工作，有什么想法，等等；人生价值类问题：你觉得什么样的人活得更精彩，你的偶像是谁，为什么，等等。

3.情景类问题准备

情景类问题是用人单位设计一个情景，让求职者模拟一个角色，完成问题的回答，主要考察求职者的思维应变能力和综合能力水平。涉及的问题有应变类问题：假如你是一名交警，发现一辆违规行驶的车辆，拦下来后却发现是自己的舅舅，你该怎么办，等等；演讲类问题：假如你是一名主持人，请用英文对美国的听众介绍一下中国，等等。

在准备面试的问题时，应注意对这此问题先进行认真思考，考虑应该怎样回答，然后自己模拟，还可以找同学、朋友进行模拟交谈，才能做到胸有成竹。

（三）面试前的心理准备

1.正确认识自我

正确认识自我，了解自己的人生目标、兴趣、爱好、职业倾向等，做到知己知彼。同时也要正确对待自身的不足，表现出谦虚的心态。

2.正确对待情绪

面试前最容易出现的情绪就是紧张、焦虑，这是每一个追求成功的面试者都会出现的心理情绪，应当正视它。克服的方法是深呼吸、听音乐、对着镜子反复练习，从而使紧张情绪得到缓解。

3.积极树立信心

在激烈的竞争下，面试前难免信心不足，为此应当放大自身的优点，保持微笑，相信自己，最终肯定会获得成功。

（四）面试前的形象准备

1.增强人际吸引

面试是用人单位与求职者第一次面对面的交流，提升个人形象，增强首因效应非常重要。首因效应也叫第一印象,它的好坏往往会影响你面试的结果。

2.扬长避短原则

在面试形象设计中,一定要把握扬长避短的原则,通过形象主动展示自己的优点、长处,主动发挥自己的优势。

3.适当造型设计

在面试前适当进行造型设计是非常有必要的,适当的服装、发型和化一点淡妆都可以起到很好的效果。

二、大学生面试的技巧

(一)倾听技巧

倾听是一种重要的沟通技巧,在面试中耐心地倾听表示对面试考官的尊重。

1.始终保持耐心倾听

认真地听清楚考官提出的问题,并将问题的关键字记在脑海里或写在纸上,表现出你非常专注。除此之外,还要与对方达到共鸣,时而点头表示肯定,切忌打断主考官的话。

2.倾听时保持目光专注

倾听过程中要有礼貌地注视主考官,而且要不时地与主考官进行眼神交流,视线范围大致在鼻子以下,胸口以上,切忌东张西望。

3.倾听时保持面带微笑

倾听时身体应稍向前倾斜,手脚不要有太多的动作,尽量保持面带微笑,但绝不可开怀大笑。

4.倾听时注意观察表情

在倾听过程中还要注意察言观色,时刻细心、敏锐地捕捉到有价值的信息,从而做到知己知彼,有针对性地应付。

(二)语言表达技巧

准确、灵活、恰当的口语表达是面试的关键环节。语言既要表达清楚准确、通俗易懂,又要动听、富有美感。求取者在面试中应掌握以下几种语言表达技巧。

1.简明扼要

面试中受到时间和内容的限制,语言表达要简明扼要,用最少量的话语传递尽可能多的信息。要注意紧扣提问回答,克服啰嗦、语病和口头禅。

2.通俗朴实

求职者的语言要通俗易懂、朴实无华,才能表达求职者的真情实意,也让主考官容易听懂。避免使用文绉绉、酸溜溜、过于书面化的语言。

3.逻辑清晰

面试中求职者一定要保持清醒的头脑,说话要抓住重点、逻辑清晰才行,切忌紧张,思维逻辑不清,说话东一榔头西一棒子。

4.注意语速

面试时语速的快慢会影响语言表达的质量和效果,语速过快会让对方听不清你说什么,语速太慢则显得你思维跟不上面试节奏,因此,语气要平和,语调要恰当,音量要适中,切忌出现语速太快又夹杂方言、口齿不清等问题。

5.幽默风趣

在面试中偶尔使用幽默风趣的语言有助于增强吸引力,融洽与活跃谈话气氛。尽量使自己的语言生动、形象、风趣,增强主考官对你的好感和信任,应注意避免使用枯燥、呆板的语言。

【案例分析】

邓先生的面试经历

某招聘现场某公司正对十余位求职者进行最后一轮面试。

“你觉得自己有什么缺点?”主考官突然问一位姓邓的求职者。

“我工作过于投入,人家都说我是工作狂。”邓先生不加思考便脱口而出。

主考官笑了笑："工作投入可是优点啊！你说说你的缺点吧！"

邓先生仍未察觉考官态度上的细微变化，颇为自得地喋喋不休："我是个急性子，为人古板，又好坚持原则，所以易得罪人。另外我还……"

考官"嘿"了声，脸呈不悦，手一挥，终止了问话。

案例思考：

1.这样的回答结果怎样？

2.假如你是邓先生，该如何回答？

（三）提问技巧

1.注意提问时间

在面试中有时会遇到求职者提问环节，注意把不同的问题安排在不同阶段提出，最好将所要提的问题列出，按照谈话进程编出序号反复熟悉，以便在谈话时头脑清醒，切忌反复提出一个问题，以及毫无目的地乱提问。

2.注意提问语气

面试中提问的语气要给人一种诚挚、谦逊的感觉。切忌使用追问、质问、逼问的语气向对方提问。

3.注意提问方式

面试中提问方式很重要，有些问题可以直接提出，如贵单位人员结构、岗位设置等，有些问题的提出则要婉转、含蓄一点，如工资待遇等。

4.注意提问核心

面试时要注意提问的核心内容，提一些和自己所应聘职位有关的问题，切忌提出"风马牛不相及"的多余问题，以免造成负面影响。

5.注意问题性质

在面试中应该把握问题的性质，不提模棱两可、无法回答的问题，切勿不懂装懂，提出幼稚可笑的问题。

(四)应答技巧

1.先说论点、后说论据

求职者在回答问题时,要思路清晰、论点明确、论据充分,尽可能用最短时间组织好语言,先提出你对问题的基本观点,然后再逐一论证、揭示。切忌滔滔不绝、毫无结构、思路不清。

2.扬长避短、显示潜力

扬长避短是灵活性与掩饰性技巧的体现。在面试回答问题时要充分发挥自己的长处,掩饰自己的短处,才能提升求职者的人际吸引力,对于涉及自己短处的敏感问题,可以使用幽默风趣的语言一带而过,既不让自己显得过于难堪,又增强了你的人际魅力。

3.不便回答、表示谢绝

在面试中难免会遇到有些主考官提出有关求职者隐私或造成求职者难堪等不便回答的问题,遇到这一类问题时求职者可以拒绝回答,但为了保持面试的气氛还要适当地表示谢绝,如回答:"对不起,我不便回答您的问题,谢谢理解。"主考官知道你能坚持自己的意见,一般就不会再问了,还会给对方留下良好的印象。

【案例分析】

钱小姐的面试经历

钱小组是某本科高校的毕业生,主学电子信息科学与技术,选修文秘,应聘某知名集团公司的文秘岗位。面试中,双方谈得非常愉快,快接近尾声时,人力资源主管问她:"对你来说,现在找一份工作是不是不太容易,或者说你很需要这份工作?"

钱小组说:"那倒不见得。"

案例思考:

1.这样的回答结果怎样?

2.假如你是钱小组,该如何回答?

(五)克服紧张的技巧

面试中最常见的情绪是紧张。求职者产生紧张的情绪是正常的,适度紧张可以集中注意力,但过分紧张则适得其反,克服紧张技巧应遵循如下原则:

1.深呼吸放松心情

以平静的心态参加面试非常必要，当面试中自己感到非常紧张可以做三个深呼吸，想象一下自己在海边的感觉，心情就会无比辽阔、宽大，要学会自我调节。

2.小压力除紧张

面试中适度压力有助于通过面试，压力过大则会更紧张，反而影响面试效果，切忌压力过大。

3.用真诚消除紧张

如果在面试过程中求职者因为紧张而回答不上来问题，最好的办法是真诚地告诉主考官："对不起，刚才有点紧张，让我冷静一下，再回答您的问题。"通常主考官会同情你，而你也因为讲了出来，觉得舒服多了，紧张程度也大为减轻。

（六）摆脱困境的技巧

求职者在面试时难免会遇到沉默或者说错话使自己陷入困境。遇到这种情况，若不能镇静应付则会影响面试中的表现，为此应掌握以下几点技巧：

1.打破沉默的技巧

有时主考官故意长时间保持沉默来考验应聘者的反应。很多求职者会不知所措、陷入困境，这种情况最好的办法是预先准备一些合适的话题或问题，趁机提出来，或顺着先前谈话的内容，继续谈下去，从而打破僵局、走出困境。

2.错话的应对技巧

在面试中如果不小心说错话了，最好的应对办法是保持冷静。若说错的话无关紧要，也没有得罪人，可以若无其事，继续专心面试交谈，通常主考官不会因为求职者一次小的失误而放过合适的人才。若说错的话比较严重，为防止误会，应在合适的时间更正道歉，例如："对不起，刚才我紧张了点，好像讲错了，我的意思是……请原谅。"

（七）面试心态的技巧

1.面试过程不幼稚

在面试的过程中要保持积极乐观的心态，切忌闹脾气、表现幼稚。有的毕业生在面试过程中因为回答不了问题就闹脾气,摔门而去,这是非常不应该的。只要你保持良好的心态,树立坚定的信心,肯定能顺利通过面试。

2.面对成功不骄傲

当你在面试中取得成功后不能高傲、自大,应当谦虚、谨慎,并把成功经验分享给你身边准备求职的同学,切勿嘲笑在面试中受挫折的同学。

3.面对失败不灰心

当你面试失败后绝不能气馁,更不能灰心丧气,一定要调整好心态,振作精神,认真地总结、冷静地分析失误的原因,为下一次应聘做好准备。

4.面试之后常联系

面试结束后,求职者不能坐等通知、静候佳音,一定要积极、主动地与用人单位保持联系,建立感情。即使这次没有录取,也应该保持联系,以便等待下次机会。

【案例分析】

孙超落选记

孙超在笔试中"过五关、斩六将"后,终于在一家知名公司取得了面试资格。他暗暗告诫自己:一定要在考官面前表现谦虚,以便赢得考官的好感。

面试中考官闲聊似地问了他几个问题:"会写钢笔字吗?"

孙超答道:"写得不好。"

经理又问:"打字速度怎么样?"

孙超腼腆地说:"一般吧,不是很快。"

经理又问:"你有没有把握在两个月内学会开车?"

孙超说:"不敢保证,试试看吧。"

总经理看看孙超,突然问道:"如果公司需要,你能不能马上接替总经理秘书的工作?"

孙超犹豫了一下,回答道:"不行吧!我哪能当总经理秘书啊!我缺乏工作经验还要多多学习呢。"

其实,孙超钢笔字写得很好,打字速度也不慢,综合素质并不差。但他这种过度谦虚的表现让考官对他的能力产生了怀疑。

最终孙超落选了。

案例思考：

假如你是孙超，该如何回答？

三、大学生面试的礼仪

面试礼仪在面试中发挥非常重要的作用，大学毕业生社会经验相对较少，应当重视礼仪规范，为成功就业做好铺垫。

（一）面试中的初次见面礼仪

1.准时赴约

大学毕业生参加面试应当做到准时赴约、提前到达，这关系到用人单位对你的第一印象，如不能按时赴约或不能参加，也要及时告诉用人单位并表示歉意，希望得到对方谅解，并争取能得到补试的机会。

2.礼貌通报

到达面试地点后，切勿慌慌张张、贸然进入。应先在门外冷静一会儿，松弛一下紧张的情绪，进门前一定要礼貌地通报负责面试的人员。如果门关着，有门铃按一下短声，无门铃则轻叩门两三下，当你听到允许进入的回答后，再轻轻地推门进入，然后轻轻关门，动作要得体，表现要自然。

3.正确称呼

进入面试区域后应当立即进入角色，先和主考官打招呼。在这种重要的场合，称呼必须正确得体。如果主考官有职务，应要采用姓氏加职务的形式，如“刘经理”“李处长”等；如果你不清楚主考官职务，则都以“老师”为代称。

4.热情握手

握手是一种礼貌，也是一种常见的社交礼仪，一般都是用右手握手表示尊敬。要做到姿态正确、力度适当、身体微前倾、性别如何，都不宜先伸手求握，若对方先有握手的表示再伸手相握。

5.谈吐文明

面试中要注意谈吐形象,说话要和蔼可亲,不要随便打断对方的话,必要时,说声“对不起”再讲话,语言要彬彬有礼,切勿反驳。

6.适时告辞

面试是有限定的谈话,不可久留,求职者必须学会察言观色,把该说的话说完后站起身来,露出微笑,亲切握手,然后离开,给对方留下好的印象。

(二)面试中的服饰礼仪

在面试中恰当的服饰能给人留下良好的第一印象。求职面试是一个严肃、庄重的场合,在服饰方面要注意朴素、大方、整洁,突出职业特点。同时要符合社会大众的审美观,不要穿奇装异服。

图 4-4　男女着装示范

男大学生面试时最适合“西装革履”,以深色西装为宜,配白色衬衣、黑色鞋,再配与西装和鞋相近的袜子,这样显得朴素、庄重、大方、协调。注意衬衫领子要露出西装领 1～1.5 cm,手腕部衬衫袖口也要露出,裤子的长度要以盖住鞋面正中为宜。西装的口袋不要塞满物品,领带应与西装相配,避免太华丽,衬衣最好选新的,鞋要擦干净。要根据用人单位的职业特点来选择合适的西装款型与色彩,以便更好地表现自己适合此种职业。

女大学生的面试服装以整洁美观、稳重大方、高雅为原则。服饰色彩、款式、大小与自身的体态、发型和拟聘的职业相协调一致。一般以西装套裙为宜,一套剪裁得体的西装套裙和一件配色的衬衣或罩衫，会使你看起来显得优雅而自信，给对方留下良好的印象。穿鞋首选中跟鞋。切忌穿露大腿的超短裙，低领服，以及太紧、太透的衣服，以免让人感到不庄重、不雅致，给人轻浮之感。

（三）面试中的肢体礼仪

肢体礼仪包括表情、动作、手势等，在面试中也非常重要。

1.眼神

“眼睛是心灵的窗户”，求职面试时，要做到注视对方，目光要自然、和蔼、亲切、真诚，切忌东张西望或死死盯着对方的眼睛。在谈话过程中难免会碰到双方目光相遇，这时应缓缓移开显得心地坦荡，容易取得对方的信任。

2.微笑

面试时要保持真诚、自然的微笑，要有分寸、不出声，切忌开怀大笑，给对方留下不好的印象。

3.手势

在表达内心活动方面，手势极富表现力，在自我介绍或回答问题时搭配上合适、自然、简练、协调的手势，都会增加你的个人魅力。

4.坐姿

面试时应当坐在板凳的前半部分、保持两腿自然落地，上体挺直，身子微微稍向前倾，手放在膝上或椅子扶手上，掌心向下，切忌来回摇晃、两腿分得太开、翘“二郎腿”等。

5.站姿

面试中站姿要求正直、挺胸、收腹、略微收臀、平肩、直颈、两眼平视、精神饱满、面带微笑，两手自然地分在身体两侧，给人一种自信的感觉。切忌双手叉腰、插口袋、握在背后。

6.行姿

行姿要求轻而稳、胸要挺、头抬起、两眼平视、步频和步幅要适度。如果是与主考官或工作人员同行时，则不能超前，只能平行或略微靠后，这是礼貌行为。

图 4-5　面试坐姿

(四)面试中应注意的问题

1.提前到达、不谈无关话题

迟到是面试大忌之一,最好提前十分钟到达。面试不可言语过多、不分场合,侃侃而谈,切忌贬低和评论随行的其他同学,否则将对你的应聘非常不利。

2.不攀高枝、靠个人能力面试

面试时不能拉关系、托人情,否则容易引起他人的反感。面试时最好不要父母陪同,以免用人单位会认为你没有能力,缺乏独立性和自信心,最好的办法是依靠个人的能力参加面试。

3.谨言慎行、注意细节

细节决定成败,一个微小的细节动作都可能会能响到你的面试成功。要做到不抽烟、不喝酒、不嚼口香糖,不开玩笑、不讲脏话、不说方言、不嘲笑、不挠脑袋、不啃手指、不挖耳、不频频改变坐姿等。在整个面试过程中,都须注意不要让自己的小毛病浮出水面,尽量将自己最优秀的一面得到充分的展示。

拓展训练:模拟面试

【训练目的】

1.使学生全面认识自己,明确求职目标;

2.使学生体验面试流程,总结面试经验。

【训练要求】

1.将全班学生分成若干小组,每小组4～6人,每组设一名组长。

2.面试开始前,每位学生准备好简历,由组长负责检查小组成员的简历撰写情况。小组成员可就撰写简历过程中遇到的问题进行讨论与交流,并互相传阅个人简历。

3.面试过程中,第一轮由组长担任主考官,其中一名组员担任应试者,其他成员负责观察、记录与考核;未参与面试的成员也可针对应试者的个人简历进行现场提问。第一轮模拟面试结束后,互换角色轮流进行训练。

【训练考核】

训练结束后,根据表4-2所示的评分标准,对学生进行评分。

表4-2　模拟面试评分表

学生姓名	评价标准	评价结果			
评价项目		自我评价	小组评价	教师评价	总评
个人简历(40分)	外观新颖实用,版面设计合理;内容完整,重点突出;措辞严谨,文风平实;真实性强,不夸大其辞				
模拟面试(60分)	装扮得体,举止有度;自我认识准确,求职动机明确;用词恰当,表达流畅;思路清晰,富有条理;思维敏捷,情绪稳定				

面试时的问题及思路如下:

(1)请你自我介绍一下?这是面试的必考题目。介绍内容要与个人简历相一致。表述方式上尽量口语化。要切中要害,不谈无关、无用的内容。条理要清晰,层次要分明。事先最好以文字的形式写好背熟。

(2)你有什么业余爱好?业余爱好能在一定程度上反映应聘者的性格、观念、心态,这是提问关键。最好不要说自己没有业余爱好。不要说自己有那些庸俗的、令人感觉不好的爱好。最好不要说自己的业余爱好仅限于读书、听音乐、上网,否则会让考官怀疑你性格孤僻。最好能有一些户外的业余爱好来“点缀”你的形象。

(3)你最崇拜谁?最崇拜的人能在一定程度上反映应聘者的性格、观念、心态。

不宜说自己谁都不崇拜。不宜说崇拜自己。不宜说崇拜一个虚幻的或是不知名的人。不宜说崇拜一个明显具有负面形象的人。所崇拜的人最好与自己所应聘的工作能“搭”上关系。最好说出所崇拜的人的哪些品质,哪些思想感染着你、鼓舞着你。

(4)你的座右铭是什么?座右铭能在一定程度上反映应聘者的性格、观念、心态。不宜说那些易引起不好联想的座右铭。不宜说那些太抽象的座右铭。不宜说太长的座右铭。座右铭最好能反映出自己某种优秀品质。

(5)谈谈你的缺点?不宜说自己没有缺点。不宜把那些明显的优点说成缺点。不宜说出严重影响所应聘工作的缺点。不宜说出令人不放心、不舒服的缺点。可以说一些对所应聘工作“无关紧要”的缺点,甚至是一些表面上看是缺点,从工作的角度看却是优点的缺点。

(6)谈一谈你的一次失败经历?不宜说自己没有失败的经历。不宜把那些明显的成功说成是失败。不宜说出严重影响所应聘工作的失败经历。所谈经历的结果应是失败的。宜说明失败之前自己曾信心百倍,尽心尽力。说明仅仅是由于外在客观原因导致失败。失败后自己很快振作起来,以更加饱满的热情面对以后的工作。

(7)你为什么选择我们公司?考官试图从中了解你求职的动机、愿望及对此项工作的态度。建议从行业、企业和岗位这三个角度来回答。参考答案:我十分看好贵公司所在的行业,我认为贵公司十分重视人才,而且这项工作很适合我,相信自己一定能做好。

(8)对这项工作,你有哪些可预见的困难?不宜直接说出具体的困难,否则可能令对方怀疑你不行。可以尝试迂回战术,说出应聘者对困难所持的态度:工作中出现一些困难是正常的,也是难免的,但是只要有坚忍不拔的毅力、良好的合作精神及事前周密充分的准备,任何困难都是可以克服的。

(9)如果我录用你,你将怎样开展工作?如果应聘者对于应聘职位缺乏足够的了解,最好不要直接说出自己开展工作的具体方法。可以尝试迂回战术来回答:首先听取领导的指导和要求,然后就有关情况进行了解和熟悉,接下来制订一份近期的工作计划并报领导批准,最后根据计划开展工作。

(10)与上级意见不一致,你将怎么办?一般可这样回答:我会对上级以必要的解释和提醒,在这种情况下,我会服从上级的意见。如果面试你的是总经理,而你所应聘的职位有另一位经理,而这位经理当时不在现场,可以这样回答:对于非原则性问题,我会服从上级的意见,对于涉及公司利益的重大问题,我希望能向更高层领导反映。

(11)我们为什么要录用你?应聘者最好站在招聘单位的角度来回答。招聘单位一般会录用这样的应聘者:基本符合条件,对这位工作有兴趣,有足够的信心。参考答案:我符合贵公司的招聘条件,凭我目前掌握的技能、高度的责任感和良好的适应能力及学习能力,完全能胜任这份工作。

(12)你能为我们做什么?基本原则是投其所好。应聘者最好能“先发制人”,了解招聘单位期待这个职位所能发挥的作用。应聘者可根据自己的了解,结合自己在专业领域的优势来回答。

(13)你是应届毕业生,缺乏经验,如何能胜任这项工作?如果招聘单位对应届毕业生提这个问题,说明招聘单位并不真正在乎“经验”,关键看应聘者怎样回答。参考答案:作为应届毕业生,在工作经验方面的确会有所欠缺,因此在读书期间我一直利用各种机会在这个行业里做兼职。我也发现,实际工作远比书本知识丰富、复杂,但我有强烈的责任心、适应能力和学习能力,而且比较勤奋,所以在兼职中均能圆满完成各项工作,从中获取的经验也令我受益匪浅。请贵公司放心,学校所学及兼职的工作经验使我一定能胜任这个职位。

(14)你希望与什么样的上级共事?通过应聘者对上级的“希望”,可以判断出应聘者对自我要求的意识,这既是一个陷阱,又是一个机会。最好回避对上级具体的希望,多谈对自己的要求。参考答案:作为刚步入社会的新人,我应该多要求自己尽快熟悉环境,适应环境,而不应该对环境提出什么要求,只要能发挥我的专长就可以了。

(15)你在前一家公司离职的原因是什么?最重要的是:应聘者要使招聘单位相信,应聘者在过往的单位的“离职原因”在此家单位里不存在。避免把“离职原因”说得太详细、太具体。不能掺杂太主观的负面感受:太辛苦;人际关系复杂;管理太混乱;公司不重视人才;公司排斥我们某某的员工。但也不能躲闪、回避,如:想换换环境;个人原因等。不能涉及自己负面的人格特征:如不诚实、懒惰、缺乏责任感、不随和等。尽量使解释的理由为应聘者个人形象添彩。

(16)你想得到的薪水是多少?回答对策:在商谈薪酬之前,应试者可以调查了解自己所从事工作的合理的薪资水平。应试者可以考虑这样回答:“钱不是我唯一关心的事。我想先谈谈我对贵公司所能做的贡献,如果您允许的话。或者说,我对工资没有硬性要求,我相信贵公司在处理我的问题上会友善合理,我注重的是找到工作机会,所以只要条件公平,我不会计较太多。”

没有一样的面试,但考试要做的准备却是相同的。面试前了解自我、了解用人单位信息、个人自荐材料的准备、仪表仪容仪态的准备、面试前的自我演练等都是同学们必须要做的。

思考与练习

1.人事档案对毕业生成功人生有什么重要意义?

2.毕业生在准备笔试过程中,如何通过专项训练达到理想效果?

3.毕业生面试,有哪几项关键技巧?

第五章　就业权益保护

依法治国是党领导人民治理国家的基本方略，法治是治国理政的基本方式，要更加注重发挥法治在国家治理和社会管理中的重要作用，全面推进依法治国，加快建设社会主义法治国家。

——习近平

【学习目标】

1.掌握就业权益的内涵和基本内容；

2.熟练掌握与大学生就业相关的法律法规；

3.掌握毕业生就业协议书的签订流程和注意事项；

4.掌握求职陷阱的识别与防范。

【导入案例】

案例一："廉价劳动力"的尴尬

小黄在一家公司做财务专员实习生，每天似乎都有干不完的活，甚至感觉比正式员工干得还要多。几乎天天都要加班，却不像正式员工那样可以领到加班费，每个月的实习津贴也少得可怜。小黄觉得很委屈，实习生天天加班，就不受法律保护吗？就可以不给加班费吗？

案例二：实习受伤，学校、企业谁买单？

学机械专业的小陈经学校推荐到一家机械设备制造企业实习。第一份工作是到一线车间观摩实习，一天在生产线上他独自操作时受了伤，经司法鉴定为六级残废。为了协商赔偿的事，小陈和家人多次奔走于学校和企业之间，但始终没能达成一致意见。于是，小陈一纸诉状将学校和企业告上了法庭，要求两被告赔偿其护理费、交通费、残疾赔偿金、精神损失费等共计 17 万元。

第一节　就业基本权利及相关法律

大学生就业过程中，几乎每一步都与就业政策和自己的权益相关。不了解就业政策，不知道如何保证自己的就业权益，就会在求职过程中走弯路，给自己的就业和职业发展带来不必要的麻烦。本章重点讲解就业过程中与同学们关系最密切的就业权益与法律知识，帮助大家了解一些法律常识，掌握就业权益保护的方法，有效降低求职风险，保护自身合法权益。

一、大学生就业基本权利

（一）自主择业权

根据《中华人民共和国劳动法》第三条规定："劳动者享有选择职业的权利。"

实行并轨招生后的普通高校应届毕业生（委培生、定向生除外），在国家就业方针、政策指导下"双向选择，自主择业"。

（二）平等就业权

《劳动法》规定："劳动者享有平等就业和选择职业的权利""劳动者就业不因民族、种族、性别、宗教信仰不同而受歧视"。

毕业生在参加就业求职过程中，同样享有平等就业权。平等就业，应当包括及时、全面、准确地获取就业信息，就业时公平、公正、择优推荐，参加"双选"时与招聘单位自主洽谈协商等方面。

（三）信息知情权

毕业生有全面、真实获取用人单位信息的权利。

在双向选择的过程中，毕业生有权向用人单位了解具体的使用意图、工作环境、薪酬待遇、发展前景等情况，从而做出符合自身条件的选择；用人单位有义务向毕业生和学校如实介绍本单位的真实情况，并提供相应的资料。

(四)公平录用权

由于各项政策及配套措施的滞后,完全开放公平的就业市场尚未真正形成,用人单位录用毕业生在不同程度上存在着不公平、不公正的现象,如性别歧视、地域歧视、关系就业等。

用人单位使用毕业生的过程中,必须公平、公正,一视同仁。

【案例分析】

笔试面试第一却名落孙山

纪元系徐州市城乡建设局下属信息中心的编制外聘用人员,于2016年3月报名徐州市事业单位考试工作人员招聘,报考岗位为其所在单位徐州市城乡建设局主管的徐州市城市房屋征收办公室(以下简称徐州市征收办)事业编制工作人员。他先后通过了报名资格审查、笔试、面试、体检、考察等程序。拟聘人员名单公示前,徐州市人社局以"专业不符合报考条件"为由取消了纪元的聘用资格。纪元不服,提起行政诉讼。徐铁法院立案受理后,依法组成合议庭审理该案。在审理过程中,胡奇峰(涉案招聘岗位的最终录用人员)与案件处理有利害关系,徐铁法院依法通知其作为第三人参加诉讼。徐铁法院于2016年10月24日组织庭前证据交换,并于2016年12月14日、2017年1月11日公开开庭审理了该案。根据案件审理进度,徐铁法院依照《中华人民共和国行政诉讼法》第八十一条之规定,报经江苏省高级人民法院批准,依法延长了该案审理期限。

2018年2月23日,徐州铁路运输法院对纪元诉徐州市人力资源和社会保障局人事招录行政决定案依法宣判,认定徐州市人力资源和社会保障局取消纪元事业单位聘用资格事实清楚、证据充分、法律依据明确,但程序违法,判决确认徐州市人社局取消纪元聘用资格行为违法,驳回纪元的其他诉讼请求。

案例思考:

纪元的维权经历对你有何启发?

(五)违约求偿权

毕业生就业协议一经签订,毕业生、用人单位、学校三方都应严格履行。任何一方提出变更或解除协议,均须得到另外两方的同意,并承担违约责任。

对于用人单位无故要求解除就业协议的,毕业生有权要求对方严格履行就业协议。

二、相关法律

(一)劳动法

1994 年 7 月 5 日,第八届全国人大常委会第八次会议通过了《中华人民共和国劳动法》,自 1995 年 1 月 1 日起施行。这是一部保护劳动者合法权益,调整劳动关系的法律。毕业生在求职择业过程中必须掌握该法律的有关内容,才能依法维护自己的合法权益。

(二)劳动合同法

《中华人民共和国劳动合同法》是调整劳动者和用人单位之间订立、履行、变更、解除和终止劳动合同权利义务关系的法律规范的总称。2007 年 6 月 29 日,第十届全国人民代表大会常务委员会第二十八次会议通过《劳动合同法》,自 2008 年 1 月 1 日起施行。这是一部调整平等主体的劳动者与用人单位之间订立和履行劳动合同的法律。毕业生正式报到后与用人单位签定的劳动合同也应符合《劳动合同法》的有关规定。因此,毕业生在与用人单位签定劳动合同前,应对《劳动合同法》的相关规定进行了解,特别是订立阶段的有关注意事项,以更好地维护自身的合法权益。

《劳动法》和《劳动合同法》是有区别的。

《劳动法》是 1993 年制定,是基本法,具有大而全的特点,目的是推行劳动合同制,确定劳动者的权利,分别有促进就业、劳动合同、工作时间和休假、工资、劳动卫生安全、女职工未成年工保护、福利保险、劳动争议等章节。

《劳动合同法》是 2007 年制定,专门而具体地规范了劳动合同,用以解决市场经济下不同复杂劳动关系带来的众多劳动纠纷,重点规范劳动合同的订立和解除等。

(三)普通高等学校毕业生就业工作暂行规定

《普通高等学校毕业生就业工作暂行规定》是指导毕业生就业工作的最根本最原则性的规定,主要内容有:毕业生就业工作程序;毕业生就业指导与毕业生鉴定;供需见面和双向选择活动;就业计划的制订;调配、派遣工作;接收工作及毕业生待遇;违反规定的处理等方面。它对全国高校、毕业生、用人单位具有普遍约束力,是目前最为系统的就业规范。

第二节　就业协议与劳动合同

一、就业协议书

(一)含义

“就业协议”是明确毕业生、用人单位和学校在毕业生就业工作中权利和义务的书面表现形式。

《就业协议书》是确定用人单位录用毕业生,明确毕业生、用人单位、学校在毕业生就业工作权利义务的书面文本。

《就业协议书》是载体,“就业协议”是内容。前者包含后者。

(二)作用

签订《就业协议书》是国家为规范高校毕业生就业工作,避免混乱,杜绝就业欺诈行为,维护高校毕业生就业工作严肃性,维护毕业生、用人单位和学校的合法权益而采取的一项必要措施。

《就业协议书》是转递毕业生档案和户口关系,办理报到落户手续的依据,学校凭毕业生已签订的就业协议书派遣毕业生的档案、户口等关系。如果不签订就业协议书,毕业生毕业后的人事档案、户口等关系就可能会被派回到生源地。因此,毕业生在找到合适的工作单位后,就可与单位签订就业协议书。

毕业生到民营企业、三资企业等单位工作时会碰到一个具体问题——这些法人实体没有上级人事主管部门。这就需要用人单位到各地的人才交流中心办理人事代理手续来解决该单位接收毕业生人事关系的问题。

(三)签约注意事项

1.要注意弄清用人单位是否具备合法的主体资格

协议双方的资格合格是协议书具有法律效力的前提(这里主要是指用人单位的资

格)。用人单位,不管是机关、事业单位还是企业(不包括私营企业),必须要有接受应届毕业生的权力。如果其本身不具备接受应届毕业生的权力,则必须经过具有进人权力的上级主管部门批准同意才能接受应届毕业生。因此,毕业生签约前,一定要先审查用人单位的主体资格。

这里需要注意两个方面:一是明确用人单位必须是经有关主管部门核准、许可成立或者合法登记注册的机关、企事业单位等主体,并且该单位具有录用毕业生的自主权和当年度的用人计划。一些外资企业在中国设立的办事处应当委托相关中介机构招聘;二是《就业协议书》上需有用人单位法定代表人或者授权的招聘负责人签字,并加盖用人单位章或者招聘专用章,单位与招聘无关的其他人或者与招聘无关的其他章不具有效力。不符合上述条件的用人单位是不合格的,毕业生必须小心。

2.要按规定的程序签订就业协议

(1)毕业生到二级学院学生科(学工办)领取《就业协议书》;
(2)毕业生和用人单位达成就业意向后,双方在《就业协议书》上签字盖章;
(3)无独立人事权的用人单位报请上级主管部门在《就业协议书》上签字盖章;
(4)毕业生所属学院学生工作办审核就业协议,并交校大学生就业指导中心备案;
(5)校大学生就业指导中心鉴证就业协议,并签字盖章。

【案例分析】

小王的就业协议

毕业生小王与一家单位经面试达成就业意向,双方同意签订就业协议,小王为图方便,请求学校先在空白的《就业协议书》上加盖同意公章,然后自己也在《就业协议书》上签字,手持协议到用人单位签约。单位人事部以单位内勤请假在家为由,要求小王将学校已盖章、其本人已签字的空白就业协议留在单位,要小王第二天来取。第二天小王去取《就业协议书》时,目瞪口呆,原来该单位在就业协议中增加了若干不利于小王的条款,而此时学校、单位、小王均已在协议上签字或盖章。

案例思考:

案例中的小王,哪些行为欠妥?

一般而言,签订就业协议的程序是:毕业生向学校领取就业协议后,与用人单位签订协议,然后将就业协议送交学校就业工作部门盖章,学校盖章是就业协议签订的最后环节。但有些毕业生往往为图方便,本人在《就业协议书》上签字后,要求学校先盖章,再交用人单位签约。而个别用人单位利用最后签约的时机，在《就业协议书》上另增有损毕业生权益的其他条款后再签字盖章，待毕业生和学校知晓时，因协议已生效，一旦发生纠纷只能由毕业生承担不利的后果。

3.双方协商条款的内容必须在备注栏中注明

一是关于工资福利待遇、住房条件、服务期限等；二是明确违约处理办法；三是考研、考公务员、出国问题。

4.违约责任

国家基于维护广大毕业生的利益，要求用人单位维护毕业生就业计划的严肃性，就业协议一经签定，用人单位不得拒收毕业生；毕业生也不得随意更换单位，否则都属于违约行为。

如果用人单位单方面违约，不履行协议，那么毕业生可以通过申诉、仲裁、法院起诉等途径追究用人单位的违约责任；

如果毕业生个人违约，那么毕业生必须承担违约责任并履行以下手续：首先要征得原用人单位同意，并出示原单位向学校开具的退函，将因此对学校造成的不良影响减少到最小。学校审核同意毕业生个人违约后，毕业生提供新单位的接收函，重新办理相关手续。

【案例分析】

小周违约

2002年11月，某报社派两名部门主任到某高校选聘文字编辑，小周参加了招聘考试。当天，她就签了约，一份是《全国普通高等学校毕业生就业协议书》，另一份是《聘用协议》。然而，直到2003年6月中旬，小周仍未来报到，也没有任何音信。原来她已到另外一家报社上班了。7月，报社正式致函，请其履行协议，否则将通过法律途径解决问题。9月，在始终没有得到任何方面明确答复的情况下，报社向法院提起诉讼，状告小周违约，要求被告赔偿。

法院开庭审理此案。法院认为，原、被告之间自愿签订的《全国普通高等学校毕业生就业协议》、《聘用协议》，是双方当事人真实意思的表示，双方都应按照协议履行。被告的行为，违反了合同法，应承担违约责任。

案例思考：

1.小周错在哪里？

2.如果你是他，该如何处理？

总之,签《就业协议书》是一项法律行为,关系到维护国家就业计划的严肃性。《就业协议书》在毕业生签字、用人单位盖章、学部盖章、学院毕业生就业指导中心盖章后即生效,毕业生在签约前要对用人单位情况及工作安排进行了解,不要草率行事,对用人单位的接收条件以及自己的权益要详细了解,可以要求用人单位提前出示劳动合同,并将有关事宜在《就业协议书》中注明。如有疑虑应在签约前请学校毕业生就业指导中心或家长给予指导。与用人单位签订的各种合同要留好副本,以备用法律手段维护自己的权益。

二、劳动合同

(一)劳动合同概述

1.劳动关系的概念

劳动关系是劳动者与用人单位在实现劳动的过程中所建立的社会经济关系。

新《劳动合同法》第七条规定"用人单位自用工之日起即与劳动者建立劳动关系。用人单位应当建立职工名册备查",第十条规定"建立劳动关系,应当订立书面劳动合同"。

2.劳动合同的概念

劳动合同是劳动者和用人单位确立劳动关系,明确双方权利和义务的协议。主要涵义:

(1)劳动合同应当以书面形式订立;

(2)劳动合同可以约定试用期;

(3)劳动者要解除劳动合同,应当提前三十日以书面形式通知用人单位;

(4)违反法律、行政法规的劳动合同,采取欺诈、威胁等手段订立的劳动合同为无效劳动合同。

【案例分析】

家教兼职被拒付报酬案

小林为了勤工助学,通过学校的勤工助学中心介绍,联系上了一项家教业务。尽管小林精心教学辅导,但受小林指导的学生却收获甚微,成绩仍然很差。于是该生家长认为小林没有尽到家教的责任,一直没有支付报酬,直到口头约定期满,小林也没有拿到一分钱。

小林多次向家长索要，家长均不予理会。

案例思考：

如果你是小林，该如何维权？

家教一般是一方在一定期间内为另一方提供(教学)服务，另一方支付劳务报酬的工作。这种关系在法律上称雇佣关系，雇用人与受雇人间应订立雇用合同。

该案例首先要解决的问题就是要证明雇用合同存在。我国法律规定合同可以是书面形式也可以是口头形式或其他形式，只要达成一致合意即可，但要有证据、证明、合同存在。一般家教过程中的资料、往返车票、证人等都可以作为证据、证明、合同存在。

其次要解决的是报酬的证明，如果无法证明当时约定的价金，依合同法可以依据家教介绍中心或本市家教平均价格确定。

需要注意的是，在中介找家教一定要有书面记录。家教雇用合同表面看起来是一种劳动性质的合同，但它不是劳动合同，不受劳动法保护。劳动法只调整用人单位与劳动者之间的劳动关系，体现国家干预；而雇用合同是平等主体间签订的。

3.劳动合同与就业协议的区别

(1)性质不同。前者是毕业生与用人单位依法确立劳动关系、明确双方权利和义务的协议。后者是毕业生在校时与用人单位协商签订的就业意向协议。

(2)内容不同。前者的内容涉及劳动报酬、劳动保护、工作内容等；后者的内容主要是用人单位和毕业生就同意录用和接受聘用达成一致意见，并初步约定将来就业。

(3)时效性不同。前者是合同期限届满或约定的终止条件出现才终止；后者在毕业生到用人单位报到时自动终止。

(4)争议解决的主要方式不同。前者通过严格的法律程序来解决；后者由学校或上级就业主管部门出面协调解决。

(5)互有关联。一般而言，就业协议书签订在前，劳动合同订立在后。

4.劳动合同与实习合同的区别

在校生在实习期间与用人单位建立的不是劳动关系，在身份认定上在校实习生并不是劳动者，然而在实习过程中又很可能遇到种种权益受到侵犯的情况，因此在学习期间到用人单位进行实习尽量与实习单位签订书面实习协议(这是一般意义上的民事合同)。

(二)劳动合同法的几个关键点

1.试用期

劳动部《关于实行劳动合同制度若干问题的通知》中规定:劳动合同期限在 6 个月以下的,试用期不得超过 15 日;劳动合同期限在 6 个月以上、1 年以下的,试用期不得超过 30 日;劳动合同期限在 1 年以上、2 年以下的试用期不得超过 60 日。根据《中华人民共和国劳动法》的规定,试用期最长不得超过 6 个月。

【案例分析】

小陈的劳动合同

小陈于 2014 年 1 月 1 日入职 A 公司,与 A 公司签订了劳动合同。该劳动合同的部分条款为:劳动合同期限为两年,试用期为六个月,试用期工资为 1800 元,试用期满后的工资为 2500 元。小陈在 A 公司工作六个月后,A 公司以小陈考核不合格,不符合录用条件为由解除与小王的劳动关系,但 A 公司并无任何考核的指标和依据。

案例思考:

1.本案中 A 公司有哪些违反法律规定的地方?小陈又能得到哪些赔偿?

2.A 公司解除与小陈的劳动关系是否合法?

本案中第一个争议焦点:A 公司有两处做法违反了法律规定,其一:小陈与 A 公司签订的第一份劳动合同约定的劳动合同期限为两年,故试用期不得超过两个月,A 公司与小陈约定试用期为六个月,违反了劳动法的规定,A 公司应支付小陈四个月赔偿金即 2500 元×4=10000 元;其二:试用期工资不得低于约定工资的 80%,故小陈试用期工资不得低于 2000 元,而实际上试用期 A 公司发放的工资为 1800 元。故 A 公司合计要支付小陈经济赔偿金的数额为:2500×2 个月×0.8+2500×4 个月-1800×6 个月=3200 元。

根据劳动合同法的规定,试用期并非劳动合同的法定必备条款,属于劳动合同中双方自主约定的范畴。双方可以在法律允许的范围的上限内任意约定试用期的长短,这很大程度上决定劳动者和用人单位的合意。虽然本案中关于试用期的约定是双方当事人真实的意思表示,但其约定未满足劳动报酬标准的要求,违反了法律强制性的规定,应为无效。

2.违约金

新《劳动合同法》第九条规定:用人单位招用劳动者,不得扣押劳动者的居民身份证和其他证件，不得要求劳动者提供担保或者以其他名义向劳动者收取财物”。

违反劳动合同应承担的经济责任，主要是通过支付赔偿金和违约金形式来完成。

违约金和赔偿金是两个不同的概念。我国《劳动法》中没有关于违约金的条款，也没有禁止设定违约金。但是，只有在两种情况下，劳动者才要承担违约金：①培训服务期中约定承担，违约金额不超过培训费，培训费只占工资总额的1.5%～2.5%，要求出具第三方提供的培训发票；②竞业限制：约定保守商业秘密与知识产权的劳动者，离职2年内从事相关行业即违约，反之不承担违约责任。

【案例分析】

小冯与违约金

小冯毕业前与一单位签了就业协议，并在7月份毕业后来到这上班。但是工作了不久他就感觉，自己的身体状况很难适应单位高强度的工作方式，而且现有工作也不适合其今后发展定位，于是在8月底向单位提交了解除协议申请。单位虽然答应了他的离职要求，却以违约为由，要求其缴纳5000元人民币的违约金。

小冯觉得很委屈，身体不好无法胜任工作是客观原因，再说现在还处于试用期，没有签订劳动合同，凭什么说自己违约？自己在公司已经工作了一个多月，一分钱的工资都没有拿到，反而还要交5000元？由于小冯不肯交违约金，单位就拒绝为其办理离职手续，双方的僵持让小冯感觉损失很大。

案例思考：

如果你是小冯，该如何维权？

本案例的单位要求不应得到支持，7月份毕业后小冯已按照约定与单位建立了劳动关系，原就业协议已经履行完毕；而双方的劳动关系受劳动法律法规制约。

若小冯仍处于试用期内，依据劳动法规定，小冯提前三日通知用人单位，可以解除劳动关系；若双方没有签订劳动合同，那么属事实劳动关系，小冯提前三日通知用人单位，可以解除劳动合同而无须支付违约金。

但反之，如果在报到后，毕业生因为发生疾病不能坚持正常工作的，用人单位则应该按照在职人员的有关规定处理，即使处于试用期，单位也不能将随意其辞退。

3.社会保险

新《劳动合同法》第三十八条规定“用人单位未依法为劳动者缴纳社会保险费的，劳动者可以解除劳动合同”。第四十六条规定“有不缴社保情形的，用人单位应当向劳动者支付经济补偿”。

4.平等自愿、协商一致的订立原则

【案例分析】

“霸王”合同

案例一：某小型企业在激烈的市场竞争中惨淡经营，想尝试转产，又囊中羞涩，万般无奈当中，企业决定从本单位的职工中筹集资金。遭到一部分职工反对后，企业决定停止现行的劳动合同，重新签订新的劳动合同并把必须交纳5000元现金作为劳动合同的条款之一。

案例二：赵某，男35岁，是北京市某出租汽车公司的司机。1992年该公司与其签订承包合同。合同规定，赵某每年向单位上缴承包年利润后，本人的病、伤、残、亡等企业均不负责。赵某开的是“面的”车，一次发生交通事故，赵某负伤致残，根据双方签订的合同，该出租汽车公司不负担赵某任何伤残待遇费用，赵某和该公司发生了争议并申诉到劳动行政部门，要求解决其伤残待遇问题。

案例思考：

1.某小型企业的做法对不对？为什么？

2.如果摆在你面前的是一份像司机赵某那样的劳动合同，你会签订吗？为什么？

根据案例一，在订立劳动合同时要遵守平等自愿和协商一致原则。案例一涉及的劳动合同不是在平等自愿的基础上签订的，而是采用了强加于人的手段，所以此劳动合同无效。企业职工可以以擅自撕毁劳动合同及违背签订劳动合同的原则的名义状告该企业。

根据案例二，订立劳动合同应遵守不得违背法律、行政法规规定的原则。在案例二中，劳动行政部门认为企业单位在“承包合同”中将伤、残、亡风险推给职工个人，这种做法不符合我国法律规定，因此该企业与职工签订的“生死合同”是无效的。该出租汽车公司必须按照有关法律规定支付给司机赵某一切有关伤残待遇的费用。

5.书面劳动合同

《劳动合同法》规定了用人单位如果不与劳动者订立书面劳动合同，将面临以下制裁：用人单位自用工之日起超过一个月不满一年未与劳动者订立书面劳动合同的，应当向劳动者每月支付两倍的工资；用人单位自用工之日起满一年不与劳动者订立书面劳动合同的，视为用人单位与劳动者已订立无固定期限劳动合同。在法律没有规定可以解除劳动

合同的情形下,用人单位是无法辞退劳动者的,否则,同样要支付两倍的经济补偿金。

6.劳动合同的解除

(1)用人单位直接解除劳动合同情形

《劳动合同法》规定,劳动者有下列情形之一的,用人单位可以解除劳动合同:①在试用期间被证明不符合录用条件的;②严重违反劳动纪律或者用人单位规章制度的;③严重失职,营私舞弊,对用人单位利益造成重大损害的;④被依法追究刑事责任的。

(2)用人单位履行一定手续后解除劳动合同

《劳动合同法》还规定有下列情形之一的,用人单位可以解除劳动合同,但是要提前三十日以书面形式通知劳动者本人或者额外支付劳动者一个月工资:①劳动者患病或者非因工负伤,医疗期满后,不能从事原工作也不能从事由用人单位另行安排的工作的;②劳动者不能胜任工作,经过培训或者调整工作岗位,仍不能胜任工作的;③劳动合同订立时所依据的客观情况发生重大变化,致使原劳动合同无法履行,经当事人协商不能就变更劳动合同达成协议的。

(3)劳动者解除劳动合同的情形

劳动者提前三十日以书面形式通知用人单位,可以解除劳动合同。劳动者在试用期内提前三日通知用人单位,可以解除劳动合同。

用人单位以暴力、威胁或者非法限制人身自由的手段强迫劳动者劳动的,或者用人单位违章指挥、强令冒险作业危及劳动者人身安全的,劳动者可以立即解除劳动合同,不需事先告知用人单位。

第三节　求职陷阱的识别与防范

尽管辅导员苦口婆心地反复宣讲防骗常识,但不论是在校生或是刚刚走出校门、踏上社会的大学毕业生,面对诈骗往往招架不住,而不法分子或某些企业和单位正是利用大学生社会经验不足,在招工环节设置陷阱,损害学生的合法权益。要防范这些陷阱,大学毕业生不仅要了解和认识它们,更重要的是要有防范的意识和对策。只要毕业生有自我保护意识,就能够识破形形色色的就业陷阱。

一、就业陷阱的表现

(一)虚假广告陷阱

一些用人单位在招聘会上为了招到条件较好的毕业生,会夸大或隐瞒自己的某些情况。比如:在发布招聘信息时,往往故意扩大用人单位规模和岗位数量,进行虚假宣传;或者把招聘职位写得冠冕堂皇,不是“经理”就是“总监”,但实际上却只是“办事员”、“业务员”,根本没有广告上写的那么高端。

【案例分析】

小张应聘

小张看到一条“诚聘有事业心人士担任市场经理”的招聘广告,考虑再三,准备充分后前往应聘。工作后才知道,自己的工作是推销公司的产品,“市场经理”就是一个好听的头衔而已。

案例思考:

小张的信息来源有什么问题?

(二)色情陷阱

一些用人单位利用招聘、面试等侵犯学生。有一些招聘广告上称招聘男女公关人员,月薪上万,令一些涉世不深的毕业生掉入陷阱。所谓“男女公关”实则是从事性服务;所谓“高薪”实则是从事性服务时客人所给的小费。面对这样的问题或遇到这样的情况,学生一定要提高警惕,不可随便跳入这种陷阱。

【案例分析】

高薪诚聘

在某高校的广告栏上,某单位贴出广告:“星级饭店招聘男女公关经理,无需工作经验,无学历要求,底薪 3000 元,月薪可达数万元,具体情况根据个人所得小费而定,女身高 165 cm 以上,男身高 175 cm 以上,长相好”。单看广告,就能发现其中隐含的暧昧信息。

案例思考：

以上广告有何破绽？

（三）协议陷阱

就业协议是明确毕业生、用人单位在毕业生就业择业过程中权利和义务的书面协议。就业协议一经签订，对双方都具有约束力。按照有关规定，就业协议不能代替劳动合同或聘用合同，这样就可能在毕业生和用人单位之间产生纠纷。

常见的毕业生签就业协议过程中遇到的陷阱又分为以下几种：

(1)用人单位不与毕业生签订就业协议书；

(2)用人单位不跟应聘者签订劳动合同；

(3)用人单位不将承诺写入合同；

(4)用人单位与毕业生签订“霸王合同”。

【案例分析】

小赵的协议

小赵是应届毕业生，2005 年 12 月与一家用人单位签订了《高校毕业生就业协议书》。签协议书前双方商定，如果小赵违约将向用人单位缴纳 3000 元违约金。同时，却没有约定如果用人单位违约的处理办法。双方签约后，小赵就一直没有找其他工作。直到 2006 年 5 月，小赵得到签约单位通知，说由于该单位经营策略上的变化，原本计划招收的 20 名应届毕业生现缩招为 6 名，该单位打算解除与小赵的就业协议。

案例思考：

小赵应如何维权？

（四）传销陷阱

所谓传销，本是指生产企业不通过店铺销售，而由传销员将本企业产品直接销售给消费者的经营方式。该经营方式受到国家的严令禁止。现在的传销者首选传销对象常常是急于挣钱的打工者特别是刚刚毕业的学生，他们通过各种渠道得到欲骗对象的电话后，便打着同乡、同学、亲戚等幌子，以帮忙找工作为由，以高薪为诱饵，因人而异，投其所好，骗求职者去进行非法传销活动。求职者一旦进入陷阱，便被限制人身自由，被迫从事传销，要么交 3000～4000 元入门费，要么花 3000～4000 元购买传销产品作为入门条件。传销组织者还采取扣留身份证、控制通讯工具、监视等手段不让受骗者离开，强迫他们联系亲友前来，或者寄钱寄物从中牟利。

【案例分析】

湖南百名大学生被传销组织控制

据新华社 2011 年 3 月 23 日电：今年 3 月以来，湖南省委教育工委连续接到 3 起关于学生失踪，可能被传销组织控制，或被疑似传销组织的培训机构骗取钱财的情况，涉及 6 所高校上百名学生。

据不完全统计，过去一年湖南省高校发生了 10 多起学生被困参加传销的案件，涉及数千人。湖南省工商局副局长鲁先华介绍，不法分子利用大学生就业心切的心理，以“介绍工作”“招聘”等创业就业的名义，诱骗学生参与传销活动。大学生社会经验不足，又面临就业压力，很容易被骗入传销组织。

鲁先华介绍，不法分子结合互联网等新兴业态，翻新传销手段，增加了对大学生的诱惑力。湖南去年查处的“广西新淘信息技术有限公司传销案”中，传销分子打着“电子商务”的旗号，声称“投资 9 万元在三年内可回报 38 万元”，在短短 6 个月时间，涉案金额已达 4575.5 万元。

案例思考：

大学生如何识别传销？

(五)试用期陷阱

用人单位利用试用期骗取廉价劳动力主要有两种形式：一种是试用期结束后以各种理由称求职者是不合格的，公司解聘也是无奈之举；另外一种就是无故延长试用期，期满后又继续延长一定时间，最终结果却仍是解聘。毕业生除了经济上的损失、精神上的挫折，还无端失去了可能的就业时机和发展空间。

【案例分析】

小王的试用期

2007 年 5 月，应届毕业生小王到大连市开发区一公司应聘，与该公司签订一年的劳动合同，试用期 6 个月，工资 400 元。试用期到期前 10 天，该公司表示还要对其进行考察，如果小王同意，公司再与小王续签 3 个月的试用期。小王为了今后留在公司工作，便同意再签3个月的试用期。合同再次到期前，该公司通知小王在试用期未达到录用条件，不再录用。

案例思考：

以上试用期合法吗？

（六）智力陷阱

有些单位按程序假装对应聘毕业生进行面试，再进行笔试。在面试、笔试时，把本单位遇到的问题以考察的形式要求前来应聘者作答或设计，待毕业生利用专业优势完成其承担的项目后，再找出各种理由推辞，结果无一人被录用，用人单位却将应聘者的劳动果实据为己有，使毕业生陷入智力陷阱。

【案例分析】

白晓鸥的教训

白晓鸥是北京某重点大学的一名计算机专业本科应届毕业生，编程能力很强。在学校举办的一次大型双选会上，以优异的专业成绩和实习单位较高的评价，被一家小有名气的内资互联网企业相中，并很快签定用人合同，双方商定试用期为3个月，试用期间月薪为1500元。当其他同学还在为找工作东奔西走的时候，满心欢喜的她已经开始上班了。可是天有不测风云，谁曾想，刚结束春节休假上班的白晓鸥一到公司，便接到人事部门一纸解约通知，称"通过试用，发现白晓鸥不适合在本公司工作，决定解除双方的试用合同……"公司的决定，让她感到非常突然，"就在春节前，她通宵达旦，加班加点设计出来的一个财会软件还受到部门经理的夸奖，怎么突然就变卦了呢？"她感到十分不解。后来，一位共过事的公司员工向她道明了事情的真相："公司根本没想要你这个人，只是需要你设计的软件，公司只是想无偿占有你开发的软件而已。"白晓鸥才幡然醒悟，原来自己天真地掉进了用人单位设下的智力陷阱中。

案例思考：

如果你是白晓鸥，应如何防范？

二、求职陷阱的识别与防范

（一）熟悉四种方法

1.望

仔细观察公司的外部环境和人员情况、办公所在地的环境、公司人员的基本素质等。这些摆在眼前的实际情况，绝不能视而不见，它们都可以较为真实地传递出公司的基本情况。正规的单位都有固定的办公场所，若面试地点放在临时租借的民房或者小宾馆，或是现场十分简陋，“一间门面，一部电话，几把椅子”，就要格外提高警惕。

2.闻

通过上网找资料、发帖询问等，了解公司经营发展概况。

对那些无法通过网站资源追踪其信息的小公司，可以通过和前台、保安、一般职员聊天了解公司现状。

3.问

对亲人、老师、专业人士、同学、朋友等进行有目的的探询。关乎自己切身利益的事情，千万别不好意思张口，他们站在第三者的客观角度，可以为你提供行之有效的意见和建议。

4.切

直接交手，试探虚实。在面试时，不用只做个回答者，有提问的机会千万要牢牢把握，别轻易失去一次了解企业的上佳机会。

在应聘过程中，留心观察工作人员的形迹，若是所谓“经理”没有任何专业素养，面试时只谈收钱的肯定是问题公司。

（二）培养四种意识

1.法律意识

市场化的就业体制，要求毕业生就业依靠市场这个无形的手，来实现人才资源的合理配置。市场经济是法制经济，毕业生就业也必须走法制化之路。因此，毕业生必须了解与就业相关的法律法规、政策制度，了解劳动用工的相关规定，并且在学习这些法律、政策、规定的过程中，逐步养成一种用法律进行思维的意识，即法律意识，进而能在这种意识的指导下，真正做到懂得法律、遵守法律、使用法律。

法律意识要求毕业生在求职过程中，运用法律的思维来思考碰到的一些问题，大体知道法律的规定是怎样的，了解哪些情况是违法的，哪些情况又是政策允许的。只有具备这种意识，才能认识到行为的性质以及其法律后果，才有了进行自我保护的前提。

【案例分析】

小王的维权经历

毕业签约时，单位提出“试用期8个月，试用期满后签订劳动合同”的要求时，小王依据自己掌握的法律知识，以劳动法规定试用期最长不得超过6个月，试用期必须包含在劳动合同期限内为由与单位据理力争，最终使单位按照劳动法的规定签订就业协议，较好地保护了自己的合法权益。

案例思考：

从小王的经历看，大学生应如何培养法律意识？

2.契约意识

从某种意义上说，市场经济就是契约经济，市民社会就是契约社会，契约意识要求当事人尊重平等、信守契约。由于我国就业体制的特殊性，就业协议在明确单位和毕业生权利义务等方面扮演着重要角色，因此契约意识的作用在毕业生就业过程中显得更加突出。

契约意识在就业过程中主要体现在两个方面，一是要求毕业生充分重视和深刻理解就业协议的重要性，要有通过就业协议来保护自己合法权益的意识，二是就业协议一旦签订即具有法律效力，必须具有严格遵守、履行就业协议内容的意识。

因此，谨慎签约、积极履约有利于毕业生通过协议书内容的约定保护自己的合法权益。协议一旦订立，双方都必须遵守，任何一方不得无故毁约、违约等，否则将受到经济和法律的制裁。

【案例分析】

小张的初次就业

小张在某公司毕业实习结束后，双方达成了就业录用意向。由于相互之间比较了解，彼此比较信任，因此双方仅就就业录用的相关事项进行了口头约定。没想到的是，等他毕业后正式到公司报到时，公司以岗位已录满为由拒绝予以录用。由于双方之间没有签订书面的就业协议，孰是孰非，已无法定论，小张只能自吞苦果。

案例思考：

从案例看，契约意识的要点是什么？

3.维权意识

毕业生在法律意识和契约意识的指引下，认识到自己的合法就业权益受到了侵害，是积极运用法律手段或者其他方法来寻求救济以维护自己的合法权益呢，还是息事宁人、当作什么事都没发生过？

不同的处理方法就体现了维权意识的不同。具有强烈的维权意识，在碰到问题时能够拿起法律的武器积极主张权利，是毕业生走出权益自我保护的实质性的一步。毕业生只有养成了积极主张权利的维权意识，不畏法、不畏仲裁诉讼，才能够平等地与用人单位对话，据理力争，切实保障自己的合法权益。当然维权意识的养成要求毕业生应当知道可以采用下列途径维护自己的就业权利：学校出面调解，向劳动监察部门申诉、举报，向劳动仲裁机构申请仲裁，向人民法院提起诉讼等。

【案例分析】

小吴的维权经历

小吴毕业后到一家公司报到上班。工作一段时间后，发现公司存在无故克扣员工工资和无故不缴纳社会保险费的现象。员工们对公司的这一做法感到义愤填膺，但是考虑到自己的工作岗位和发展机会，没有人敢于站出来对此提出质疑。小吴知道公司的做法是违反劳动法的，强烈的维权意识使他认为一定要采取措施保护自己和同事的合法权益。于是他以匿名的方式向当地劳动监察部门举报了公司的恶劣行径。劳动监察部门接到举报后，在查证属实的基础上马上对公司进行了处罚，同时责令公司返还克扣的员工工资，并按规定补交社会保险费。小吴以自己的行动维护了自己和同事的正当权益。

案例思考：

维权意识如何与职业道德中的忠诚意识相结合？

4.证据意识

法律是用证据说话的，毕业生在就业过程中应“多留一个心眼”，牢固树立证据意识。证据意识的培养主要体现在三个方面：一是收集证据的意识，要求毕业生在就业时要有意识地要求对方出示或者提供相关资料，来佐证一定的事实，如要求公司出示营业执照、要对方出示表明身份的证件等；二是保存证据的意识，要求毕业生注意保存现有的证据，以便将来在仲裁或诉讼时支持自己的观点，如要注意保存单位在招聘时的海报，与单位往来的传真、邮件等；三是运用证据的意识，毕业生要有用证据证明案件事实的意识，知道什么样的事实需要什么样的证据证明，知道一定事实的举证责任是在对方还是己方，等等。

毕业生在就业过程中经常会碰到单位要求交押金的情况。签订劳动合同时要求劳动者提供押金的做法是法律明确禁止的，但是签订就业协议时单位是否可以收取押金法律没有明确规定。现在就业市场中，由于某些潜规则的存在，确实在很多场合存在着毕业生不交押金就无法签订协议、得到工作的尴尬。在这种情况下，如果毕业生确实很想去这个单位工作的话，我们认为可以先交押金，但是一定要叫单位出具表明“押金”字样的收据并且注意保存，以便日后作为证据使用。

【案例分析】

证据的作用

毕业生小杨通过网络找着了一家颇有影响力的民营企业。在正式就职之前，他来到该企业指定的培训中心交纳了相关的培训及服装费用。该企业承诺，如果职员在培训后因为企业的原因没有被录用，将退还培训中所有的费用。结果，由于企业人事调整，小杨没有进入该企业工作。当他向该企业要求退还培训等费用时，因拿不出交费的证据而被拒绝。

案例思考：

小杨的经历对你有何启发？

思考与练习

毕业生刘某与单位签订了就业协议，双方未在协议中约定工资福利和工作期限，只约定违约金3000元。7月中旬刘某持《报到证》到该单位报到，两天后与单位签订劳动合同，约定试用期一个月，工作期限一年。刘某在试用十天后提出解除劳动合同，单位要求刘某承担3000元的违约责任。3000元违约金刘某该不该支付？他是否应该承担违约责任？

第六章　初涉职场

各级党员干部在对待党和国家事业上，要始终保持进取之心；在对待人民赋予权力上，要始终保持敬畏之心；在对待个人名利地位上，要始终保持平常之心，在改革发展稳定中充分发挥先锋模范作用。

——习近平

【学习目标】

1.了解“角色适应”与“角色转换”、“学生角色”与“职业角色”；

2.了解从“学生角色”转换成“职业角色”的内容；

3.掌握从“学生角色”转换成“职业角色”常见的问题和方法原则；

4.了解“职业素养”的含义和内容；

5.掌握提升职业素养的方法。

【导入案例】

选硬座的大学生

4月27日，中南民族大学工商管理学院学生阮柏荣说：“招聘单位并不是要招最优秀的人才，而是要招最合适的人才。一个小细节就能决定成败。”

阮柏荣是湖南邵阳人，2012年初，才大一的他就找到学校，主动承包了学校两处报刊亭。两处报刊亭除每个月给学校上缴1600元钱，每月下来还可以赚到2000多元。

去年，已经大四的阮柏荣面临就业。有丰富社会经验的他，很快就成了很多单位争抢的“香饽饽”。期间，一家位于广西的汽车制造公司引起了小伙子的注意。因为公司提供的就业空间大，薪酬高。只招一人的岗位有500多人投出简历，其中还有将近300人是研究生学历。在该公司经历了3次面试后，阮柏荣接到了第四次面试的通知。参加这次面试只有最后的两个人，其中一个是某重点大学的研究生。通知中，对方明确表示，面试者来往的车费由公司报销。

3月20日，阮柏荣在火车站买票，很自然地买了60多元钱的硬座票。而他的竞争者则买了较为舒服的软卧票。面试中，招聘方问他，既然火车票是公司报销的，为什么不坐软卧。阮柏荣说："我觉得，这样既是为我自己节省成本，也是为公司节省成本。"

面试结束后，公司告诉他："你这种主人翁的精神让我很满意，我们愿意和你签约。"

案例思考：

1.小阮同学为什么能从这么多应聘者中胜出？

2.这个案例给人什么启发？

故事中的小阮同学是幸运的成功者。初入职场的大学生们都希望将自己的所学运用到实际工作中，准备大干一番，然而往往事愿与违，在一阵拳打脚踢之后，有人会发现自己不能融入新的集体和环境，甚至终日无所事事，空有一身的力气却无处使。理想和现实之间存在很大的差距，很多大学生就开始怀疑自我的知识技能和适应能力，工作积极性也受到极大的挫伤。这就要求初涉职场的大学生们能够迅速地转换角色，适应新的环境与集体。

第一节　适应角色转换

实训活动：回想当初

请同学们找个比较舒服的姿势坐好，好，大家闭上眼睛，回想一下，你刚入大学的时候，在学习上、人际交往上，你是否曾经有过困惑或问题？如果有，你是如何克服的？

案例思考：

你认为什么是"适应"？

每个人都在人生舞台上扮演着许多不同的角色，例如儿女、学生、职员、顾客、朋友等等。从学校走向社会，我们从学生变成了职员。职场里的一切都那么新鲜，又那么陌生。上司不同于苦口婆心、循循善诱的老师，同事不同于天真淳朴、善良热情的同学。面对这一切，我们只有明确职业角色定位，做好自己的心理调适，树立良好的职业形象，尽快转变角色，适应新环境。

一、角色转换概论

(一)角色适应与角色转换

社会心理学家认为，角色是指“一定社会身份所要求的一般行为方式及其内在的态度和价值观基础。”[①]在社会中，人们都会扮演许多不同的社会角色。家庭角色规定了父母和孩子、丈夫和妻子各自的任务，职业角色决定了经理和员工、教授和学生的正确行为，性别角色规定了男人和女人各自的适宜行为。每一种角色的特定要求都应该被满足，否则就会导致在情绪上、经济上或职业上的惩罚。

角色适应，就是个体对相应角色的适应和角色间转换的适应，个体扮演对角色特定要求的满足程度即为角色适应性。当个体的角色表现与角色期望不协调或无法达到角色期望的要求时，就会发生角色适应不良。

角色转换，又叫角色过渡，就是新旧角色的转换、更替。在社会化的过程中个体要不断地扮演或转换各种角色，比如，从上级到下级角色的变换、从学生到老师角色的变换、从领导到子女角色的变换等。角色的转换意味着个体需要摆脱前一种角色行为模式和心理特点的影响而发展另一种角色所需要的一整套的行为模式和心理特点，调整状态进入新的角色，以期更好地实现新的角色所赋予的任务。

(二)学生角色与职业角色

学生角色，即学生是学习的主体，在社会教育环境的保障和家庭经济的资助下，学习知识，培养能力，全面提高自身素质，努力使自己成长为社会的合格人才。大学生大多处在18～24岁这一年龄阶段，是人生中增长知识、发展智力、求学成才的关键阶段。大学生的中心任务是努力学习以专业知识为主的多方面知识，培养以专业能力为主的各种能力。因此，这是一个接受教育、储备知识、培养能力的重要阶段。

职业角色，是指社会和职业规范对从事相应职业活动的人所形成的一种期望行为模式，就是人们在一定的工作单位和工作活动中所扮演的角色。它具有专门性、营利性、相对稳定性、合法性和社会性等特征。职业角色是以广泛的社会分工为基础而形成的一整套权利和义务的规范、模式。职业角色扮演者具有自己的社会职位和一定职权、相应的职业规范、一定的基础知识和业务能力、应履行的一定的义务并保持经济独立。

大学生毕业离校，步入社会，参加工作后，面临的最大问题就是适应新的角色的转变，

---

① 罗德红，李忠厚.课堂教学与管理艺术[M].北京：中国言实出版社，2014：245.

即从青年大学生向职场新人的转变，这是人生的一个关键转折点。学生角色与职业角色是完全不一样的，一个是受教育，掌握本领，接受经济供给和资助，逐步完善自己；一个是用自己掌握的本领，通过具体的工作为社会付出，以自己的行为承担责任，并取得相应的报酬。两者的根本区别主要体现在以下几个方面：

1.承担的责任不同

大学生是以学习、探索为主要任务。大学生在校园里是不怕犯错误，什么事情都可以去尝试，为了学习的尝试哪怕是犯了错，学校都会原谅你。要是给大学生一个简单的角色定位，那就是你可以犯错，你犯错了不用承担过多的社会责任，因为大学生有天然的豁免权。大学生最快乐的事情就是有依靠，在学习方面可以依靠导师，有什么问题你都可以向他请教；在生活上有什么困难可以求助于父母。与之相反，大学生步入职场，成为一个职业人以后，应尽快地适应社会，学会服从领导和管理，迅速适应上级的管理风格。职业人如果在工作中犯了错误，是要承担成本和风险的责任，承担相应的社会责任。

2.所处的环境不同

大学生在校园里是“寝室—教室—图书馆(运动场)—食堂”四点一线的简单而安静的生活方式，身处单纯而简单的校园文化氛围中。但成为职业人后在紧张的职场上，面临的社会环境是快速的生活节奏，紧张的工作和加班；没有了寒暑假，自由支配的时间少；还要适应不同地域的生活环境和习惯；由于缺乏实际工作经验，开始工作时往往不能得心应手；感觉工作压力显著增加，给心理造成很大的负担。

表 6-1　校园环境和职场环境的差异

序号	校园环境	职场环境
1	弹性的时间安排(时间)	更固定的时间安排
2	你不能够逃课(纪律)	你不能缺勤
3	有规律个别的反馈	无规律和不经常的反馈
4	长假和宽松的节假休息	没有寒暑假，节假休息很少
5	对问题有正确答案	很少有问题的正确答案
6	教学大纲提供清晰的任务	任务模糊、不清晰
7	分数上的个人竞争	按工作团队业绩进行评估
8	工作循环周期较短	持续数月或更长时间的工作循环
9	奖励以客观标准为基础	奖励更多是以主观标准和个人判断为主

3.经营的人际关系不同

有人说人世间最珍贵的友情是同窗之情。那是因为同学之间的关系单纯而深刻、短暂而浓烈、竞争而同进。大学生之间的人际关系，处理起来并不是很难，只要大家敞开心扉，就会获得纯真的友谊。职场上、社会上的人际关系相对于校园里的同学关系要复杂得多。大学生初出茅庐人际交往比较单纯，有时感觉不适应复杂的职场人际关系。因此，处理好人际关系是每一个大学毕业生走上社会后必须攻克的重要课题。

表 6-2　老师和老板/同学和同事的差异

序号	你的老师	你的老板	你的同学	你的同事
1	鼓励讨论	有时对讨论不感兴趣	相对独立的学习	与你一起组成工作的团队
2	明确任务完成的时间	经常分派临时任务，完成时间紧急	朝夕相处	主要是工作时在一起
3	期待公平	有时很独断，并不总是公平	关系很亲密，但有时会冲突很激烈	彼此很客气，很少有很直接的冲突
4	知识导向	结果导向	很少有直接的利益关系	经常有直接的利益关系
5	很少批评	有时会责备	对你有意见往往直接提出	对你有意见往往会委婉地提出

4.面对的文化不同

作为学生在大学里，学习时间可弹性安排，少许逃课没人管，有较长的节假休息日，教学大纲提供清晰的学习任务；学术上多鼓励师生讨论甚至争论；布置作业或工作要按规定时间完成；学校会公平对待学生；以知识为导向；学习的过程，以抽象性与理论性为主要原则等。但作为职业人在单位里，要按规定时间上下班，不能迟到早退，经常加班加点，节假日很少，工作任务急又重；老板通常对讨论不感兴趣，多数老板比较独断；单位对待职工不一定很公平；一切以经济利益为导向；要完成上司或老板交给一件件具体的实实在在的工作任务等。

5.遵循的社会规范和社会权力不同

学校里,更多的是道德和纪律的约束,享受的是公平接受教育的权力。职场上,更多的是制度和法律的约束,享受的是劳有所得和职业公正的权力。

(三)蘑菇定律

1.蘑菇定律的内涵

蘑菇定律是指初入世者常常会被置于阴暗的角落,不受重视或负责打杂跑腿,就像蘑菇培育还要被浇上家畜粪便一样,接受各种无端的批评、指责、代人受过,得不到必要的指导和提携,处于自生自灭过程中。蘑菇生长必须经历这样一个过程,人的成长也肯定会经历这样一个过程。这就是蘑菇定律,或叫萌发定律。

2.蘑菇定律的渊源

蘑菇定律的说法,是 20 世纪 70 年代由国外的一批年轻电脑程序员总结出来的。它的原意是:长在阴暗角落的蘑菇因为得不到阳光又没有肥料,常面临着自生自灭的状况,只有长到足够高、足够壮的时候,才被人们关注,可事实上,此时它们已经能够独自吸收阳光雨露了。

蘑菇定理被提出的时候,正处在电脑行业的开端,所以从事电脑程序研发的人员并不被人们理解和重视,甚至被其他行业的人质疑他们工作的认真程度。于是,这些年轻的电脑程序员这样激励自己:要像蘑菇一样生活。言外之意,即是对自己的工作充满信心,他们相信自己终究有一天会出人头地,拥有鲜花和掌声。充满自嘲意味的蘑菇定律,其实是任何一个行走在人生这条大路上的人必须具备的品质。

3.蘑菇定律的意义

心理学家将其纳为心理学范畴,总结为:任何人,在成长过程中,都遇到“蘑菇期”,注定会经历不同的苦难、荆棘,被苦难、荆棘击倒的人,就必须忍受生活的平庸,战胜苦难、荆棘的人,则能突出重围,拥抱卓越。

二、角色转换的原因与路径

（一）大学生角色转换的原因

大学生毕业离校，步入社会，参加工作后，需要实现学生角色到职业角色的转变与适应，主要表现在以下几个方面的变化。

1.从经济和生活的全面依赖到全面独立

从学生到工作人员的角色转变，对人的独立性要求有了相应提高。这种独立性的要求也是和经济生活的独立同时开始的。学生时代，经济上主要是依靠家族的资助，进入工作岗位后有了工资收入，经济上逐步地有了独立的基础，这种经济上的独立使得家族和社会对其全面独立提出了更高要求。这种全面独立的要求，一方面为大学生发展和自身完善提供了更广阔的空间，另一方面也对大学生提出了依靠自身力量、加强自我管理的人生新课题。例如在工作上要求其能够独当一面，学习上会自我安排发展提高，生活上会自己照顾自己等。由于大学生多年来在学业上有老师的指导，在生活中有家长的关心，完全处在一种被人扶助的环境之中。因此，一旦被割断依赖要求其完全独立的时候，不少大学生有一种迷惑甚至恐惧感。做一件事情不知从何处着手，做一个决定犹豫不决。在这种情况下，有些原先独立性较强的人，就能较快地适应新角色的要求，经过一段时间的锻炼，基本能够做到独立。而有些习惯依赖的人，总是试图在新的生活中寻找新的依赖。较快地适应独立的要求，无疑对自身的发展和事业上的成功都更为有利。

2.从接受知识到“输出”知识

从学生到职业人员的角色转变，很大程度上在其日常主要活动的变化。在学生时代，学习书本知识为其主要活动，而且这种学习主要是在外界（老师）授予的情况下进行。而工作后，则要求自己运用所学知识解决工作中的问题，向外界“输出”知识，这种知识输出主要依据你所完成的工作的质量和速度来评价。与接受和输入相比，运用和输出对人的要求更高。接受和输入主要是要求理解，运用和输出则要求结合实际创造性地发挥。因此，有些刚刚参加工作的毕业生会感到一时难以适应，不能顺利实现角色的转变。即使是一些在学校里学习成绩比较出色的学生也经常在这种变化中感到手足无措。因此，毕业生要充分认识这一转变，即从接受知识到创造性的输出知识的变化，加快适应新的活动方式，实现从学生到工作人员的角色转变。

3.从对自己负责到对社会负责

在学生时代,学生的任务就是学习,还有就是增强自己体质,为将来进入社会工作做准备,这些东西本质上是对自己负责的,因为即使学习不好,身体不好,对别人似乎都没有什么直接的影响。而进入工作岗位后,由于无论何种职业角色都具有自己的社会职位和一定的职权,在工作过程中,你的工作成效都不可避免地会影响到其他人。因此,工作后,在更大程度上是对他人、对社会负责。例如,一个学生学习得好不好,往往被看作是个人和家庭的事。而参加工作后,工作人员工作质量的好坏不再被简单地看作是个人的事,往往要从其所承担的社会责任的角度来加以评判。例如,医务人员由于疏漏,出了医疗事故,人们首先就会从职业的角度加以指责,甚至追究其法律责任,不可能与学生考试不及格同样对待;商业人员在服务中对顾客冷漠,就会引起不满和反感,甚至被公共舆论的批评,人们不会将其与学生在上课时心不在焉相提并论。可见,社会对职业人员的要求与学生是不同的。因为职业人员在工作岗位上不负责是要对他人,甚至是社会造成影响或是损害的。只要学生走上工作岗位,社会就将以一个职业人员的标准来对其提出要求。但是在现实生活中,很多大学毕业生往往还不能马上适应这种变化。有些毕业生,对单位严格的纪律和管理制度难以适应,或是对工作的要求感到过于苛刻,这就反映了他们还没有认识到自己角色的转变,还没有主动意识到自己在所在岗位上应承担的社会责任。

4.树立"不再可以随便犯错"的理念

在大学期间,考试成绩不好不会给班级和学院造成经济损失;如果和同学不能相处融洽,仍然可以保持自己的个性,孤芳自赏;如果你不喜欢某位老师,你可以不去听他的课,可以期盼着下学期换另一个老师;迟到、旷课只是耽误你自己的学习,与其他同学没有多大的关系。大学毕业生从校园走上社会成为职业人,如果工作失误,会造成重大的经济损失,没有挽回的机会;如果与同事关系不好,会被组织认为没有团队合作精神,将成为出局的人;如果迟到、旷工,耽误的是整个团队的业绩,你随时有被开除的可能;作为职业人,在单位里你必须成为社会、企业财富的创造者。大学生要在较短的时间内获得同事的认同和领导的肯定,应当从以下三个方面提高和锻炼自己:①要善于展现自己的知识。大学毕业生因为具有新知识而受到同事的青睐。②要树立工作的责任意识。大学生对未来都有美好的寄望,都想在事业上大干一场,建功立业。但是多数人在走上工作岗位之初,一般不会被委以重任。③要培养实事求是的工作作风。大学毕业生具有较强的自尊心和自立意识,在工作上总想独当一面,取得成就。尽管很多人对待工作的态度是认真谨慎的。

作为职场新人,进入工作岗位后要迅速调整自己,迅速实现由学生角色向职业角色的转变。

(二)大学生角色转换的路径

大学生角色转换的路径,应按初涉职场黄金法则进行规划,即调整心态,转变角色;建立良好的职业形象;正式对待额外工作;善于合理展示自己;学会主动请示汇报等。勇于实践,不断总结,深入反思。

【案例分析】

李佳的故事

李佳,女,目前在北京某汽车贸易公司担任汽车销售经理。

去年12月,李佳成功面试北京某汽车贸易公司,前往北京实习。与她同时入职同部门的还有其他院校的两个女生。三个月过去后,她们3个人也有了不同的选择。其中一个同学小马仅仅呆了半个多月就不告而别,另外一个同学小田实习了2个月后决定回老家找工作。只有她,三个月的试用期还没满,公司主动提出与她正式签约。她在这短短的三个月中经历了哪些呢?李佳又是怎么样适应职场并得到大家的认可呢?

李佳日志

今天是正式上班的第一天,赵经理把新员工们带到了办公室。在赵经理的建议下,三个新员工做了自我介绍。陌生的面孔、标准的微笑、规范的动作,这就是我的同事给我的第一印象。

坐在我的办公桌前,我呆住了。我该干些什么呢?打扫卫生、看书、整理办公室、熟悉环境还是和同事套近乎?幸好幸好,赵经理把我从发呆中解救了出来。他拿来了一大堆资料,让我帮忙整理——这就是我今天的工作。

案例思考:

上班和上学有什么不一样?

1.调整心态,转变角色

表6-3　校园环境和职场环境的差异

序号	学生角色	职业角色
1	主要任务是学习	按劳分配,自食其力
2	人际关系简单	人际关系复杂
3	生活在校园环境中	生活在职业环境中

2.建立良好的职业形象

职业形象是社会和他人对一个人从事某项职业的总体印象和态度。良好的职业形象是从业人员素质和水平的体现。尤其是良好的第一印象是职业形象建立的成功开端,在职业生涯中至关重要。良好的职业形象具有三个特征:一是良好的职业运行机制。职业运行机制主要包括职业的性质和社会地位、职业的体制和运营方式、职业的道德规范和行为准则以及从业人员的选拔和培养等。二是职业从业者的外在美。在没有详细了解的前提下,从业者的外在表现如服饰、发型、言语、举止等,往往给人一种很深的第一印象。外在美是树立良好职业形象的先决条件。三是职业从业者的内在美。与外在美相比,内在美的境界更高,更能够持久地树立良好职业形象。和顺的态度、谦逊的作风和诚实守信的为人,是内在美的主要表现。良好的职业形象是职业成功的重要条件,对处于社会特殊层次、特定地位的大学毕业生来讲,尤其具有不可低估的作用和意义。

此外,特别要正确处理好三类关系:

(1)同事关系。一是在同事面前当弱者。如果你是新人,表现出很勤奋、很愿意做事,将很容易被同事认同。二是不该看的不看。非请勿看,不要去看不属于你工作范畴的文件资料。三是不该说的不说(非礼勿说),少说话,因为言多必失;少传话,因为“三人成虎”,传话容易走样变形;少捏造,不要按照你主观的意见、判断去传话、去做事情。四是把握化解同事间矛盾的五条法宝:忍不住时,上一趟洗手间,惹不起,躲得起,学会在背后赞美别人,学会主动认错,学会请他人喝咖啡。

(2)上下关系。一是要在老板面前永远当能者。见面一定要问好,真诚地问好。进老板的办公室,要先敲门。进门反客为主,出门要说一句话,复述差事。要做到事事有反馈。遇到矛盾,先接受,后抵制。二是不能说“不”字,因为“不”字太粗,太暴,既不礼,也不节。三是稳妥处理对老板的不满。学会接受老板的批评,因为这是一种工作;老板的决策不当,你也先执行;学会虚心接受错误的批评;善于与老板谈心沟通;不到万一得已,不能炒老板的鱿鱼。

【案例分析】

案例一

如果你是老板的司机,某一天,老板让你停在不允许停车的地方,你该怎么办?这个时候可以和老板说不吗?

案例二

在五星级酒店，服务员是训练有素的。客人就是他们的老板。如果客人说想吃冬虫夏草，他们不会回答没有。他们只会说：这个有，没问题，48小时送到，价格10万。因为要去青海采购，来回时间，路费都是要计算在内，你要还是不要？

(3)客户关系。与客户打交道，摆平就是水平。切记，客户永远不是朋友，防止无意间成为商业间谍。距离产生效益。非请勿扰，拒绝诱惑！集体利益高于一切。学会让客户快速认同你的三招式：比客户更了解他自己、“不鸣则已，一鸣惊人”、多替客户着想。

3.正确对待额外工作

在企业里，很多人认为，只要把本职工作做好，把分内事情做好，就万事大吉了。当接到领导或上司安排的额外工作时，就老大不愿意，满脸不情愿。不愿做额外工作，不是有气度和有职业精神的表现，也就是不敬业。因为额外工作对企业来说往往是紧急而重要的，尽心尽力完成它是敬业的良好体现。如果你想成功，除努力做好本职工作以外，还要经常去做一切分外的事，因为只有这样才能时刻保持斗志，才能在工作中不断得到锻炼，充实自己，才能引起别人的注意，对你的成功大有益处。一句话，成功秘诀＝不遗余力＋多做那么一点点。

【案例分析】

小马工作第二十天

小马已经两天没来上班了，估计她不会回来了。她也实在够倒霉的。大前天来了一个客户约好了和刘姐谈换新车的事，刚好刘姐有急事出去了，小马想起自己到现在一个单子还没签，就主动和客户谈并给了一个相当低的折扣。刘姐回来后一听，立马火了：“这不是抢我客户么？”跑去找赵经理评理了，小马被批评：“干工作态度积极是可以的，但不要抢同事的业绩”。

案例思考：

怎样在职场中展现自己的能力？

4.善于合理展示自己

善于用知识与能力而不是外表来展示自己。生活在当今的社会里，人们都应该有丰富的知识来装备自己，丰富自己，学问的渊博有助于改变一个人气质，使人显得更加有气质，也能显出人美的一面，否则即使你拥有一切外在的美，独独少了这一项，张口三不知，甚至举止不雅，根本不能体现自己美的一面。展示自我，不要掩饰自己的缺陷，否认自己的过错。有的人明明知道自己错了，却硬着头皮死不认账，甚至还要为自己的过错争辩，导致矛盾误解得不到解决，相互之间的隔阂不能消除，彼此之间的交往更是谈不上了，还让人觉得蛮不讲理，像个无赖之徒。人非圣贤，孰能无过。一个善于展示自己的人，一定是一个勇于承认错误，并且知错就改的人。

【案例分析】

李佳工作第60天

我最近很忙，昨天赵经理问我："好像你每天都很忙，有时想问你在忙什么，又不好意思问，怕耽误你工作。"

我有点发愣，怎么感觉他是我的下属似的！我恍然大悟，如果我每天能抽出一点时间向他汇报一下，或许……

今天早上我找到赵经理："经理，这是我近来工作进度，请您审查。"赵经理对我露出微笑："有进步啊！"我也报以微笑。

案例思考：

如果领导不找你，你也不找领导，这样工作行吗？

5.学会主动请示汇报

不管在哪个工作岗位上，都要主动向领导请示汇报，这是能让我们少走弯路、少犯错误的重要方法，对刚走上工作岗位的大学生而言更应如此，由于角色发生了变化，必须站在新的位置看待问题，有大局观念，对事情必须做出全局的均衡判断。这就需要我们经常主动向上级请示汇报。主动请示汇报，是正确领会上级意图、不偏离正确的方向、及时为上级决策提供充足依据的必要途径，一名职场达人必须具备这个意识。经常主动请示汇报对促进我们的工作及自身发展具有重要意义。

（三）大学生角色转换的常见问题

1.对学生角色的依恋

一些大学毕业生在角色转换过程中容易依恋学生角色，出现怀旧心理。经过十多年的读书生涯，对学生角色的体验可以说是非常深刻了，学生生活使得每一位学生在学习、生活和思维方式上都养成了一种相对固定的习惯。在职业生涯开始之初，许多人常常会自觉或者不自觉地把自己置身于学生角色之中，以学生角色的社会义务和社会规范来要求自己、对待工作。以学生角色的习惯方式来待人接物，来观察和分析事物。

2.对职业角色的畏惧

面对新环境，一些大学生在刚走进新的工作环境时，不知道工作应该从何入手，怕担责任，怕出事故，怕闹笑话，怕造成不良影响。工作上就放不开手脚，前怕狼后怕虎，缺乏年轻人的朝气和锐气。

3.主观思想上的自傲

有一些大学毕业生对人才的理解不够全面和准确，认为自己接受了比较系统正规的高等教育，拿到了学历，学到了知识，已经是比较高层次的人才了。因而，往往看不起基层工作和基层工作人员，甚至认为一个堂堂的大学毕业生干一些琐碎的不起眼的工作是大材小用，有失身份，于是就轻视实践，眼高手低。

4.客观作风上的浮躁

一些人在角色转换的过程中受社会环境的影响，表现出不踏实的浮躁作风和不稳定的情绪情感。一阵子想干这项工作，一阵子又想干那项工作，不能深入工作内部了解工作性质、工作职责以及工作技巧。近年来，大学毕业生“初次失业率”偏高，一份工作没干多长时间就“跳槽”，就是因为一些大学生就职很长时间后还不能稳定情绪，进入不了职业角色，反而认为单位有问题，没有适合自己的职位。事实上，如果不能静下心来踏踏实实地学习，适应工作，不管到什么样的单位都不会适合。

总之，初涉职场的大学生，只有充分认识自己，知道自己的优点与缺点、优势与劣势、所适与所不适，在这样一段特殊的转换时期内保持一颗学习上进的心，完成毕业生角色的转变其实并不难。在转型的过程中，敬业、心态、诚信、礼仪则是职场新人成功的四大法宝。

第二节　提升职业素养

有人说，人生犹如一场戏，我们在生活、工作中都扮演着不同的角色，承担着不同的职责。认清角色，担负职责，这对优化人生、成就事业是十分重要的。大学生离开校园，步入职场，不断提升职业素养具有十分重要的意义。从个人的角度来看，良好的职业素养是衡量一个职业人成熟度的重要指标；反之，个人缺乏良好的职业素养，就很难取得突出的工作业绩，更谈不上建功立业。从企业角度来看，唯有集中具备较高职业素养的人员才能实现求得生存与发展的目的，他们可以帮助企业节省成本，提高效率，从而提高企业在市场的竞争力。从国家的角度看，国民职业素养的高低直接影响着国家经济的发展，是社会稳定的前提。

一、职业素养的含义

职业素养是指人们在职业活动中所需要遵守的内在的行为规范和要求。个体行为的总和构成了自身的职业素养，职业素养是内涵，个体行为是外在表象。

有的学者进行了“职业素养的量化”研究，提出了“职商”这个概念。“职商”，职业智商career quotient，CQ 的简称。职商是职业胜任力的量化标准，代表着个体在创业、就业、从业等职业活动中各种胜任素质（包括智力的和非智力的素质）的综合水平与同类群体相比较而言所处的位置。

有的学者根据“冰山理论”，提出了职业素养包含“显性”和“隐性”部分。每个人的职业素养就像水中漂浮的一座冰山，水面以上的部分的是知识和技能，仅代表表层的特征，不能区分绩效的优劣；水面以下部分代表的是动机、特质、态度、责任心，这些才是决定人的行为的关键因素。

从图 6-1 看，水面以上，人们看得见的部分称为显性职业素养，可以通过各种学历证书、职业资格证书来证明，或者通过专业考试来验证。这部分在整个职业素养中约占1/8。求职者参加招聘时，显性职业素养往往成为用人单位招聘的门槛。比如，有的单位明确规定必须是某某专业，必须通过英语四级，有的单位要求通过英语六级等。这些都是显性职业素养。

冰山的 7/8 隐藏在水面以下，这部分代表职业意识、职业道德、职业作风、职业态度等

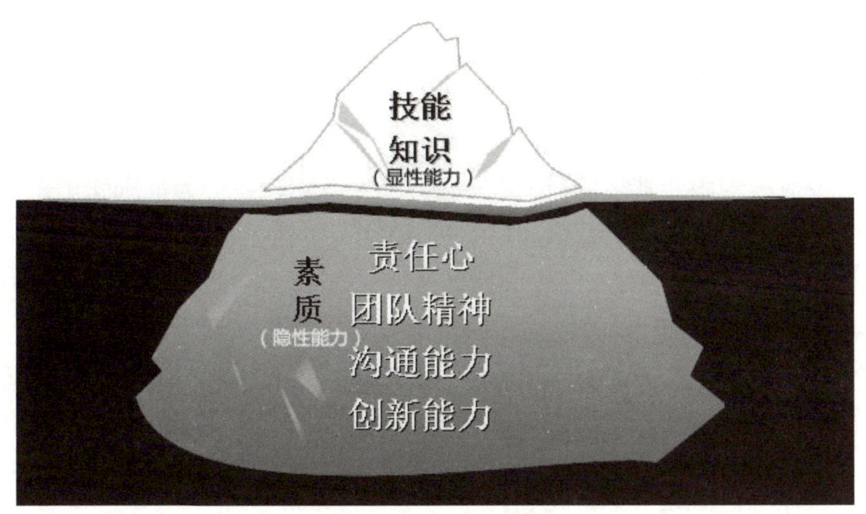

图 6-1　职业素养“冰山模型”

方面，是人们看不见的、隐性的职业素养。这些隐性的职业素养具体体现为团队精神、诚信品质、竞争能力、敬业形象、责任意识、法纪观念。隐性职业素养决定并支撑着外在的显性职业素养，显性职业素养是隐性职业素养的外在表现。招聘时单位在专业、资格等方面划定的硬条件就是显性职业素养的体现；在后续面试、复试等过程中重点考核的综合素质也就是隐性职业素养。因此大学生既要重视显性职业素养的提高，也要重视隐性职业素养的培养。

二、职业素养的内容

职业素养，是在职业过程中表现出来的综合品质，包含职业意识、职业道德、职业技能和职业行为等方面。

（一）职业意识

职业意识是人们对职业劳动的认识、评价、情感和态度等心理成分的综合反映，是支配和调控全部职业行为和职业活动的调节器，它包括创新意识、竞争意识、协作意识、奉献意识、诚信意识、团队意识、学习意识、客户意识等方面。职业意识既影响个人的就业和择业方向，又影响整个社会的就业状况。职业意识由就业意识和择业意识构成。就业意识指人们对自己从事的工作和任职角色的看法；择业意识指人们对自己希望从事的职业的看法。

(二)职业道德

广义的职业道德是指从业人员在职业活动中应该遵循的行为准则,涵盖了从业人员与服务对象、职业与职工、职业与职业之间的关系。狭义的职业道德是指在一定职业活动中应遵循的、体现一定职业特征的、调整一定职业关系的职业行为准则和规范。不同的职业人员在特定的职业活动中形成了特殊的职业关系,包括了职业主体与职业服务对象之间的关系、职业团体之间的关系、同一职业团体内部人与人之间的关系,以及职业劳动者、职业团体与国家之间的关系。职业道德是社会道德体系的重要组成部分,它一方面具有社会道德的一般作用,另一方面它又具有自身的特殊作用。良好的职业道德,有助于调节职业交往中从业人员内部以及从业人员与服务对象间的关系;有助于维护和提高本行业的信誉;有助于促进本行业的发展;有助于提高全社会的道德水平。

(三)职业行为

职业行为是指人们对职业劳动的认识、评价、情感和态度等心理过程的行为反映,是职业目的达成的基础。从形成意义上说,它是由人与职业环境、职业要求的相互关系决定的。职业行为包括职业创新行为、职业竞争行为、职业协作行为和职业奉献行为等方面。职业行为具有规范性、连续性和可量化的特点,是职业素养的外在表现。

(四)职业技能

职业技能是从业人员从事职业活动,接受职业教育培训和职业技能鉴定的主要依据,也是衡量劳动者从业资格和能力的重要尺度。对于大学生来说,职业技能就是指学生将来就业所需的技术和能力,学生具备良好的职业技能是其顺利就业的前提。当前,大学生普遍存在“就业力不足”的问题,工作能力离准员工相差甚远,一方面是因为国家的学历教育着重于培养学生的理论基础,在提高学生的专业技能、进行专业实践方面仍然存在很大缺陷,学校不能提供足够的实践机会;另一方面是因为大学生对于专业技能与动手能力的重要性认识不够,缺乏主动实践的热情。

三、职业素养提升的途径

随着就业形势的日益严峻,大学生就业成为社会关注的热点问题,一方面,大学生就业困难,另一方面,用人单位招聘不到合格的人才。提高大学生的职业素养,已经成为提高就业竞争力的主要手段。作为职业素养培养主体的大学生,在大学期间应该学会自我培养。

(一)培养职业意识

很多高中毕业生在跨进大学校门之时就认为已经完成了学习任务,可以在大学里尽情地"享受"了。这正是就业时感到压力的根源。因此,大学期间,每个大学生应明确我是一个什么样的人?我将来想做什么?我能做什么?环境能支持我做什么?着重解决一个问题,就是认识自己的个性特征,包括自己的气质、性格和能力,以及自己的个性倾向,包括兴趣、动机、需要、价值观等。据此来确定自己的个性是否与理想的职业相符,对自己的优势和不足有一个比较客观的认识,结合环境如市场需要、社会资源等确定自己的发展方向和行业选择范围,明确职业发展目标。

(二)培养显性素养

要配合学校的培养任务,完成知识、技能等显性职业素养的培养。职业行为和职业技能等显性职业素养比较容易通过教育和培训获得。学校的教学及各专业的培养方案是针对社会需要和专业需要所制订的,旨在使学生获得系统化的基础知识及专业知识,加强学生对专业的认知和知识的运用,并使学生获得学习能力、培养学习习惯。因此,大学生应该积极配合学校的培养计划,认真完成学习任务,尽可能利用学校的教育资源,包括教师、图书馆等获得知识和技能,为将来需要做储备。

(三)培养隐性素养

要有意识地培养职业道德、职业态度、职业作风等方面的隐性素养。隐性职业素养是大学生职业素养的核心内容。核心职业素养体现在很多方面,如独立性、责任心、敬业精神、团队意识、职业操守等。事实表明,很多大学生在这些方面存在不足。比如缺乏独立性、会抢风头、不愿下基层吃苦等。大学生职业素养的自我培养应该加强自我修养,在思想、情操、意志、体魄等方面进行自我锻炼。同时,还要培养良好的心理素质,增强应对压力和挫折的能力,善于从逆境中寻找转机。

表 6-4　职业素养归类及培养目标与思路

职业素养构成	企业关注的职业素养	学校培养学生职业素养的目标与思路		
		认知	训练	强化
职业意识	职业态度、职业心理、角色认知	根据企业用人标准，对学生进行职素养的认知教育，让学生明白自己应该具备的职业素养，使学生成为“职校人”	根据企业用人标准有针对性地对学生的职业素养进行养成训练，使学生成为“准职业人”	在学生实习阶段，强化职业素养的培养，让学生提前成为“职业人”
职业道德	敬业、诚信			
职业行为	守时、遵规			
职业技能	与人交流、协同合作、解决问题、自我学习、自我发展			

在 21 世纪人才竞争激烈的情况下，大学生作为一个知识时代的知识分子群，是社会发展的主要动力和后备力量，将会成为推动社会发展的主要力量。大学生整体素质的高低直接决定一个民族的发展，决定着一个民族或者一个国家伟大复兴的共同理想的实现与否。因此提高大学生的整体素质具有重大意义和必要性，是一个极其重要的课题也是一个极其艰巨的任务。

第三节　职场礼仪

礼仪是人类社会发展中形成的一种文化现象，是在语言和行为方面约定俗成，是要求每个社会成员共同遵守的语言行为规范和准则，也是当今时代人们进行各种社会交往和为人处世的重要手段和准则。

讲究道德、遵守礼仪，是一个国家、一个民族兴旺发达、文明进步的标志，是衡量一个人文化素质、道德水准高低的重要标准。

在人类社会已经进入高度文明的时代，我们已经不提倡不修边幅的个性。那其实是没有修养、素养以及内涵的体现。

一、职场礼仪概论

(一)职业礼仪的定义

“礼”是指人们在社会活动中约定俗成的一种规范。

“仪”表达尊重的形式,泛指仪容、仪表、仪态。

“礼仪”是在人际交往中,以一定的、约定俗成的程序方式来表现的律己敬人的过程,涉及穿着、交往、沟通、情商等内容。从个人修养的角度来看,礼仪可以说是一个人内在修养和素质的外在表现。从交际的角度来看,礼仪可以说是人际交往中的一种艺术、一种交际方式或交际方法,是人际交往中约定俗成的示人以尊重、友好的习惯做法。从传播的角度来看,礼仪可以说是在人际交往中进行相互沟通的技巧。

礼仪又是人类为维系社会正常生活而要求人们共同遵守的最起码的道德规范,是人们在长期共同生活和相互交往中逐渐形成,并以风俗、习惯和传统等方式固定下来的一种行为。

职业礼仪是指人们在职业场合中应当遵循的一系列礼仪规范。

【案例分析】

两组镜头

一天,某商场男装裤子区来了一位老大爷,营业员小夏热情地接待了他。当得知大爷想看一看裤子的时候,小夏便拿来了凳子,先让大爷坐下,然后又将适合大爷的裤子一一拿到大爷面前,让大爷挑选,并帮助大爷一一试穿。刚开始,大爷只是笑着试穿,并没有表示要购买,但是小夏自始至终都保持微笑,耐心、详细地回答大爷的每一个问题。在试过十几条裤子后,大爷问:“姑娘,我穿的这么破旧,身上又很脏,你却还是这么热情地对我,你就不怕我买不起吗?”小夏听后,笑着对大爷说:“我不怕,只要是来商场的顾客,我都会一样地对待,因为,让顾客满意,是我们最大的心愿,您买不买都没关系的!”大爷听后,满意地点点头,并起身指着两条刚刚试过的200多元的裤子说:“姑娘,这两条裤子我买了,帮我开票吧!我去过很多地方,但只有你们的服务最让我满意,你非但没有因为我的穿着破旧而瞧不起我,还对我像对家人一样,让我心里很温暖,以后,我买东西一定还来这里,一定还找你!”

某市的一家银行,一天上午一位衣着朴素的老先生推门而入。老先生带来了一麻袋破破烂烂的纸币和硬币,要求存款。接待这位老先生的是一位新来的银行员工,他不但没有很好地接待这位老先生，反而第一句话就是“我们这里很忙，你就别给我们添乱了……”老先生立即掉头离去。事后才知道，这位老先生是准备来本市投资的，他想找一家信得过的银行来开展自己的金融业务，但是……

案例思考：

看了这两组镜头，你有什么感受？

（二）职业礼仪的分类

（1）政务礼仪：国家机关工作人员、公务人员在执行国家公务或为政府服务时所讲究的礼仪。

（2）商务礼仪：公司企业从业人员在商务交往中所讲究的礼仪。

（3）服务礼仪：服务行业从业人员工作中所讲究的礼仪。

（4）社交礼仪：人们在工作之余的公众场合，私人交往中所讲究的礼仪。

（5）国际礼仪：和外国人打交道时所讲究的礼仪。

（三）职业礼仪的作用

一个人能有良好的仪礼、仪容、仪表，会给你创造一个非常好的人际关系。学礼、知礼、懂礼，而且也要应用礼仪，你会有很好的人缘。礼仪的作用有三个：它让你尊重别人并获得尊重、它有助于理性控制并令你感受快乐、它令你个人及所处的团队增值。

二、仪表举止礼仪

（一）仪表礼仪

1.男士

如图 6-2 所示，职场男士的仪表规范：（1）发型大方，干净整洁；（2）鼻孔内外清洁干净；（3）鬓角与胡子刮干净；（4）耳朵内外清洁干净；（5）使用面霜保持脸部光洁；（6）适当使用护唇膏；（7）保持口腔清洁。

男士仪容还应注意以下方面：（1）正确使用领带、领夹、领链；（2）衬衣领口整洁 袖口纽扣扣好；（3）衬衣袖口应长出外套的 0.5～1 厘米；（4）衣裤袋口整理服帖；（5）勤修指甲，保持手部整洁；（6）裤子平整干净，裤长及鞋面，拉好裤前拉链；（7）鞋底面保持清洁，鞋不

图 6-2　职场男士仪表规范

能破损，鞋面要擦亮。

2.女士

如图 6-3 所示，职场女士仪表规范：(1)头发干净整洁，发型大方，高雅，得体；(2)描清眉，修剪多余眉毛；(3)勾画适当眼线，眼影，轻涂睫毛膏；(4)保持脸庞干净不油光；(5)适度涂抹唇膏、唇彩；(6)保持耳朵内外干净，佩戴得体耳环；(7)化淡妆，施薄粉。

女士服饰规范(仪表)：(1)素色为主：上衣和裙子面料颜色尽量相同，裙子长度过膝 1 cm；(2)衬衫：白色、淡粉、水蓝等；(3)内衣：以肤色、无痕为最佳；(4)鞋袜：连裤袜；(5)指甲：透明色；(6)包包：公文包。

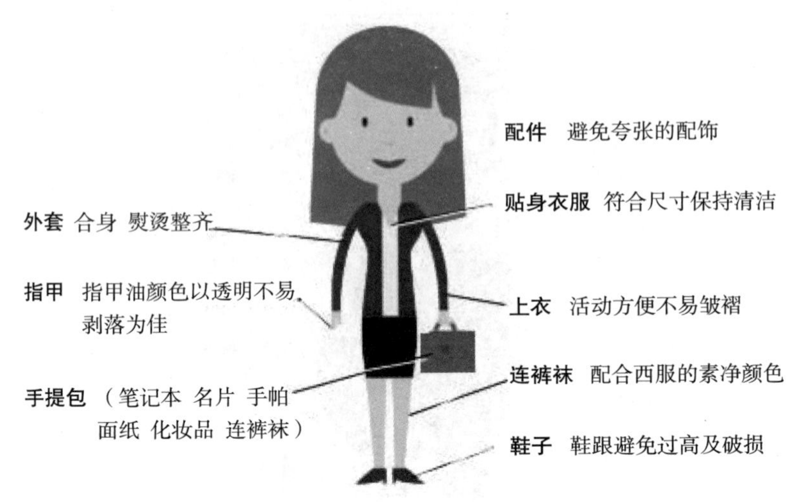

图 6-3 职场女士仪表规范

仪容规范应做到：淡雅、简洁、适度、协调、避短、庄重。穿衣服饰方面的形象的塑造，应做到：符合身份、扬长避短、区分场合、遵守常规。

【案例分析】

某单位着装规范

(1)车间员工(管理、生产)、仓储物流部(包括办公人员)、质量管理部(包括办公人员)、培训车间员工(包括办公人员)上班期间需穿着工服，保持整洁干净。

(2)办公楼员工周一至周五必须穿正装，穿戴应大方得体，男员工不得穿T恤和短裤，女员工不得穿无袖上衣、吊带裙、超短裙等过于暴露的衣服。

(3)办公楼员工因工作关系需要进入车间，必须穿着工服。

(4)员工上班期间禁止穿拖鞋。

案例思考：

着装规范对用人单位及个人的意义是什么？

(二)社交礼仪

1.礼仪的距离

亲密距离:0～0.5 米;社交距离:0.5～1.5 米;礼仪距离:1.5～3 米;公共距离:3 米以外。

2.言谈礼仪

注意礼貌,态度要诚恳、亲切,声音大小适宜,语调平和沉稳,尊重他人。

讲究用语,多用敬语,表示尊敬和礼貌的用语。熟悉以下用词:

"您好"或"你好","欢迎光临"或"您好","对不起,请问……","让您久等了","麻烦您,请您……","不好意思,打扰一下……","谢谢"或"非常感谢","再见"或"欢迎下次再来"。

"请","对不起","麻烦您……","劳驾","打扰了","好的","是","清楚","您","×先生或小姐","×经理或主任","贵公司","您好","欢迎","请问……","哪一位","请稍等(候)","抱歉……","关系","不客气","见到您(你)很高兴","请指教","有劳您了","请多关照","拜托","非常感谢(谢谢)","再见(再会)"。

谈话礼仪的四个不准:别轻易打断别人、不补充对方、不纠正对方、不质疑对方。

谈话的内容,要注意四不谈:不涉及国家秘密与行业秘密;不在背后议论领导同事是非;不谈论格调不高的话题;不涉及个人隐私的问题。

视线处理的几种方法:一般对话,视线停留在嘴巴附近;肯定对方的话时,看眼睛和嘴巴附近;回答对方的反驳时,用稍微强硬的目光;做具体说明时,使用柔和亲切的目光;与对方分手时,用眼神去道别。

(a)目光水平

(b)目光向下

(c)目光向上

图 6-4　三类视线

谈话姿势:谈话姿势往往反映出一个人的性格、修养和文明素质,所以交谈时首先要互相正视,积极倾听,不能东张西望、看书看报、面带倦容、哈欠连天,给人心不在焉、傲慢无礼等不礼貌印象。

3.介绍礼仪

(1)介绍自己:推介自己、介绍自己前问候对方。介绍时应明朗、爽快、速度稍慢、流畅而不可炫耀。

(2)介绍他人:为他人架起沟通的桥梁。原则上以先提到名字者为尊重。

(3)仪态:标准站姿,手掌五指并拢,掌心朝上,指向被介绍人。

(4)介绍次序:先卑后尊、先晚后长、先男后女、先宾后主、先个人后团队。

4.握手礼仪

握手的姿势强调"五到",即:身到、笑到、手到、眼到、问候到。

熟记《握手歌》:大方伸手,虎口相对;目视双方,面带微笑;力度七分,男女平等;三秒结束。

5.举止礼仪

行为举止是指一个人的活动以及在活动中各种身体姿势的总称。人通过身体各种姿势的变化来完成各项活动,展现人所独具的形体魅力。

标准站姿:身体重心应置于双足的后部,双膝并拢,收腹收臀,直腰挺胸,双肩稍向后平放。收额、抬头、双臂自然下垂置于身体两侧,或双手体前相搭放置小腹位。

社交站姿:男士站立时,双脚可分开与肩同宽,双手可在后腰处交叉搭放,以显示男性的阳刚之气。女士站立时,身体可微侧45°角,身体斜对前方,面部朝向正前方,脚呈丁字步,身体重心落于双脚中间。

走姿:双腿并拢,身体挺直,双手自然下垂,下巴向内收,眼睛平视,步伐大小一般视自己的脚的大小而定。速度适中,双手自然摆动,精神饱满。

蹲姿:一脚在前,一脚在后,两腿向下蹲,前脚全着地,小腿基本垂直于地面,后腿跟提起,脚掌着地,臀部向下。

引领:手指并拢,手心向上,手指伸直,手臂略微弯曲,自然地指向引领方向。引领时距离两三步前,配合客人步调,留心前行,走廊弯道应让客人在内侧。

楼梯引领:上楼梯时,跟在客人后面,下楼梯走在客人前面,方便随时保护客人的安全。

开关门引领:首先要做到先敲门,用接近门缝的手开门,轻声开关;外开门引领者在门外,请客人先过,并做请的手势;内开门引领者随门打开站立在门边,再请客人入内;离开时后退,轻声关门。

微笑:经常面带微笑,是一种友善、自信、尊重他人的表现。掌握好笑的分寸,要因时、因地、因事而定。

鞠躬礼仪:鞠躬,即弯身行礼是对人表示敬意的一种方式,鞠躬时应从心底发出对对方表示感谢、尊重的意念,从而体现于行动,给对方留下真诚、真实的印象。

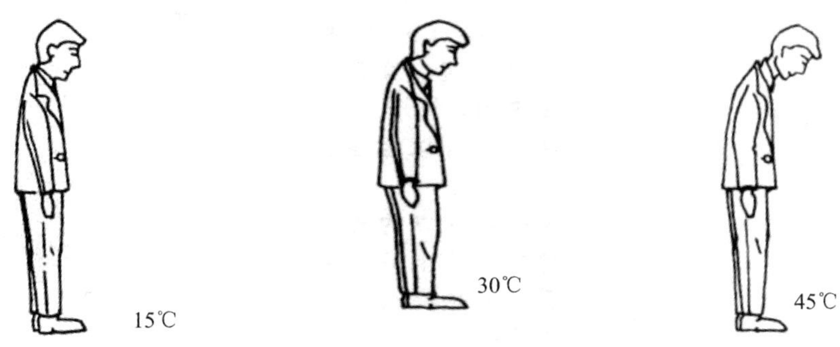

图 6-5　三种鞠躬礼仪

6.行礼示意

点头礼:熟识平辈间相遇问安,或于行进间问候,长辈对晚辈,主管与部属之间等可用点头礼,行礼时应面带微笑。

鞠躬礼:行礼时需先立正,眼睛注视受礼者,然后身体上身倾斜 45°,眼睛注视受礼者脚尖,礼毕后再恢复立正的姿势。

欠身礼:介于点头礼和鞠躬礼之间,属于现代礼仪,行礼时应面带微笑,作欠身动作,向受礼者行注目礼。

拱手礼:我国特有礼节,用于亲朋聚会,致敬意、谢意、道贺、道喜时用,不受距离限制。

7.交换名片

递名片应做到:名片应整齐干净地放在上衣口袋、西装内侧口袋或包里备用。

向对方递名片时应恭敬地用双手拿住名片的两边,并将名片正面朝上顺向对着对方。递名片时,应报出自己的姓名,同时说些“请多关照”“请多指教”之类的寒喧语。

接名片应做到:当接取对方名片时,应停下手中工作,起身双手接过名片。接过名片后,要看一遍对方职务、姓名等,遇到难认字,应当场询问。把接过的名片保存好,放进名片盒或包里。

8.打电话礼仪

接电话礼仪:电话铃响 3 遍之前就应接听,6 遍后就应道歉:“对不起,让你久等了”确认对方应问:“请问你是哪位?我能为您做什么?您找哪位?”应面带笑容接听电话。打、接电话的时候不能叼着香烟、嚼着口香糖。说话时,声音不宜过大或过小,应吐词清晰,保证对方能听明白。

打电话时间礼仪:白天一般宜在上午 9 点以后、节假日应在上午 10 点以后、晚上应在 22 点以前。无特殊情况,不宜在中午休息时间和就餐时间打电话。

通话结束时,应说“谢谢您!”。通电话以对方挂断电话方为通话完毕,任何时候不得用力掷听筒。

9.邮件收发礼仪

职场人士利用公司邮箱发送的邮件与私人信件有着很大区别,存在着职场邮件礼仪方面的新问题。及时回复邮件。发送及回复邮件时,一定不要发空白标题,这是最失礼的。可以根据回复内容需要撰写标题,回复内容要简单明了。

适宜地称呼收件者,并且在信尾署名。如果对方有职务,应按职务尊称对方,如“×经理”;如果不清楚职务,则应按通常的“×先生”称呼。对级别高于自己的人不宜称呼英文名。

邮件的发送规则:需要解决问题或答复的人为主送方,只要知晓信件内容的为抄送方;越级发送邮件,需抄送直接领导。只给需要信息的人发送邮件,不要占用他人的资源。一般情况下请勿群发邮件,或在讨论区里发布攻击性、反动性邮件。

三、重要商务活动礼仪

(一)宴会礼仪

宴请客人之前,很重要的一点就是安排座次。中西餐由于地域文化的不同,在宴席座次安排上还是有很多不同的。

1.中餐宴席座次安排

宴会上的座次安排要掌握几个技巧:一是面门为上,就是说,面对房间正门的位置是上座,因为它视野开阔。二是以远为上,就是距离房间正门越远位置越高,离房门越近,位置越低。工作人员、秘书坐在离门近的位置可以方便地开、关门,呼唤服务员提供服务等。

国际上的习惯,桌次高低以离主桌位置远近而定,右高左低。桌数较多时,要摆桌次牌。同一桌上,席位高低以主人的座位远近而定。如果夫人出席,通常把女方排在一起,即主宾坐男主人右上方,主宾夫人坐女主人右上方。

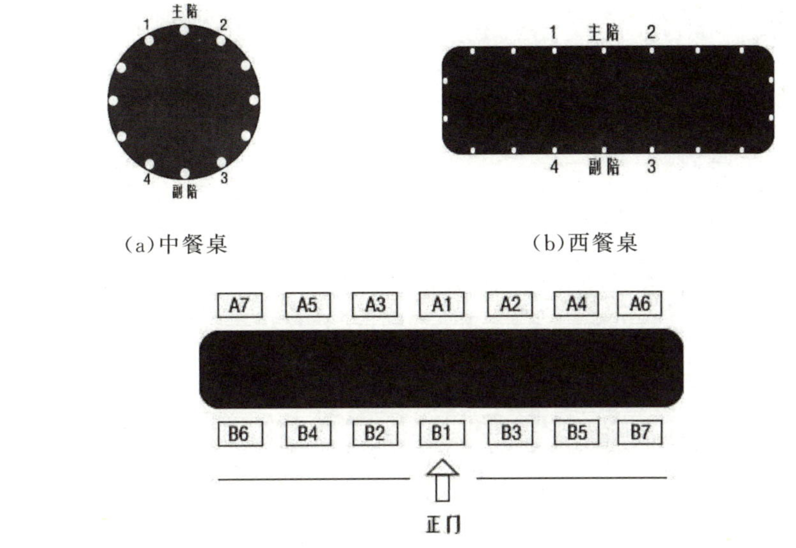

(a)中餐桌　　(b)西餐桌

(c)长条桌 A:上级领导,B:主方

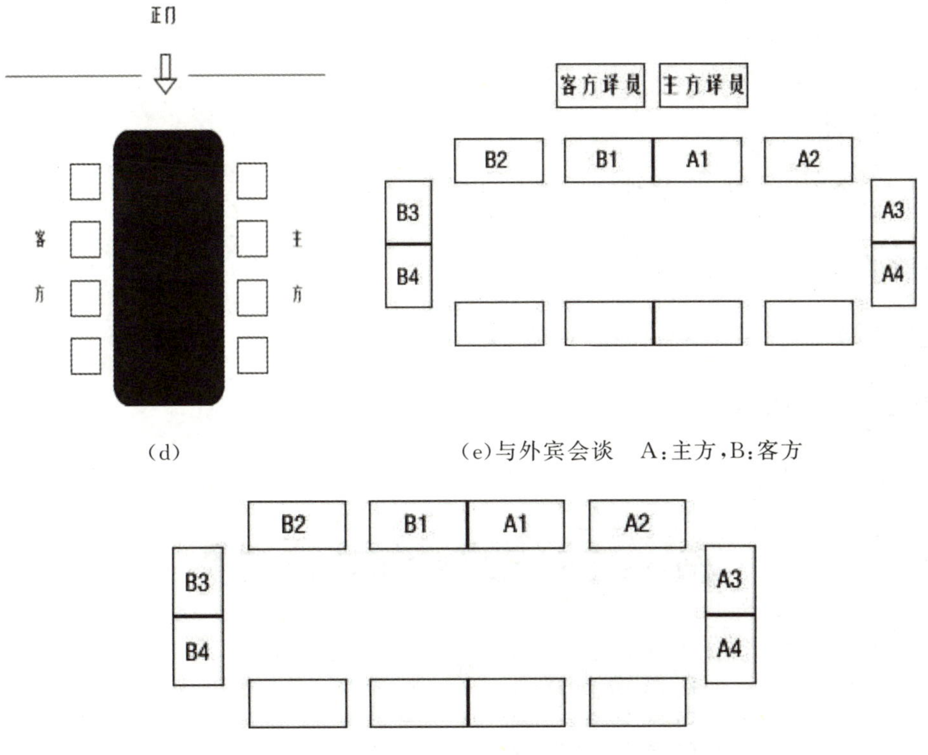

(d)　　(e)与外宾会谈　A:主方,B:客方

(f)与上级领导会谈　A:上级领导,B:主方领导

图 6-6　六类宴会座位安排

如遇主宾身份高于主人,为表示尊重,可以把主宾摆在主人的位置上,而主人则坐在主宾位置上,第二主人坐在主宾的左侧。主宾携夫人,而主人的夫人又不出席的,通常可以请其他身份相当的女同志作第二主人。如无适当身份的女同志出席,也可以把主宾夫妇安排在主人的左右两侧。

2.西餐宴席座次安排

在西方国家,即使用餐的来宾在地位、身份、年纪方面高于主宾,但主宾仍是主人关注的中心。在排定位次时,应请男、女主宾分别紧靠着女主人和男主人就座,以便进一步受到照顾。在排定用餐位次时,主位一般应请女主人就座,而男主人则须退居第二主位。在西餐宴席中,有一些原则是特别要注意的:恭敬主宾、女士优先、以右为尊和交叉排列。

(二)会议礼仪

1.国际商务会议的八大形式

研讨会、论坛、圆桌会议、招待晚宴、碰头会、欢迎酒会、闭门会议、不扎领带会议。

2.会前准备

主要有:议题、议程、来宾、时间、地点、相关文件材料、会议设备、会议通知等。

3.商务会议桌上的物品摆放

主要有:便签、笔、一杯水(茶)、杯垫、桌牌等。

4.会议主席台的顺序

主要原则:进出口正对方为主位,中为大,左为先。

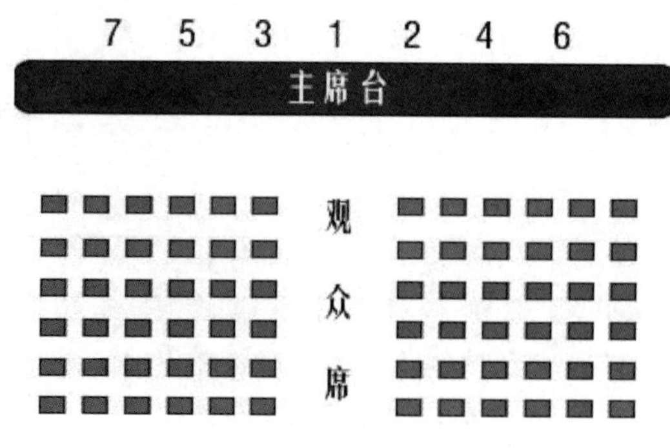

主席台人数为奇数时

图 6-7　会议主席台座位顺序之一

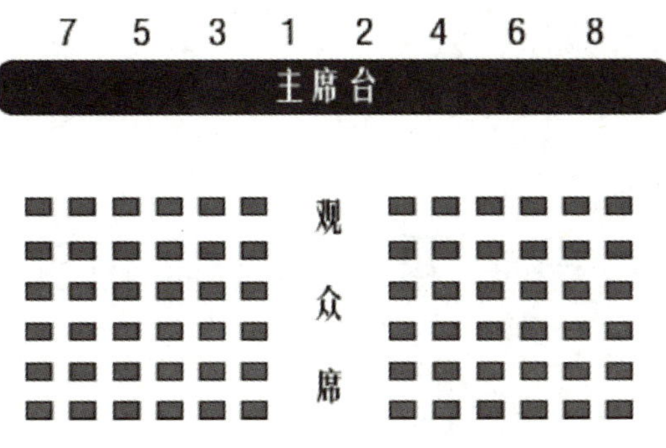

主席台人数为偶数时

图 6-8　会议主席台座位顺序之二

5.其他细节

主要有：介绍嘉宾、设置贵宾室、明确自己的位置等。

6.会中礼仪

(1)与会者必须提前 5 分钟到达会场，并且关闭一切通信工具；

(2)不干扰他人发言，若要发言，则应等待时机，不可随意发表评论；

(3)会议进程中，应详细记录会议讨论的重点和其他与会者的意见；

(4)若有不明白的地方，可于适当时机要求发言者给予解答；

(5)主持人或发言者讲完话，与会者应鼓掌回礼；

(6)若开会时是用纸杯喝茶，或喝罐装、瓶装饮料，散会后，应把椅子归位，把身边的空罐子、纸杯、纸巾收拾好。

7.会中事务

包括：送水、会议记录、递文件材料、安排茶歇、关注现场、提醒会议时间、会议结束准备。

8.会后事务

要及时整理会议纪要，贯彻落实会议成果，及时存档关于会议主席台座次的安排。

思考与练习

1.礼仪对职场人士的意义是什么？

2.对初涉职场的毕业生来说，重点要掌握什么礼仪？

第七章　职业道德与交往

核心价值观，其实就是一种德，既是个人的德，也是一种大德，就是国家的德、社会的德。国无德不兴，人无德不立。

——习近平

【学习目标】

1.了解职业道德的作用；

2.理解并掌握职业道德的含义及特点、核心和原则、基本规范；

3.践行行业职业道德规范；

4.了解人际技巧的重要性，并能在日常生活中多加观察和体会；

5.明白人际关系基本态度的真正用意，并能在实际运用中不断改善。

【导入案例】

洗碗的故事

一个中国留学生在日本东京的一家餐馆打工，老板要求他洗盆子时要刷 6 遍。一开始他还能按照要求去做，刷着刷着，发现少刷一遍也挺干净，于是说只刷 5 遍；后来，发现再少刷一遍还是挺干净，于是又减少了一遍。中国留学生只刷 4 遍并暗中留意另一个打工的日本人，发现他还是老老实实地刷 6 遍，速度自然要比自己慢许多。他便出于"好心"，悄悄地告诉那个日本人可以少刷一遍，看不出来的。谁知那个日本人一听，竟惊讶地说："规定要刷 6 遍，就该刷 6 遍，怎么能少刷一遍呢？"

案例思考：

如果你是老板，你希望要一个什么样的员工？

现在学历资格已不是公司招聘首先考虑的条件，大多数老板认为，正确的工作态度是公司在雇用员工时最优先考虑的，其次才是职业技能，接着是工作经验。毫无疑问，工作态度已被视为组织选拔人才时的重要标准，而工作态度正是职业道德的内容之一。党的二十大报告强调，“提高人民道德水准和文明素养”，职业道德大到对国家与社会，小到对个人，都有重大意义。

第一节　职业道德

在日常生活中我们经常会听到人们谈论道德问题，例如，说不遵守公共秩序的人“不讲道德”，说破坏公物的人“不道德”，说损人利己、损公肥私的人“缺德”等。实际上，凡是有人群的地方都有道德问题存在，人们的思想和行为都反映着一定的道德观念和道德水平，人人皆与道德有关，只是有自觉或不自觉的区别而已。那么，道德究竟是什么呢？

一、道德与职业道德

（一）道德

1.道德概念的由来

道德是古代哲学和伦理思想的一个基本范畴，在古代典籍中，道德最早是分开使用的两个概念。先秦思想史上，“道”主要是指一种支配自然和人类社会的规律。表示自然的运行规律称为天道，如天道酬勤、吉人自有天相等。表示社会生活准则的称为人道。“德”字最初意义是对祖先神的祭祀，为顺应自然、社会和人类客观需要去做事。如德高望重、积善成德、德才兼备等。

2.道德的概念和特殊性

道德是指人类现实生活中，由经济关系所决定，用善恶标准去评价，依靠社会舆论、内心信念和传统习惯来维持的，调整人与人、人与社会以及人与自然之间关系的行为规范的总和。简单地说，道德就是讲人的行为“应该”怎样和“不应该”怎样的问题。

从特殊性看，道德具有很强的自律性、广泛的社会性、独特的多层次性和很大的稳定性。

譬如“为人民服务”是我们社会道德建设的核心。这个核心至少有三个层次结构:最基本的层次——做好本职工作,人人各司其职,各尽其责或凭诚实劳动取得报酬;较高层次——努力地为人民多办实事、多做好事,不计个人得失;最高层次——不计报酬、不讲条件地工作和劳动,即无私奉献。

再如,集体主义原则,其精神实质是个人利益、集体利益、国家利益三者统筹兼顾、相互结合。如兼顾不了,结合不成,则以集体利益或国家利益为先,个人利益自觉地服从集体或国家利益。如果把集体主义简化为“公私”利益关系,那么集体主义的原则可划分如下三个层次:底线伦理即公私分明,绝不以私犯公;中线伦理则为公私兼顾,以公为先;高线伦理则为因公弃私,或公而无私,或大公无私。

从人际关系上说:第一层次是“为己不损人”;第二层次是“为己又为人”;最高层次是“屈己待人”或“舍己为人”。

应当允许、肯定正当的合情合理合法的利己。利己又利他,主观利自己、客观利他人或者主观利他人、客观利自己,都要肯定。要承认它们的合理性、合道德性,至少合乎大众功利主义的要求。

先人后己,或“屈己待人”或“舍己为人”,不但应对此进行肯定、表扬,还要歌颂。因为这是一种很高尚的行为。

从人格层次上说,第一,做知法、守法的人。现代社会是法制社会,一切行为均应合法。因此要树立法制意识,不做违法之事,犯了法,要坦诚面对,承担法律责任;第二,做善良的人,即做有道德的人。恪守社会公德与个人的私德,不做缺德的事,不做伤天害理的事,不做亏心事,为他人为社会多做好事。第三,做道德高尚的人。如同传统道德中的理想人格——“君子”、“贤人”或“圣人”。做道德高尚的人,要识大体、顾大局、义以为上。善于关怀他人,帮助他人,努力为社会做贡献。做把有限的生命投入到无限的为人民服务中去的人。

【案例分析】

摩托罗拉公司报销程序[①]

摩托罗拉公司的报销程序如下:员工把自己的票据填好,封好,并扔到专门的箱子里,不用主管签字,财务核实一下票据,下个月钱就自动划到你的账户上。

① 本社编:职业道德与工作价值观[M].北京:中国工人出版社,2012:152.

案例思考：

什么原因可以使得摩托罗拉公司这一制度得以实施？

3.公民基本道德规范

(1)爱国守法

爱国是一个公民起码的道德，也是中华民族的优良传统。在儒家传统文化里强调“舍生取义”，其意义就是为了国家利益，捍卫国家主权，不惜牺牲个人荣誉或生命。

【案例分析】

钱学森名言

我的事业在中国，我的成就在中国，我的归宿在中国。

在美国期间，有人好几次问我存了保险金没有，我说1块美元也不存。因为我是中国人，根本不打算在美国住一辈子。

我在美国前三四年是学习，后十几年是工作，所有这一切都在做准备，为了回到祖国后能为人民做点事——因为我是中国人。

案例思考：

1.钱学森的话对你有何启发？

2.怎么做才算是爱国？

(2)明礼诚信

诚信是个人职业生涯的生存方式和发展力，是做人的根本，是一种积极的人生态度。诚信，是人立足社会的基础。遵守诚信之规是人们谋得职业发展的必备条件，一些用人单位把应试者的诚信道德视为考核、取舍的关键因素；遵守诚信之规是人们职业发展的必需品。

(3)团结友善

团结友善即和睦友好、互相帮助、与人友善。无论是俗话“没有完成的个人，只有完成的团队”，或者是家喻户晓的歌词“团结就是力量，团结就是力量，这力量是铁，这力量是钢，比铁还硬比钢还强”，都说明团结的重要性。

【案例分析】

野雁的感觉

下个秋天，当你见到雁群为过冬而朝南方，沿途以V字队形飞行时，您也许已想到某位科学家的论点已经可以说明它们为什么如此飞。

野雁每年要飞行好几万英里，光是一天内就可以飞越好几百英里的距离，真是人世间的一大奇观，而它们就靠不断的互相鼓舞来到达目的地。野雁的叫声不但热情十足，而且足以给人精神鼓舞。

现象一：每一只雁鸟展翅拍打时，造成其他的雁鸟立刻跟进，整个鸟群抬升。借着V字队形，整个雁群比每只雁鸟单飞时，至少增加了71%。

现象二：一只野雁脱队时，它立刻感到独自飞行时迟缓、拖拉与吃力，所以很快又回到队形中，继续利用前一只鸟所造成的浮力。

现象三：领队的野雁疲倦了，它会轮流退到侧翼，另一只野雁则接替飞在队形的最前端。

现象四：飞行在后的野雁会利用叫声鼓励前面的同伴来保持整体的速度，继续前行。

现象五：当有一只雁生病或受伤时，其他两只会从队伍飞下来协助保护它，直到它康复或死亡为止，然后它们自己组成队伍开始飞行，努力去追赶上原来的雁群。

现象一的启示：与拥有相同目标的人同行，能更快、更容易地到达目的地，因为彼此之间能互相推动。过去我们的工作方式好比一只只单飞的雁，分工较多而合作较少。万物之灵的我们，只要同心协力，必有提升生产力的潜能。以合作取代独力竞争，一起创造整体的工作价值。

现象二的启示：如果我们拥有像野雁一样的感觉，我们会留在队里跟那些与我们走同一条路，同时又在前面领路的人在一起。这样就形成愿意接受他人的协助，也愿意协助他人的现象。团结是基层小组成功与否的必要条件。因此，每个基层小组的成员除了本身的专长，还必须努力去学习别人的技能，扮演多能、知能的角色，才能与队友同心协力、互助合作。

现象三的启示：轮流从事繁重的工作是合理的，轮流担任与共享领导权是必要且明智的，对人或对南飞的野雁都一样。基层小组的负责人并不是固定不变的，因此，每个基层小组的成员都必须做好有一天担任领导的职务的准备。我们期待人人提升工作的价值观，勿为生活而工作，要为工作而生活，成为充实、快乐、生活充满满意度的知识工作者。

现象四的启示：如果我们拥有野雁的感觉，我们将像他们一样互相扶持。我们必须确定的是从我们背后传来的是鼓励的声音，而不是嘘声。批评让我们调整步伐，鼓励更能让大家往前迈进。基层小组的成员们一定要彼此鼓励加油，主管们也要如此。

现象五的启示：如果我们与野雁一样聪明的话，我们必定也知道要相互扶持，不论在困难的时刻或在平顺的时候。当有人工作不熟练时，大家要帮助他；当有人生病请假时，大家代替他。只有快乐奋发上进的员工，才有快乐奋发上进的企业。

案例思考：

根据以上案例，谈谈团结的重要性。

(4)勤俭自强

“节俭是一切美德的根本。”中华民族历来崇尚俭朴，反对奢侈。我们一向以“勤俭”作为立身美德、持家的原则、治国的法宝。所以，从古至今，勤劳节俭的人总受到人们的尊重和爱戴。我们应该养成勤俭节约，反对铺张浪费的好习惯。

(5)敬业奉献

职业是人的使命所在，敬业是一种人类共同拥有崇高的精神。从世俗的角度来说，敬业就是敬重自己的工作，将工作当成自己的事。具体表现为忠于职守、尽职尽责、认真负责、一丝不苟、善始善终等，其中糅合了一种使命感和责任感。

一个对工作不负责任的人，往往是一个缺乏自信的人，也是一个无法体会快乐真谛的人。

工作本身没有贵贱之分，但是对工作的态度却有高低之别。看一个人是否能做好事情，只要看他对待工作的态度。而一个人的工作态度，又与他的性情、才能有着密切关系。一个人所做的工作，是他人生态度的表现。

如果一个人轻视自己的工作，把它当成低贱的事情，那么他决不会尊重自己。因为看不起自己的工作，所以倍感工作艰辛、烦恼，自然也不会做好工作。

当今社会，有许多人不尊重自己的工作，不把工作看成创造一番事业的必由之路，那些看不起自己工作的人往往是一些被动适应生活的人。

【案例分析】

老板的礼物

有个老木匠准备退休，他告诉老板，说要离开建筑行业，回家与妻子儿女享受天伦之乐。

老板舍不得他的好工人辞职，问他是否能帮忙再建一座房子，老木匠说可以。但是大家后来都看得出来，他的心已不在工作上。他用的是软料，出的是粗活。房子建好的时候，老板把大门的钥匙递给他。

“这是你的房子，”他说，“我送给你的礼物。”

老木匠震惊得目瞪口呆，羞愧得无地自容。

案例思考：

这则案例对你有什么启示？

（二）职业道德的内涵、特点与作用

1.职业道德的定义

所谓职业道德，就是同人们的职业活动紧密联系的符合职业特点所要求的道德准则、道德情操与道德品质的总和，它既是对本职人员在职业活动中行为的要求，同时又是职业对社会所负的道德责任与义务。

职业道德包括以下八个方面：

(1)职业道德是一种职业规范，受社会普遍的认可；

(2)职业道德是长期以来自然形成的；

(3)职业道德没有确定的形式，通常体现为观念、习惯、信念等；

(4)职业道德依靠文化、内心信念和习惯，通过员工的自律实现；

(5)职业道德大多没有实质的约束力和强制力；

(6)职业道德的主要内容是对员工义务的要求；

(7)职业道德标准多元化，代表了不同用人单位可能具有不同的价值观；

(8)职业道德承载着组织文化和凝聚力，影响深远。

实训活动：观点一评价

职业道德是大道理，我是小人物，因此职业道德对我没用。

首先职业道德不是大道理，它是一个人进入工作岗位后，对社会所应承担的道德责任和义务，是个人职业品格和作风的具体表现和基本要求，并不是超越常人能力范围的事情；其次，每一个员工对企业都有责任，都要有职业道德，无论职位高低。职业道德适用于每个人。

实训活动：观点二评价

职业道德是一纸空文，社会上很多违背职业道德的人生意红火，所以谁遵守谁吃亏。

首先，职业道德虽然不像法律具有明文规定，但也不是“一纸空文”，它是人们在生产中必然要遵循的共同规章，是处理职业中人与人之间关系的道德准则；其次，社会上违背职业道德而生意红火的人毕竟是少数，而且也不会长久。而且就大多数人而言，大部分的时间是和工作联系在一起的。不遵守职业道德，就等于背弃了对自己所负使命的忠诚和信守，会令他人产生不信任感，最终会失去与他人合作的机会，损害自身利益。

2.职业道德的特点

(1)行业性

这是职业道德区别于一般道德的显著特点。一定的职业道德只适用于特定的职业活动领域，带有各自不同的个性特征，鲜明地体现着社会对某种具体的职业活动的特殊要求。它往往只约束从事该行业和职业的人员以及他们在职业活动中所发生的行为。

(2)广泛性

这是针对所有不同职业的从业人员而言的。职业道德是职业活动的直接产物。只要有职业活动，就体现一定的职业道德，职业道德渗透在职业活动的方方面面，比一般道德更直接更全面地反映一个社会的道德水准和道德风貌。

(3)实用性

这是指职业道德要与职业岗位的特点相适应。职业道德是根据职业活动的具体要求，对人们在职业活动中的行为用条例、章程、守则、制度、公约等以简明的形式做出规定，这些规定具有很强的针对性和可操作性，易于从业人员理解和遵照执行。

(4)时代性

这是职业道德的一个鲜明的特点。一方面，职业道德随着时代的变化而变化，在一定程度上贯穿和体现着一定时代社会道德的普遍要求；另一方面，新的行业职业道德规范也将随着经济和科技的进步应运而生。

【案例分析】

海因茨难题

欧洲一妇女海太太患重症，只有一种新制药物可治。当海先生奔赴药店时，店主将成本仅为二百美元的药变相涨到二千美元。海先生因妻久病用尽积蓄，向亲友只借到一千美元。他恳求店主允许他先付一半将药取回先救妻子，余款以后补足。但遭店主拒绝，店主声称卖药目的只为赚钱。海先生为救妻走投无路，就在当天晚撬开药店窗户偷到药物，救了妻子一命。

案例思考：

海因茨该不该偷药？为什么？

如果恶毒是指造成生命痛苦，剥夺生命快乐，那么善良就是指解除生命痛苦，带给生命快乐。那么，用这种苦乐善恶标准去评判“偷药”行为的善与恶，就会有以下结论：

第一，海因茨不偷药，造成妻子的痛苦死亡以及亲人朋友的痛苦，因此不偷是恶毒的。第二，海因茨偷药，造成了药师的痛苦，因此偷是恶毒的。总之，不偷药，造成生命的痛苦是大的；偷药，造成生命的痛苦是小的。因此，海因茨应该偷药。偷药善大恶小，不偷恶大善小。第三，海因茨偷药，在道德上不应受到谴责。假若道德否定海因茨，道德必存错误。在道德上应承认海因茨偷药是正确的；第四，海因茨偷药，在法律上是错误的。为了不破坏法制建设，造成社会性伤害，法律必须否定海因茨。否则，法律必存错误。总之，海因茨应该偷药，但偷药用药之后应当自首，接受法律的惩罚。

海因茨为什么要偷药？是因为钱不够。为什么钱不够？一是师药没良心，利用法律空隙，高价谋取暴利。二是社会大众没对海因茨实施救济。没救济的原因是社会众人缺德或办事不力，虽有许多好心人，但因为不知道海因茨需要帮助而未能帮助海因茨。三是：在海因茨自首后，法律应考虑到社会问题，从而减轻其刑罚。同时，若查明药师高价谋取暴利的事属实。

3.职业道德对人自身发展的重要性

职业道德教育是提高用人单位员工队伍整体素质的重要手段，是夯实用人单位基础、增强用人单位向心力和凝聚力的重要保证。只有切实搞好职业道德建设，才能有效地激发和调动广大干部员工的积极性和创造性。

(1)职业道德是事业成功的保证

这是因为，第一，没有职业道德的人干不好任何工作。第二，职业道德是人事业成功的重要条件。第三，每一个成功的人往往都有较高的职业道德(职业品格包括：职业理想、进取心、责任感、意志力、创新精神等)。

(2)人的职业道德品质反映着人的整体道德素质。

【案例分析】

哈曼买打印机

哈曼通信公司的打印机由于用的时间太久，坏掉了。总经理哈曼让秘书再买一台新的，于是秘书选择了一家专门生产办公器材的公司，让他们送货上门。

第二天，那家公司就派员工将打印机送到了。哈曼突然想起公司需要再添置几部新的传真机，于是他就想，干脆一事不烦二主，全部在那家公司买了算了。

就在哈曼想去跟那家公司的送货员定货时，偶然听到了送货员和他的秘书在闲谈。送货员说了这么几句话："现在干业务真不容易，我们公司可烦人了，老板天天催着我们出货不说吧，还老瞎指派……"

案例思考：

结果是什么？产生结果的原因是什么？

结果是哈曼没有买。这是因为，那个送货员的几句话让他觉得很不舒服。也许他只是无意识地发发牢骚，但哈曼的印象是他们公司既不团结，也不稳定。连自己的员工都对公司没有好感，他们卖出的东西能有保障吗？

切记：在与客户交往的时候，应该时刻注意维护公司形象，不说不做有损公司形象的言论和行为。要知道，此时的你代表的不仅仅是个人，更是整个公司。公司的荣誉与个人的荣誉是息息相关的，也就是"一荣俱荣，一损俱损"。

【案例分析】

杨先生的即兴公关

浙江温州杨先生去国外打工，公司的产品不错，但知名度很有限。他从推销员干起，一直做到主管。有一次他坐飞机出差，不料遇到意想不到的劫机事件。在各界的努力下，度过了惊心动魄的十个小时之后，问题终于解决了，杨先生也可以回家了。就在要走出机舱的一瞬间，他突然想到了在电影中经常看到的情景，当被劫机的人从机舱走出来时，总会有不少记者前来采访。

为什么不趁机利用这个机会宣传一下自己的公司呢？

于是，他立即做了一个在那种情况下谁都没有想到的举动。他从箱子里找出一张大纸，在上面浓描重抹一行大字：我是某某公司的某某，我和我公司的某某保健品安然无恙，非常感谢抢救我们的人！

案例思考：

结果是什么？你的感悟？

员工形象决定企业形象。员工时刻想着组织的利益，自己的利益也能得到最大化。任何组织都有一个属于自己的独特形象，或卓越优异、或平淡普通。良好的组织形象可以使组织时常在竞争中处于有利地位，受益无穷。组织形象不仅靠组织各项硬件设施建设和软件条件开发，更要靠每位员工从自身做起，塑造良好的自身形象。

4.职业道德的社会作用

职业道德是社会道德体系的重要组成部分，它一方面具有社会道德的一般作用，另一方面它又具有自身的特殊作用，具体表现在：

(1)调节职业交往中从业人员内部以及从业人员与服务对象间的关系。职业道德的基本职能是调节职能。一方面它可以调节从业人员内部的关系，即运用职业道德规范约束职业内部人员的行为，促进职业内部人员的团结与合作。如职业道德规范要求各行各业的从业人员都要团结、互助、爱岗、敬业、齐心协力地为发展本行业、本职业服务。另一方面，职业道德又可以调节从业人员和服务对象之间的关系。如职业道德规定了制造产品的工人要怎样对用户负责；营销人员怎样对顾客负责；医生怎样对病人负责；教师怎样对学生负责；等等。

(2)有助于维护和提高本行业的信誉。一个行业、一个企业的信誉，也就是它们的形象、信用和声誉，是指企业及其产品与服务在社会公众中的信任程度。提高企业的信誉主要靠产品的质量和服务质量，而从业人员职业道德水平高是产品质量和服务质量的有效保证。若从业人员职业道德水平不高，很难生产出优质的产品和提供优质的服务。

(3)促进本行业的发展。行业、企业的发展有赖于高的经济效益，而高的经济效益源于高的员工素质。员工素质主要包含知识、能力、责任心三个方面，其中责任心是最重要的。而职业道德水平高的从业人员其责任心是极强的，因此，职业道德能促进本行业的发展。

【案例分析】

《致加西亚的信》

19世纪末，美西战争爆发，当时的美国总统麦金莱急于跟西班牙的反抗军首领加西亚取得联系。那时，加西亚在古巴丛林中，没有人知道确切地点，但美国总统又必须尽快得到他的帮助，于是，有人推荐了安德鲁·罗文中尉去送信。果然，罗文不负重托，他穿过危机四伏的国家，历经险境，三个星期后，终于找到了加西亚将军，把信交给了他。罗文因此成了民族英雄——这就是曾轰动并一直畅销全球的《致加西亚的信》中讲述的故事。

在这本书中，作者对人们做事成败之因进行了酣畅淋漓、震撼人心的探求与评析。弘扬的不在于罗文杰出的军事才能，而在于他那优良的道德品质，即对职业的忠诚、敬业和对上司的服从、信任。

美国总统布什看完这本书曾惊叹："这本书太可怕了，它把一切都说了。"他还说："我寻找那些能把信带给加西亚的人，让他们成为我们的一员。那些不需要人监督而且具有坚毅和正直品格的人，正是能改变世界的人！”一百多年来，有关如何把信送给加西亚的故事，有关送信人罗文，有关《致加西亚的信》这本书，在全世界广为流传。“送信”变成了一种忠于职守，一种承诺，一种敬业、服从和荣誉的象征。

《致加西亚的信》作者哈伯德在序言中写道：“我敬佩的是那些不论老板在还是不在都会坚持工作的人。当你交给他一封致加西亚的信时，他会迅速地接受任务，不会问任何愚蠢的问题，更不会随手把信扔到水坑里，而是全力以赴地把信送到。这样的人永远不会被解雇，也永远不会为加薪而罢工。”①

案例思考：

如果你是罗文，你会怎么做？

哈伯德在序言中的这段文字有两个层次：第一层次，再一次强调性描述罗文那样的员工具有哪些优秀的品质；第二层次，对罗文这样的优秀员工的评价。这段文字是对文章的总结，但也出现了一个疑惑，就是为什么优秀的员工“永远不会为加薪而罢工”？从案例出发进行理解，作者作这种评价的前提是这些优秀员工的老板自己就非常优秀：他们具有强烈的社会责任感和永不停息的主动工作精神，“用毕生精力去经营一个伟大企业”；“他们因为努力维持那些漫不经心、拖拖拉拉、不知感激的员工的工作而日增白发”；“他们承受巨大的压力，汇聚众人的力量，终于获得了成功；但他从成功中得到了什么呢？除了食物和衣服，其他什么也没有。”从这个意义上说，罗文这样的员工与老板肯定是同心同德、共同发展的。所以，作者并不是在宣扬一种对老板的“愚忠”精神，更不是要员工去做一个能干的“奴才”。

整个过程中自然有许多意想不到的偶然因素与个人的努力相关联，但是，在这位迫切希望完成任务的年轻罗文中尉的心中，却有着足够的勇气和不屈不挠的精神。

近年来，我们听到很多人对于“收入微薄而毫无出头之日”的理货员、收银员等人表达所谓的“同情”，与之相伴的则是对于企业领导的口诛笔伐。但是，大家是否提过，许多的公司老板直到“白发苍苍之日”，也没有能让那些懒惰的一事无成者奋发向上；也没有人提到，老板对于员工的改造费尽心思、不遗余力，但还是有许多员工在老板一转身之际，又开始投机取巧、敷衍了事。

罗文的优点有：可信赖的、敬业的、明确工作的目的、工作积极主动、有独立完成任务的能力、做事认真负责、不提愚蠢的问题和无理的要求。

如果我们去给加西亚送信，我们会问——加西亚是谁？加西亚住在那里？我怎么去

① 哈伯德.致加西亚的信[M].林楠，译.北京：北京理工大学出版社，2016：8.

找加西亚？如果加西亚不在，我……我有没有车费？我什么时候去？等等这样的问题是我们——“问得太多，做得太少”。

我们是否也经常碰着类似问题，比如，让某人做的事，结果被原封不动地转到了另外的人，直到转不出去为止；没按计划完成的事情，总有办法把账算在别人或别部门的头上；认为自己总是尽了100%努力的，事没干好是领导的管理有问题；习惯于被人催促去完成工作，没人督促就没自己的事；任务完不成又怎么样？反正天塌下来有高个儿的去顶。

一名合格的送信人，不是努力去改变写信人的决策，从而达到不履行任务的目的，而是思考如何把信送给加西亚，给写信人一个最满意的结果。服从，是一个执行者最基本的素质。很多有才华的人，之所以最终一事无成，在很大程度上，就是因为他缺乏服从的品性。

任何一个写信人要的都不是借口，而是把信送到加西亚手中这一结果。没有哪一个写信人喜欢一个总为自己找借口的送信人。你经过辩解，可能在这一次失误中逃避了处罚，但你可能永远也得不到送信的机会了。

请你记住：失败的人之所以陷入失败，是因为他们太善于找出种种借口来原谅自己，也使别人原谅。平庸的人之所以沦为平庸，是因为他们太善于搬出种种理由来欺骗自己，也使别人受骗。

我们始终要记住自己是公司的一个成员，而不是一个局外人，如果我们在工作中没有了激情，没有快乐，只是被动地应付工作，那最后只能是满腔的不平、痛苦不堪与患得患失。

作为送信人，我们最该问的问题，而且也是唯一该问的问题是：“把信送给谁？”这一点必须明确，如果你连加西亚三个字都没有听清楚，其结果就不堪设想。

总之，作为送信人，你应该记住，送信是你的事情，如何送到也是你的事情，你没理由让写信人去为你弄清楚如何才能送到。

(三)职业道德的核心与基本原则

1.为人民服务是职业道德的核心

党的二十大报告强调“全党要坚持全心全意为人民服务的根本宗旨”，这是因为，为人民服务既符合历史唯物主义的基本观点，也符合社会主义生产目的。历史唯物主义告诉我们，人民群众是历史的创造者，是物质财富和精神财富的创造者。因此，人民理应成为享有财富的主人，也应接受优质服务。社会各行各业所生产的财富就是为满足人民日益增长的美好生活需要。为人民服务作为职业道德建设的核心，是社会主义职业道德区别和优越于其他社会形态职业道德的显著标志。

2.为人民服务体现了社会主义人际关系的本质

在我国，每个公民不论社会分工如何、能力大小，都能够在本职岗位上，通过不同形式做到为人民服务。这是每个从业人员职业行为的出发点。与此同时，每个从业人员都在相互服务的情况下生活着，人人都是服务对象，人人又都在为他人服务。

3.为人民服务贯穿于职业道德的各条基本规范中

《中共中央关于加强社会主义精神文明建设若干重要问题的决议》中指出："大力倡导爱岗敬业、诚实守信、办事公道、服务群众、奉献社会的职业道德。"这无不体现着为人民服务的要求，是为人民服务的道德要求在职业生活中的具体化，是把为人民服务的精神贯穿于职业生活。

4.集体主义是职业道德的基本原则

集体主义是一种先公后私、公私兼顾的思想，是坚持集体利益高于个人利益、兼顾集体利益与个人利益的价值观念和行为准则。

职业道德的基本原则是国家利益、集体利益、个人利益相结合的集体主义。坚持这样的原则，最重要的是摆正国家利益、集体利益和个人利益的关系。

第一，坚持集体利益高于个人利益、全局利益高于局部利益。要把集体主义渗入社会生产和生活的各个层面，引导人民正确认识和处理国家、集体、个人的利益关系，提倡个人利益服从集体利益、局部利益服从整体利益、当前利益服从长远利益，反对小团体主义、本位主义和损公肥私，要把个人的理想与奋斗融入广大人民的共同理想和奋斗之中。

第二，兼顾集体利益和个人利益，使之共同发展。《公民道德建设实施纲要》明确指出："坚持尊重个人合法权益与承担社会责任相统一。要保障公民依法享有政治、经济、文化、社会活动等各方面的民主权利，鼓励人们提高诚信劳动和合法经营来获取正当物质利益，引导每个公民自觉履行宪法和法律规定的各项义务，积极承担自己应尽的社会责任。把权利与义务结合起来，树立把国家和人民利益放在首位而充分尊重公民个人合法利益的社会主义义利观。"

第三，坚持集体主义，反对极端个人主义，抵制行业不正之风。在市场经济条件下，只有坚持集体主义才能妥善处理各种利益关系，最大限度地调动各个方面的积极性。在现阶段，坚持集体主义必须旗帜鲜明地反对拜金主义、享乐主义，反对以权谋私、假冒伪劣和腐朽的生活方式；坚持集体主义，还必须坚决抵制行业不正之风。

二、职业道德的主要内容

实训活动：五种职业的职业道德

【想一想】列举以下职业的职业道德要求：

教师____

会计____

记者____

服务员_______________________________________

公务员_______________________________________

教师的职业道德是教书育人，爱护学生；会计的职业道德是实事求是，廉洁自律；记者的职业道德是尊重事实，客观公正；服务员的职业道德是热情细致，服务周到；公务员的职业道德是忠于职守，依法行政。

再如，古代的老中医在弟子出师时总要赠送两件礼物——一把雨伞和一盏灯笼，意思是训诫弟子为患者治病要不分昼夜、风雨无阻、一心赴救。现代医生的职业道德则是救死扶伤、爱护病人、为病人着想、为患者治病不分昼夜、风雨无阻、一心赴救。

对所有职业来说，职业道德的主要内容有以下八点。

（一）忠诚可靠

诚实就是真心诚意、实事求是、不虚假、不欺诈。守信就是遵守承诺，讲究信用，注重质量和信誉。

其一，忠诚于所属单位。员工的忠诚首先应该是对企业的忠诚。如果他对企业忠诚，他就会认真地把他该做的事做好。忠诚并不是仅仅是有利于你单位和上司，其实真正的最大受益者是自己。因为对事业高度的责任感和忠诚感一旦养成之后，会让你成为一个值得信赖的人，可以被委以重任的人，这种人永远不会失业。

其二，要维护单位利益。要做到：工作时间不做私事、不接听私人电话，不将单位的物品私有化……这些微不足道的细节能反映出一个人的职业操守。不要拿机房插牌、拿单位信签；不被利益所动心；要喜爱自己的工作，不留余力地为单位增加效益。

其三，维护单位荣誉。员工是单位的代言人，员工在任何时候都不能做有损单位形象的事情，这是一个员工最基本的职业准则。

【案例分析】

从推销员到总经理

一个年轻人到“安联电工”公司做推销员，由于家境不好，他很珍惜这次工作机会，热爱公司。每次出差住旅馆时，他总是在自己的姓名后面加上一个括号，写上“安联电工”，平时的书信和收据也这样写，天天如此。“安联电工”的签名一直伴随着他，这种做法引起了同事们的注意，于是就送了他一个“安联电工”的绰号，真名却渐渐被人们淡忘了。后来，他逐步被提升为组长、部长、副总，直至成了“安联电工”公司的总经理。

案例思考：

如果那个年轻人没有一种以“安联电工”为荣的荣誉感，他能表现得这样尽职尽责吗？

其四，保守单位秘密。保守组织秘密是身为员工的基本行为准则，是事业的需要。作为员工不注意保守秘密，难以取得领导的信任。应该：①闲谈莫论或少论企业事。许多从业人员一般分不清什么是企业秘密，什么不是企业秘密，过多的闲谈就容易造成泄密事故的发生；②要谨防亲朋好友泄密；③每一个公司的办公室里都会有许多的文件，除了对外发布的公告之外，任何文件都属于公司的机密，不可随意外传或泄露；④公司里的员工对正在实施的秘密计划要提高警惕，不使机密外泄，避免走漏消息，给公司造成损失；⑤请相信一句名言：沉默是金。工作中要少说话多做事。

其五，服务领导安排。对领导忠诚，要做到：①领导安排的事，必须尽快完成；②如果领导安排有误，要马上向领导说明。记住：下属对上司只有建议权。如果领导执意按照自己的意见去执行，那员工就要尽量将损失降低到最低程度；③如果领导安排的事是违法的，那么，原则上要维护单位、集体和国家的利益。经理人安排的事对公司不利，员工应举报；④好事、露脸的事把领导放在前面。

（二）懂得感恩

【案例分析】

王新军的故事

我公司的本科生叫王新军，由于工作比较卖力，取得了一些成绩。参加工作半年后，他所在的部门一分为二，需要提一个中层干部，领导想培养年轻人，虽然他工作经验有些欠缺，还是提了他。按道理说应该很感激提拔他的领导。可因为两件事令他的上司很生气。一是因业务上的事情与领导本人发生了利益上的冲突，便对领导态度很不好；二是他上司的对立面的一部分人到总公司告他的上司，王新军便和他们站到了一起。十年过去了，王新军因为这两件事在这个单位再也没有得到提拔。

案例思考：

王新军的问题出在哪里？

一个不会感恩的人，是不会受重用的。我们要感谢父母的养育，感谢师长的教诲，感谢公司提供的工作机会，感谢上司的栽培，感谢周围的人的帮助。

受人点滴之恩，定当涌泉相报。东汉文学家崔子玉的座右铭是“施恩勿图报，受施慎勿忘”。应该感谢你周围的人、你的同事，感谢给你提供机会的上司，感恩我们的朋友，感恩曾给予我们帮助的人……在这个世界上要感恩的事情越来越多，不快乐的事情就越来越少。

（三）爱岗敬业

爱岗敬业是为人民服务和集体主义精神的具体体现，是社会主义职业道德一切基本规范的基础。爱岗就是热爱自己的工作岗位，热爱本职工作；敬业就是用一种恭敬严肃的态度对待自己的工作，勤勤恳恳、兢兢业业、忠于职守、尽职尽责。

爱岗敬业要做到：

第一，率先主动的精神。敬业的人积极主动地去寻找目标和任务，不是被动地去适应新使命的要求。

【案例分析】

海伦的故事

对海伦一生影响深远的一次职务提升是由一件小事情引起的。一个星期六的下午，一位律师走进来问她，哪儿能找到一位速记员来帮忙，必须当天完成的工作。

海伦告诉他，速记员都去观看球赛了，如果律师晚来五分钟，她也要走，不过自己愿意留下来帮助他，因为“球赛随时都可以看，但是工作必须在当天完成”。做完工作后，律师问海伦应该付她多少钱，海伦开玩笑地回答：“哦，既然是你的工作，大约 1000 美元吧。”律师笑了笑，向海伦表示谢意。海伦不过是一个玩笑。六个月之后，在海伦已将此事忘到九霄云外的时候。律师却找到了海伦，交给她 1000 美元，并且邀请海伦到自己的公司工作，薪水比之前的高出 1000 多美元。

案例思考：

海伦意外收获的原因是什么？

第二，做好本职工作。无论做什么工作，首先要把自己的工作先做好，学会享受自己的工作，同时享受自己的生活，保持愉快的心情。

首先要重视自己的工作。一个不重视自己工作的员工，决不可能尊敬自己，也决不可能把工作做好。

【案例分析】

某青年的故事

某青年在美国某石油公司工作，学历不高，也没有什么特别的技能。他的工作连小孩子都能胜任，那就是巡视并确认石油罐盖有没有自动焊接好。石油罐在输送带上移动至旋转台上，焊接剂便自动滴下，沿着盖子回转一圈，作业就算结束。他每天如此反复好几百次地干着这种工作。后来他集中精神观察，发现罐子旋转一次，焊接剂滴落39滴，焊接工作便结束。于是，他努力思考：如果能将焊接剂减少一两滴，是否能够节省成本？经过一番研究，他终于研制出“38滴型焊接机”。虽然节省的只是一滴焊接剂，但是这在后来掌握全美制油业界95%实权的石油滴焊接剂，给公司带来了每年5亿美元的利润。这个青年，就是大王——约翰·洛克菲勒。“一滴焊接剂”的智慧改变了洛克菲勒的人生。

案例思考：

如何从小事做起？

其次，干大事从干小事开始。

【案例分析】

莉莎的故事

希尔顿饭店的客户服务部经理莉莎·格里贝说：当初她应聘饭店职员，被分配到洗手间工作，她有很大的情绪，认为洗手间工作低人一等。但通过一段时间的工作实践之后，她开始认识到工作没有高低贵贱之分，每一份工作都关系到酒店的服务质量和整体形象。从此她工作认真，服务热情周到，许多客人在接受她的服务之后，都赞不绝口。因此，她被誉为酒店的榜样。

由于她出色的工作表现，为酒店招揽了很多顾客，不久她被提升为客户服务部经理，更大地拓展了事业的平台。

案例思考：

莉莎的事例说明了什么？

第一，大事是由众多的小事积累而成的，忽略了小事就难成大事。从小事开始，逐渐增长才干，赢得认可、赢得干大事的机会，日后才能干大事。而那些一心想做大事的人如果不改变“工作不值得去做”的浮躁心态，是永远干不成大事的。

第二，从不懒惰，非常勤奋。敬业的人是从不懒惰、非常勤奋的。他永远像是被人催促一样，急于尽快完成工作。懒惰的人只相信运气、机缘、天命之类的说法。他们以为自己骗得过老板，其实，他们愚弄的只是自己。

第三，提前上班，推后下班。提前上班，推后下班，别以为没人注意到，老板可是睁大眼睛在瞧着你。

【案例分析】

卡洛·李尼斯的故事

卡洛·李尼斯先生刚到公司时职务很低，现在已成为总公司的下属公司的总裁。如此快速升迁，秘密就在于推后下班。李尼斯说：“在工作之初，我就注意到：每天下班后，所有的人都回家了，但老板仍会留在办公室里。因此我决定下班后也留在办公室里。没有人要求我这样做，但我认为应该留下来，在需要时为老板先生提供一些帮助。”

“当时老板自己找文件、打印材料，发现我随时等待他的召唤，逐渐养成招呼我的习惯……”李尼斯先生获得了报酬吗？没有。但是他为自己赢得老板的关注，最终获得了提拔。

案例思考：

李尼斯的经历对你有何启发？

第四，提升自我。把大量休息时间花在阅读和培训上的员工，才是能成就一番事业的非凡之人。晚上去参加学习班，周末去参加技能培训的员工肯定会出人头地，获得财富和荣誉。

（四）珍惜机会

单枪匹马、既无阅历又无背景的年轻人起步的最好方法是：首先，谋求一个职位；第二，珍惜第一份工作；第三，养成忠诚敬业的习惯；第四，认真仔细观察和学习；第五，成为不可替代的人;第六,培养成为有礼貌、有修养的人。

一个成功者是不会错过任何一个学习的机会,即使是在店里扫地的时候,他也会观察老板是怎样和客人们打交道的。

【案例分析】

王斌的故事

王斌大学毕业就来到北京,他在一家公司担任质检工作,每个月只能挣800元,而且还必须从早忙到晚。他的朋友们都劝他换一个工作,说这样低的工资不值得他如此卖力。可是他始终没有放弃,从不抱怨自己工资太低。

他诚恳踏实的态度受到了老板的关注,一年以后,他的工资就涨到了2000元,并且被提拔到一个重要的部门。在新职位上,王斌继续保持自己良好的工作习惯,最后被提升到副总经理的位置上,成为公司收入仅次于老板的人。

案例思考:

王斌的经历告诉我们什么?

(五)看淡薪水

每个青年都要切记:在你们开始工作的时候,不必太注重薪水的多少,而一定要注意工作本身所给予你们的报酬,比如发展你们的技能,增加你们的经验,使你们的人格为人所尊敬,等等。

比薪水更可贵的东西是什么?当你愿意从事超过你报酬价值的工作时,你的行动将会促使与你有关的所有人对你做出良好的声誉。

【案例分析】

马云谈996[①]

996是国内的一个很热门的话题,很多企业都有这个问题。我个人认为,能做996是一种巨大的福气,很多公司、很多人想996都没有机会。如果你年轻的时候不996,你什么时候可以996?你一辈子没有996,你觉得你就很骄傲了?这个世界上,我们每一个人

① 996工作制是指工作日早9点上班,晚上9点下班,中午休息1小时(或不到),总计10小时以上,并且一周工作6天的工作制度,是一种违反劳动法的工作制度。本案例是马云的内部交流原文。

都希望成功，都希望美好生活，都希望被尊重，我请问大家，你不付出超越别人的努力和时间，你怎么能够实现你想要的成功？

我不要说996，到今天为止，我肯定是12小时以上。这世界上996的人很多，每天工作12小时、13小时的人很多，比我们辛苦、比我们努力、比我们聪明的人很多，并不是所有做996的人都有这个机会真正做一些有价值、有意义并且还能够有成就感的事。

所以今天中国BAT这些公司能够996，我认为是我们这些人修来的福报。你去想一下没有工作的人，你去想一下公司明天可能要关门的人，你去想想下一个季度公司的Revenue在哪里都还不知道的人，你去想想你做了很多努力的程序根本没有人用的人……跟他们比，直到今天，我依然这么觉得，我很幸运，我没有后悔，我从没有改变过自己这一点。

现在很多照片讲当年马云站边位，现在变C位。我在大学已经是学生会主席和杭州市学联主席。你们去看那些照片，我在那个角落位置的时候，人都是我带出去的，我是他们的大头目。我为什么是大头目？因为我付出的时间比他们多。我除了上课考试以外，做学生会工作花的时间比任何人都多，去学会怎么服务别人，学会怎么样去建立同学之间的关系，让同学们能够在学校里面做得好一点。只有你付出巨大的代价，有一天才有可能有回报，你不付出代价，你是不可能有回报的。

再一个，阿里巴巴是一家什么样的公司？阿里巴巴“让天下没有难做的生意”，这是我们的使命，我们公司很辛苦，我们没有骗过大家，我们没有跟大家讲过公司很舒服。你以为“让天下没有难做的生意”是忽悠你们？我们是真这么干的。

今天我们拥有这么多资源，我们带着巨大的使命，希望在未来能够让天下没有难做的生意，你不付出可以吗？不可以。所以我们说，加入阿里，你要做好准备一天12个小时，否则你来阿里干什么？我们不缺8小时上班很舒服的人。今天我们要招一些8小时上班，每天坐在一个好的办公室，条件很好，食堂也不错，出去荣誉感也不错，这样的人满大街能找到。

但是我们需要的是什么？我们问你来这个公司到底想做什么？是改变自己、帮助别人、实现使命。

阿里早年也加班，但是我们加什么班？加学习的班，我们8小时工作以后，最主要晚上是复盘、学习。我们今天做错了什么、什么事情应该修复，我们应该互相怎么学习。我们8小时以外的两个小时、三个小时是学习、提升，而不是去加班。

我希望阿里人热爱你做的工作，如果你不热爱，哪怕8个小时你都嫌很长，如果你热爱，其实12个小时不算太长。

如果你8个小时工作都不快乐，你做的这个事情就没有意义，你也不舒服。你干吗呢，8小时不知道干嘛，没有意义，所以即使你不996，你也不知道干嘛。

这就是生活，你选择了一个中国今天排名第一的公司，第一是要付出代价的。中国最少有五千万家企业，你不选其他的，选择了这家公司，这个当然不一样了。我昨天回到家1点钟了。为什么？我自己选择的路，没有什么抱怨，不抱怨，这是我的选择。大家来了阿里，既然选择了，与其让自己痛苦，不如你的996做得更舒服一点，你工作十年，可以抵人家工作二十年，就这么回事。

加入阿里巴巴，我们到底给人家带去的是什么，回报是什么？这是我这段时间想得最多的。

我认为到阿里来不是为了高工资，不是因为有股票，不是因为我们有很好的工作环境，不是因为年终奖，不是因为这些东西。这些很重要，我们都是上有老、下有小，都有老婆孩子，我们必须照顾他们。如果你这个家都不能照顾好，不能给他们美好的生活、良好的教育，照顾父母的身体健康，那就是错误的生活。但是我最希望考虑的，是你在阿里待十年，我们怎么样把你变成一个不同的人。

一年内发生变化，三年内发生变化，你回去，你爸妈发现这个孩子变了，你老婆发现我老公怎么变得有理想了、变得有想法了、变得开始专注工作了，你的孩子觉得爸爸妈妈跟人家就是不一样。这是我们所希望的阿里人个人的成长，这个成长不是职位做得多大，而是你对问题的看法，你遇上困难的态度，你对人生的态度。

所有加入阿里的人，三年以后就不一样，五年以后就不一样。十年以后的阿里人，去任何地方，我们都放心。我们肯定要练出这个本事，但是这十年你要练出来，那就是要付出超越常人的代价。否则你来干什么？我把这些也说得很透，有点难听，但是就这么一个道理。我们不忽悠大家，哎呀来吧，条件很好，我们现在不需要忽悠，以前也没有忽悠，今天根本不需要忽悠了。

我今天这么觉得，阿里巴巴做了不起的事情。我们做的事情，能够对社会有真正的价值，让老百姓买到更好的东西，享受美好的生活。

商业是最大的公益，创造就业、创造税收，没有商业的税收，没有经济的发展，哪来的高铁、哪来的高速公路？我们为社会的进步做了贡献，我们让阿里的每个人成长，我们创造了无数的就业。

我们这些人解决了自己的温饱，有很好的收入，自己的公司不用太担心盈利，我们还可以为别人去干点事，这是很大的福气。

其实公益是帮自己，慈善可能是帮别人为主。我自己确实深以为傲，我们今天很多阿里巴巴的人，只是很多人没有公开，他们都有做很多的公益，我也特别希望所有的阿里人，你要么参加整个阿里巴巴集团内部无数的公益组织，要么参加阿里巴巴的公益基金会。

很多人只是想给爸爸妈妈买一辆车、买个房，这很重要，但是我想你们应该有这个理想，在阿里的工作10年、15年，有一天可以建立一个自己的公益基金，可以做一些愿意做的事情，能够帮助你的孩子更有福报。帮助你自己有福报，不是一件很好的事情吗？这就需要996。

案例思考：

你同意马云的观点吗？为什么？

(六)团结协作

团队精神就是在企业里的一种氛围：能够不断地释放团队成员潜在的才能和技巧；能够让员工深感被尊重和被重视；鼓励员工们坦诚交流，避免恶性竞争；用岗位找到最佳的协作方式；为了一个统一的目标，大家自觉地认同必须担负的责任和愿意为此而共同奉献。

一个单位、一个部门要发展、要提高，必须要有一种团队精神作为支撑。

要做到团结协作，应做到以下几点：

第一，参与和分享。

【案例分析】

微软公司的故事

伦敦伯克贝克学院的心理学研究员阿德里安·派奇认为，已经接受了终身制工作文化的员工不愿意在工作中与他人分享知识，由此带来的商机错失、系统不全等问题使得企业每年要损失数10亿英镑。

以特殊的团队精神著称的微软公司在做产品研发时，有超过3000名开发工程师和测试人员参与，写出了5000万行代码。如果没有高度统一的团队精神，没有全部参与者的默契与分工合作，研发工程是根本不可能完成的。相反，有些公司，一项工程布置下来，大家明明知道无法完成，但都心照不宣不告诉老板。因为反正也做不完，大家索性也不努力去做事，却花更多的时间去算计，怎么把这项工作的失败怪罪到别人身上去。正是这些人和这样的工作作风，几乎把公司拖垮。

微软公司并非以其高额津贴出名。相反，它却以吝啬著称。据该公司的一位前任副总裁透露，多年以来，董事长比尔·盖茨因公出差时，总是自己开车去机场，而且坐的是二等舱。

案例思考：

团结对个人利益有何影响？

是什么神奇的吸引力，使这帮百万富翁(包括一两亿富翁)俭朴生活、低调行事？答案只有一个,是完全超越了自我的团体意识。微软人认为,他们不属于自己,而是属于微软这个团体。

董事长比尔·盖茨在谈到这种文化之时讲:这种企业文化营造了一种氛围,在这种氛围中,开拓性思维不断涌现,员工的潜能得以充分发挥。微软公司所形成的氛围是,你不但拥有整个公司的全部资源,还拥有一个能使自己大显身手、发挥重要作用的小而精的部门。每一个人都有自己的主见,而能使这些主见变成现实的则是微软这个团体。

第二,平等与尊重。每个人都有被人尊重的愿望,如果这种愿望能充分地得到满足,就会产生一种新的鼓舞力量。

【案例分析】

IBM 的平等文化

1914 年,托马斯·沃森创办了闻名于世的 IBM 公司。他看到当时有些企业内部风气不良,许多资历老的员工欺压新员工,新老员工之间结下仇怨,职工内部不团结。为了避免造成生产损失的情况在 IBM 公司里发生,托马斯提出了“必须尊重每一个人”的宗旨。

托马斯认为,尊重人就要讲公平,只有平等对待,互相尊重,才能形成团结友爱的氛围。因此,托马斯叫人专门制订了工作礼节的自我检查手册,人手一册,随时对照检查。为检查职工是否遵守必要的礼节,他在各个基层中,任命 1 或 2 名任期为 1 年的“礼节委员”。另一方面管理人员对公司里任何员工都必须尊重,也希望每一位员工尊重顾客,即使是同行竞争对象也应同等对待。在 IBM 公司里,每间办公室、每张桌子上都没有任何头衔字样,洗手间也没有写着什么长官使用,停车场也没有为长官预留位置,也没有主管专用餐厅。IBM 公司有这样一个非常民主的环境,每个人都同样受人尊敬。

案例思考:

以上事实告诉我们什么道理?

第三,互相信任。信任对于一个团队的重要作用:其一,信任能使人处于互相包容、互相帮助的人际氛围中,易于形成团队精神以及积极热情的情感;其二,信任能使每个人都感觉到自己对他人的价值和他人对自己的意义,满足个人的精神需求;其三,信任能有效地提高合作水平及和谐程度,促进工作的顺利开展。

第四,积极锻炼。培养团队精神可在以下几个方面进行训练:其一,培养主动做事的品格。不要被动地等待上司分配任务,应主动去了解需要我们做什么,并全力以赴地去完成。其二,培养参与意识。有意识地多参与集体活动,并且想方设法认真完成好个人承担的任务，养成认真对待学习、工作的好习惯。其三，培养宽容与合作的品质。一个人的价值在集体中才能得到体现。21 世纪人的失败将不是败于智慧，而是败于人际的交往上。成功的潜在危机是忽视了与人合作或不会与人合作。第四，要培养全局观念。团队精神不反对个性张扬，但个性必须与团队的行动一致。这就要求团队成员互相帮助，互相照顾，互相配合，为集体的目标而共同努力。

(七)勇于担责

坚守责任就是坚守我们自己最根本的人生义务。责任是对人生义务的勇敢担当，也是对生活的积极接受，更是对自己所负使命的忠诚和信守。要做一个充满责任感、勇于承担责任的人。

第一，工作就意味着责任。

没有责任感的员工不是优秀的员工。世界上没有不必承担责任的工作，职位越高、权力越大，肩负的责任就越重。一个人的责任心决定了他在组织中的位置。

【案例分析】

于丽的故事

大学毕业后，于丽应聘到一家外企。她每天上班的工作就是：拆应聘信，翻译，翻译，拆应聘信……工作量大而枯燥、索然无味，却还是得忙得四脚朝天。可于丽不急不躁，一直耐心仔细地做。10 天后，于丽被提升为人事部经理。升迁的理由是：一个名牌大学毕业的硕士生，每天千篇一律地拆信，不厌其烦地整理出有价值的信，推荐给老外上司，展示了她人事管理的才能，深得欣赏。

总裁认为：于丽能够尽职尽责，忠于职守，干一行爱一行，自己岗位上的每一件事情都办得非常出色。企业需要的就是这样的放到哪里都能发光的人。因此于丽理所应当是这一批应聘者当中的第一位升迁者。

案例思考：

于丽如何做到干一行爱一行？

第二，在其位，谋其事。

总的原则是要熟悉自己的岗位职责，发现职责内的任何问题就要主动地出面予以解决，否则等领导来安排你去工作时，那就是你的失职。

如一个花匠，定期浇水、修剪，发现花草出现枯萎等情况，要及时救治或要搬离现场，这些工作统统都是无须被安排的。不管什么理由，你做不到，就是失职，就是没有承担责任,不要因为你的工作让领导费了心。

如果你不想失业,就要在自己的位置上严格地要求自己:能做到最好,绝不允许自己做到次好。

承担责任还有一个最本质的要求,就是工作出了问题时要勇于承认,不能推诿塞责。

【案例分析】

文稿排版的责任

有个做市场策划的人,在设计印刷品时出现了文稿排版错误,公司决定对他进行处罚。他一再申诉说是技术人员提供的文字稿,技术人员要对文字稿负责。公司问他作为与广告公司的稿件最终确认人应该负哪些责任呢,他就答不上话了,但他最后依然坚持,稿子技术中心把关过,总经理审批过,必须对他们一并处理,而且他们应该负担至少80%的责任。

案例思考:

推卸责任对职业形象有何不良影响?

很明显的事实是,技术人员是没有责任要校对错别字的,他们关心的是技术上的内容可行不可行,不是责任。而总经理一天要过目众多材料,他也不可能为校对负责。

这个员工在面对责任时就缺乏一个理性的态度,这样对认识自己的缺陷、提高自己的能力是不会有帮助的。

第三,从自身找原因。

小孩不小心撞到桌子上,大哭。中国妈妈和日本妈妈对此的态度是不同的:

中国妈妈往往第一个动作是打桌子,当然这是哄小孩的一种方法,可是在无形之中告诉孩子,责任在别人。

日本妈妈会把孩子带到桌子旁边说:“来,再走一次。撞到桌子有3个原因:第一你是跑步的速度太快,躲闪不及;第二你是的眼睛一直看着地没有注意前方;第三你是心里面不知道在想什么。你是哪一种呢?”

日本的教育非常注重对孩子责任心的培养。桌子是没有生命的,不能把撞到桌子的责任归咎于桌子,推卸责任是不可取的。

现在在企业里,老板越来越需要那些敢做敢当、勇于承担责任的员工。

【案例分析】

保罗·查来普的箴言

“我警告我们公司的人,”美国塞文事务机器公司前董事长保罗·查来普说:“如果有谁说:‘那不是我的错,那是他(同事)的责任’,被我听到的话,我就开除他。如果你站在那儿,眼睁睁地看着一个醉鬼坐进车子里去开车,或一个没有穿救生衣、只有2岁大的小孩单独在码头边上玩耍!你必须跑过去保护那个2岁的小孩才行。”

“不论是不是你的责任,只要关系到公司的利益,都该毫不犹豫地加以维护。如果一个员工想要得到提升,任何一件事都是他的责任。如果你想使老板相信你是个可造之才,最快的方法,莫过于寻找并抓牢促进公司利益的机会,哪怕不关你的责任,你也要这么做。”

案例思考:

查来普的话有道理吗?为什么?

由此可见,老板心目中的员工,都应是负责的人。

第四,主动承担责任。

什么是主动性?就是别人没有告诉你,你正做着恰当的事情。

只有当员工在为自己的企业承担责任时,他才会意识到自己在企业中是重要的,他才真正感觉到自己在企业中是有存在感的。

【案例分析】

瑞辉公司的故事

作为全球最大的制药公司,瑞辉生物制药公司在中国的各个投资项目累计投资总额超过5亿美元,是目前在中国投资最大的外资制药企业之一。瑞辉的副总经理帕特·奥布瑞恩抱怨说:“我们公司有些员工在工作时只想着如何做才会不让自己吃亏,凡事对自己有利就去做,稍微有些风险就害怕承担责任。”

事情的原本是这样的:前不久,公司研发部根据计划准备开发一种新药,可是后来做了几次初步的试验后发现存在一定的风险。眼看年底快到了,为了避免可能发生的研发失败而影响年终绩效考核和奖金,以及可能要承担的风险责任。研发部就打了份报告上来说了一大堆理由,硬是取消了这个计划,其实这个计划是很值得做下去的。

案例思考:

为什么说勇于担当是可贵的品质?

(八)办事公道

公道与公平、公正,含义基本相同,是指我们在办事情、处理问题时,要站在公正的立场上,对当事双方公平合理、不偏不倚,无论对谁都是按照一个标准办事的职业道德规范。不论对什么人,都要坚持正确的原则。

办事公道,应做到以下几点:

第一,坚持真理。

坚持真理就是坚持实事求是的原则,就是办事情、处理问题要合乎公理、合乎正义,是靠日常的品行锻炼培养出来的。

【案例分析】

孟宪福的故事[①]

黑龙江省五常人民法院庭长孟宪福,在诸多"说情人""拉关系者"之中,不畏位高权重的领导,坚持真理,严肃执法,秉公办案,成为群众心目中"真正的法官。"

权势,必须给法律让路。一次,一位局长的女婿自恃"门子"硬,将法院已扣押的冰箱等物品转移变卖,拒不履行给付义务,法院依法将其拘留。有人出面说情:"不就是欠了钱嘛,你先把人放了,我们明天亲自送钱。就是你们院长来,这个面子也还是要给的。"孟宪福不卑不亢地回答:"局长的面子再大也大不过法,院长来了,也要依法办事。"

金钱,动摇不了他坚强的意志。一个当事人为了缓缴执行款,打听到他家,暗中把钱塞在他家的沙发下面,孟宪福第二天当面退还。当事人不死心,又提出拉他做买卖,不用他投资,只要提供法律咨询就行,无论赔挣,每年给他一万元。他淡然一笑:"法院有规定,干警不能经商。"当事人只好及时付清了执行款。

亲情,左右不了法律公正的原则。他的表哥因宅基地纠纷被起诉到当地法院,特意求他"过话"帮忙,他说:"我办案别人不能讲情,我也从不干扰别人办案。有理就赢,没理打赢了官司那不是欺负人家吗?"他还给表哥约法三章:不准向当地法庭透露亲属关系;不准提无理要求;不准请客送礼。表哥骂他是"六亲不认"。一位老战友找到他:"我亲戚做买卖欠别人两万多元钱,起诉到法院了,你能不能帮忙不判付利息?"他明确而肯定地回答:"这个忙我帮不上,应依法付给利息!"老战友非常不理解:"咱们战友一回,老孟你真行啊!"拂袖而去。他们不明白,在孟宪福心中,法律的公正是至高无上的。

---

① 中国人物年鉴2001[M].北京:中国人物年鉴社,2001:204.

坚持真理,要努力做到:在大是大非面前立场坚定;在政治风浪面前头脑清醒;在腐朽思想文化面前自觉自制;在个人利益和集体利益面前自觉服从大局;积极地改造世界观,在实践中不断坚定自己的信仰、志向,锤炼自己的意志、品质;要做到照章办事,按原则办事,做到行所当行,止所当止;要敢于说"不",坚持真理,敢于反对错误的东西,拿起批评的武器,与错误的行为做斗争

第二,公私分明。

公私分明是指要把社会整体利益、集体利益与个人私利明确区别开来,不以个人私利损害集体利益。

一要正确认识公与私的关系。个人的发展要以集体或整体的发展为条件;集体的发展也离不开个体的活动和贡献。

【案例分析】

吴利民的故事

吴利民是某跨国公司中国区工程部的经理。近日记者采访他时发现了一件特别有意思的事。一位公司小姐拿给他一张本月电话费清单。他在上面认真地勾出了自己因私事打的电话,然后公司将从工资中扣除这部分用于私人的电话费。

记者不解地问:"公司几十万年薪都付了,为什么还在乎这点小钱儿?"对此吴先生说:"打电话,看起来是小事,其实却是企业文化的一部分。作为一个员工必须时刻要有公私意识,要有原则性,否则在工作中就有可能公私不分,为个人利益而损害公司利益。"

那么,电话费清单中又如何分清公私电话?公司又如何监督?吴先生说,这只是个道德约束准则,每位员工都要凭良心按这个准则办事,它考验的是员工的人品。万一被人发现、检举或查出"以公谋私",员工一是名誉扫地,二是会立刻被炒鱿鱼。

案例思考:

吴利民的故事告诉我们什么道理?

二要顾全大局。这是处理集体与个人、公与私的关系的一个基本要求。在工作中,维护领导的形象是职业人顾全大局的具体表现。

三要设身处地地为企业着想。工作中,主动地时时处处想到别人、国家和社会,能够设身处地地为企业着想,为他人着想,与人为善。

【案例分析】

刘佑全的故事

博士后、河南省夏邑县原科技副县长刘佑全，于1992年在国外学成之后，放弃了国外的优越条件回到祖国，又放弃了上海的优厚待遇，选中了豫西山区的一家化工企业，在短短8个月时间内，取得了一系列享誉海内外的丰硕成果。2000年3月担任夏邑县科技副县长后，又以拼命三郎的劲头对待工作，以至积劳成疾，英年早逝。生前，他在生活和待遇方面，对自己近于“苛刻”，自降工资，自降职称，严格要求家人。病危时嘱咐亲属：“我做人有个原则，不沾公家一分钱的光。夏邑人民富起来是我最大的心愿。今后家中有困难，千万不要给组织找麻烦。”刘佑全这些发自肺腑的言语表现了一个科技工作者崇高的世界观、人生观和价值观，也表现了一个现代知识分子无私奉献的赤子情怀。

案例思考：

刘佑全的可贵之处在哪里？

四要从细微处严格要求自己。

细小的问题往往决定企业的成败，而态度是能否发现这些“小问题”的关键。

【案例分析】

千里之堤，溃于蚁穴

临近黄河岸边有一片村庄，为了防止水患，农民们筑起了巍峨的长堤。一天，有个老农偶然发现蚂蚁窝一下子猛增了许多。老农心想：这些蚂蚁窝究竟会不会影响长堤的安全呢？他在回村去报告的路上遇见了他的儿子。老农的儿子听后不以为然地说：那么坚固的长堤，还害怕几只小小蚂蚁吗？”随即拉着老农一起下田了。当天晚上风雨交加，黄河水暴涨。咆哮的河水从蚂蚁窝始而渗透，继而喷射，终于冲决长堤，淹没了沿岸的大片村庄和田野。

这就是“千里之堤，溃于蚁穴”这句成语的来历。“勿以善小而不为，勿以恶小而为之”，对消极腐朽的东西要见微知著，防微杜渐。

第三，公平公正。

公平公正是指按照原则办事，处理事情合情合理，不徇私情。

一是要坚持按照原则办事。对待周围的事和人做到不偏不倚，秉公办事。

【案例分析】

山东省首例不服海关行政处罚案[①]

烟台市平和律师事务所王建平律师在1994年接手了一个案件,是山东省首例不服海关行政处罚案。烟台某单位潘某赴韩国考察,在某海关出关时,被海关人员叫回复检。复检完毕,双方发生争执,海关复检人员叫来港口派出所的人员将潘某拖至派出所内进行殴打。潘某出关下船后,即住进韩国医院,经诊断为脑震荡和大面积多发性外伤。奇怪的是,事后某海关竟发出通报,给复检人员颁发了委屈奖,理由是他们打不还手,骂不还口。打人者反而受了"委屈",而住院接受治疗长达120多天的受打者却被认定拒不接受海关查验,处以罚款3000元。潘某找到王律师,还担心"我是一名普通百姓,告的是海关,你敢接我这个案子吗?""敢!只要你如实陈述,实事求是,再难的案子也要相信我们的党,相信我们国家的法律。"王律师回答道。他安排所里的律师进行了前期调查准备工作,并将调查情况进行了集体研究。认为某海关认定的事实不能成立,向某市中级人民法院提出起诉。

一审法院不仅维持原处罚决定,而且在判决书中肯定某海关的做法。事后了解到,某海关在下达行政处罚决定以前,事先就与某中院法官商量好如何处罚,如此一来,原告岂有不败之理?有人讲:"案子就是上诉,估计也得维持原判。"当事人心灰意冷,案子败诉给他的打击太大了。而王建平则认为:"有道理,一定要上诉,哪怕是打到最高法院。不为别的,就为讨回一个公道,讨回一个'法'字。"二审期间,有人给他捎话:"只要你不给潘某人代理,不要太认真,其他事情好商量。"

言外之意,只要他退出代理,就会得到好处。"这种事我从来不做也永远不会做,干律师的就是要靠法律,靠公正吃饭,案子我将打到底。"他这样回答捎话人。二审期间,他又深入现场调查取证,几次上济南与经办法官交换意见、反映情况。几经努力,省高院二审终审,撤销了某海关的行政处罚决定及某市中级人民法院的一审判决,为当事人恢复了名誉。

案例思考:

以上故事告诉我们什么?

---

① 郝连儒,庞业明.职业道德与就业指导教程[M].北京:中国商务出版社,2005:102.

二是不怕权势,不计个人得失。

【案例分析】

刘明祥的故事[①]

吉首市公安局纪委书记刘明祥就是一个榜样。1998年除夕,某派出所所长在吉首市人民北路发现两名青年借酒寻衅闹事,便上前制止,哪知道这两名闹事青年,竟抓住该派出所所长一番纠缠厮打。不得已,该派出所所长只得依照有关规定,将这两名闹事青年带往派出所强制醒酒。这两名青年一到派出所,就向他们当"大领导"的亲戚告状,诬告派出所所长等干警对其殴打关押。那位"大领导"马上指示有关部门要对该派出所所长等干警从严处理。刘明祥受命担负了此案的查处工作,经调查组调查,弄清了事实真相,认定某派出所所长和干警并无错误。闻知调查结论后,某领导以了解案情为由亲自出面,想推翻调查组的调查结论,有的人甚至给刘明祥打电话威胁。他全然不理会这些,横下一条心,顶住干扰和压力,硬是维护了调查组调查结论的公正性,为派出所干警洗清了冤情。

案例思考:

如果刘明祥屈从某领导的面子,结果会怎样?

三是视信誉为生命。一个没有信誉的员工肯定不是一个敬业的员工。讲信誉是做人的根本,也是敬业的根本。

【案例分析】

留学德国的故事

一名在德国留学的学生,毕业时成绩优异,便决定留在德国。他四处求职,拜访过很多家大公司,却全都被拒绝,因此他很是伤心、恼火。但想又没有别的办法,就选了一家小公司去求职,心想,这次无论如何也不会再被有眼无珠的德国人赶出门了!

结果呢?这个小公司虽然小,仍然和大公司一样很有礼貌地拒绝了他。

高才生忍无可忍,终于拍案而起:"你们这是种族歧视!我要控……"

对方没有让他把话说完,低声告诉他:"先生,请不要大声说话,我们去另外的房间谈谈好吗?"

他们走进无人的房间,德国人请愤怒的留学生坐下,为他送上一杯水,然后从档案袋

---

① 彭宝顺.廉政资鉴[M].太原:山西人民出版社,2008:294.

里抽出一张纸,放在他面前。留学生拿起看了看,是一份纪录,记录他乘坐公共汽车曾3次逃票。他很惊讶,也更加气愤:原来就是因为这么点儿鸡毛蒜皮的事,小题大做!

案例思考:

逃票是小事吗?

第四,光明磊落。

光明磊落是指做人做事没有私心,胸怀坦白,行为正派。

一是要把集体利益放在首位。

【案例分析】

景德元的故事

景德元,上海航空工业总公司原总经理。18岁到哈尔滨飞机厂工作,因其工作踏踏实实、勤勤恳恳、兢兢业业、表现突出,第二年就被吸收为中国共产党党员。后来他被调到江西景德镇昌河飞机厂参加研制直升机,1986年担任上海航空工业总公司总经理兼上海飞机制造厂厂长。景德元曾被评为劳动模范、先进标兵、优秀企业家,是一个在中国航空界颇有知名度的企业家和飞机制造专家。但随着贡献的增大、荣誉的增多、职务的提升,他渐渐放松了思想改造,拜金主义、享乐主义和极端个人主义思想逐渐充斥头脑。他开始考虑个人的安逸,为子女出国经商提供便利条件;开始厌倦政治学习,热衷于吃喝玩乐;也听不进不同意见和善意批评,进而随心所欲,胡作非为,收受贿赂,最终跌入了犯罪的深渊。

案例思考:

景德元给我们什么警示?

二是说老实话,办老实事,做老实人。言行一致,表里如一;工作脚踏实地、不图虚名,不摆花架子,不放空炮;对组织襟怀坦白,绝不隐瞒自己的观点;有问题摆在桌面上,不耍阴谋诡计;对同事推心置腹,肝胆相照,绝不用谎言来欺骗组织、坑害同事。

【案例分析】

乔凯和鲍冰的故事

乔凯和鲍冰同在一家公司工作。鲍冰在公司人缘极好,他不仅技能精湛,而且总是笑脸迎人,和同事和谐相处,乐于帮助别人,同事对他的评价很高。

一天晚上，乔凯有事找经理，到了经理门口时，听到里面有鲍冰的声音，鲍冰正在向经理说同事的不是，平时很多不起眼的小事被鲍冰添油加醋地说着，而且鲍冰还说了自己的坏话。

从此以后，乔凯对于鲍冰的一举一动，每一个表情，每一句话都充满了厌恶和排斥感，他无论表演得多好，说任何好听的话，乔凯都对他存有戒心。而经理对鲍冰的态度也发生了变化，他对鲍冰很冷淡，因为他也有一双眼睛，他发现有些事并非像鲍冰所说的那样严重。

案例思考：

鲍冰存在个人问题？

三是坚持原则，无私无畏。

【案例分析】

乔治・布什的故事

美国前总统乔治・布什被西点学子认为是坚持原则的典范。他被称为是个"原则性很强的人"，他坚持"一就是一，二就是二的原则"。

1981 年春，当时身为副总统的布什正在飞往外地的例行公务的飞机"空军 2 号"上。突然接到国务卿黑格从华盛顿打来的电话："出事了，请你尽快返回华盛顿。"几分钟后的一封密电中告知总统里根已中弹，正在华盛顿大学医院的手术室里接受紧急抢救，飞机调头飞向华盛顿。

飞机在安德鲁斯着陆前 45 分钟，布什的空军副官约翰・马西尼中校来到前舱为结束整个行程做准备。飞机缓缓下滑时，马西尼突然想出了个主意，他说："如果按常规在安德鲁斯降落后，再换乘海军陆战队一架直升飞机，飞抵副总统住所附近的停机坪着陆，再驾车驶往白宫，要浪费许多宝贵时间。不如直接飞往白宫。"

布什考虑了一下，决定放弃这个紧急到达的计划，仍按常规行事。

"我们到达时，市区交通正处高峰时期，"马西尼提醒道，"街道上的交通很拥挤，坐车到白宫要多花 10～15 分钟的时间。"

"也许是这样，但是我们必须这样做。"马西尼点点头："是的，先生。"说着走向舱门。

看到马西尼中校显得疑惑不解，布什解释道："约翰中校，只有总统才能在南草坪上着陆。"布什坚持着这条原则。

案例思考：

如果乔治・布什的飞机在南草坪上着陆，结果会怎么样？

三、职场新人职业道德行为的养成

职业道德行为是指从业者在一定的职业道德知识、情感、意志、信念支配下所采取的自觉活动。

职业道德行为养成是指职业道德行为按照职业道德规范要求进行有意识的训练和培养。

(一)一切从实际出发

各行各业的工作性质、社会责任、服务对象、服务手段不同,因而每一行有各自的行业职业道德。如:在护士职业道德规范中有这样一条规定:坚持原则,不谋私利。具体做到:坚持护理原则,坚持实事求是,不弄虚作假,出现差错事故不隐瞒,积极采取措施补救;不以护理职权之便谋取个人私利,不接受病人的馈赠吃请,自觉抵制和纠正不正之风。

(二)自觉加强日常行为训练

在日常生活中培养,在自我修养中提高。具体来说,就是要学会使用敬语、谦语、雅语,要学会如何接听电话,要注意自己的仪容仪表。

1.学会使用敬语、谦语、雅语

客人来访时。使用“您好!”、“早上好!”、“欢迎光临”等语言,表情微笑;处理方式:马上起立,目视对方,面带微笑,握手或行鞠躬礼。

询问客人姓名。使用“请问您是……”、“请问您贵姓？找哪一位?”等语言;处理方式:必须确认来访者的姓名,如接收客人的名片,应重复“您是××公司×先生”。

在日常工作中,大家应留意是否使用以下语言:您好、请、麻烦您…、劳驾、打扰了、贵公司、欢迎、请问、请稍等、抱歉、没关系、不客气、见到您很高兴、非常感谢(谢谢)、再见(再会)。

2.学会如何接听电话

表 7-1　接电话礼仪——以美容预约电话为例

顺序	基本用语	注意事项
1.告知姓名	“您好，××美容会所”“让您久等了”“早上好”	铃响 3 声内接起 准备记录纸笔 音量适度
2.确认对方	“×女士，您好！”“感谢您的支持”等	向对方确认 向客户表达感谢
3.听取用意	“是”“好的”“清楚”“明白”等	必要时应进行记录 谈话时不要离题
4.进行确认	“请再重复一遍”“那么明天××见”	确认时间、地点、对象和事由 如果是传话就记录下时间、留言人
5.结束语	“请放心”“谢谢”“再见”	等对方放下电话后再轻轻放回电话机上

3.注意自己的仪容仪表

(1)站姿。正确的站姿是抬头、目视前方、挺胸直腰、肩平、双臂自然下垂、收腹、双腿并拢直立、脚尖分呈 V 字型、身体重心放到两脚中间；也可两脚分开，比肩略窄，将双手合起，放在腹前或腹后。

(2)坐姿。入座时要轻，至少要坐满椅子的 2/3，后背轻靠椅背，双膝自然并拢(男性可略分开)。身体稍向前倾，表示尊重和谦虚。

(3)男职员。可将双腿分开略向前伸，如长时间端坐，可双腿交叉重叠，但要将上面的腿向回收，脚尖向下。

(4)女职员。入座前应先将裙角向前收拢，两腿并拢，双脚同时向左或向右放，两手叠放于左右腿上。如长时间端坐可将两腿交叉重叠，但要注意上面的腿向回收，脚尖向下。

(5)引路。引路人在走廊上应走在客人左前方的 2、3 步处。引路人走在走廊的左侧，让客人走在路中央(右侧)。引路时要注意客人，适当地做些介绍。拐弯或台阶的地方用手势并提醒客人“这边请”或“注意楼梯”等。

(6)电梯。第一,电梯没有其他人的情况。在客人之前进入电梯,按住“开”的按钮,此时请客人再进入电梯。如到大厅时,按住“开”的按钮,请客人先下。电梯内有人时无论上下都应客人、上司优先;第二,在电梯内。先上电梯的人应靠后面站,以免妨碍他人乘电梯。电梯内不可大声喧哗或嬉笑吵闹。电梯内已有很多人时,后进的人应面向电梯门站立。

(三)努力做到“慎独”

慎独是职业道德的最高境界。简单地说,慎独就是在无人监督的情况下,是最能考验一个人的素养的。慎独是做到有人在场和无人在场一个样;从小事做起,做到大事小事一个样。刘少奇对慎独作了更通俗的解释:一个人独立工作、无人监督时,有做各种坏事的可能。而做不做坏事,能否做到“慎独”以及坚持“慎独”所能达到的程度,是衡量人们是否坚持自我修身以及在修身中取得成绩大小的重要标尺。

【案例分析】

陈玲的故事

陈玲是某企业人力资源部经理,最近为“炒”一个员工的事跟老总闹别扭。事情是这样子的:销售部有三个员工在张明的带动下私分1500元钱的货款。事情暴露了以后,陈玲向老总递交了辞退张明等四人的报告,但老总只批了辞退三名员工却保留张明。陈玲很明白张明是老总的老乡,老总是念乡情而不“炒”他。但私分1500元钱的带头人是张明,带头的不用被“炒”,这事传出去了会有什么后果……陈玲为此事多次做老总的工作,但老总坚持不变。

案例思考:

1.这样的处理结果公平吗?

2.假如张明是核心员工如果“炒”了他,会令企业经济受损,你怎么处理?

【案例分析】

海尔集团的故事

在海尔集团刚刚生产出滚筒洗衣机时,潮州有位用户给张瑞敏写了封信,说在广州看到有这种洗衣机但潮州没有,希望张瑞敏能帮助弄一台。海尔集团的文化服务目标是:把用户的烦恼减少到零。于是张瑞敏派广州的一名员工把洗衣机通过出租车送到潮州去。当出租车行驶到离潮州两公里处因手续不全被检查站扣住了。这名员工在路上被截车后，毅然背着这台75公斤重的洗衣机走了3小时送到了用户家。但用户还埋怨他来得太晚，这名员工没有吭气，立即给这个用户安装好了洗衣机。后来，这名用户得知事件真相后，非常感动，给《潮州日报》写了一篇稿。稿件刊登出来后，海尔集团由此获得了巨大的社会声誉。

案例思考：

1.海尔这名员工表现什么样的职业道德？

2.根据海尔的这个案例，请分析员工的职业道德与企业文化的关系。

【案例分析】

实习生的故事

新来的实习生小李和小陈在复印室努力解决复印机出现的问题。小陆从复印室走过见他们急得焦头烂额，迟疑了一下。小陆对付这台老爷机有丰富的经验，但她并不熟悉新来小李和小陈，所以有点犹豫，不知道是否要帮助他们。小李看见了她，主动打招呼说："你好。"小陆应答了一声："嗨。"然后就走开了。小李对小陈说："她这人好冷淡，见到我们有麻烦也不帮我们。"小陈说："是啊，听说她这人很势利，我们是新人，先忍着吧"。

案例思考：

他们的职业道德有问题吗？如果有的话，会造成什么样的后果？

第二节　人际关系

美国著名心理学家、人际关系学大师戴尔·卡耐基认为，未来社会的成功源于15%的才能加85%的人际协调能力。内心的伤痛和快乐都是无形的，看不见的，但是这种力量对人造成的影响却是实实在在的。良好的人际关系，不仅能给我们带来快乐，更能帮助我们走向成功。进入职场阶段，新的良好的人际关系开始成为影响新人健康成长重要的因素。学习人际交往是每个人必须面对而又无法逃避的问题。

【案例分析】

天堂与地狱

天堂与地狱里的人都用一双很长的筷子吃饭，但最后地狱里的人都快饿死了，而天堂里的人们都过得很幸福。

案例思考：

为什么天堂与地狱里的吃饭有如此差别？

从故事的逻辑上看，这是因为，地狱的人只喂自己所以喂不进嘴里；天堂的人相互喂，大家都吃得很开心。这则故事虽然是虚构的，但它告诉我们人际交往的重要性，即1＋1＞2。因为从内心讲，人人都渴望交往，人与人交往具有很多极其重要的意义。

一、人际交往含义

（一）人际交往的含义

人际交往也称人际关系，是个体与周围人之间的一种心理和行为的流通过程。人际交往表现为人与人之间的心理距离，反映着人们寻求满足需要的心理状态。

从动态讲，人际交往是指人与人之间一切直接或间接的相互作用，但都超不出信息沟通与物质交换的范围；从静态讲，是指人与人之间通过动态的相互作用形成的情感联系。

（二）人际交往的重要性

亚里士多德说："能独自生活的人，不是野兽，就是上帝。"在社会生活中，人们几乎每天都要和他人打交道。

有人估计，个人每天除 8 小时睡眠以外，其余 16 个小时中有 70％的时间是在进行人际交往。

各种各样的科学研究已经证明，如果一个人学会了如何与他人打交道，不管你从事什么工作，不管你的职务是什么，你都在通往成功的道路上走完了 85％左右的行程，而在取得自己的幸福方面，已经有了 99％的把握。

人际交往构成了每个人人生的主要内容。个体是在复杂的人际交往中不断成长与发展的；事业成功、生活幸福也是以人际交往的成功为前提的。人际交往的成败对人的影响超出了人们的想象。

【案例分析】

沙赫特实验

美国心理学家沙赫特·斯坦利曾经做过这样一个实验:他以每小时15美元的酬金聘人呆在一个小房间里。这个小房间与外界完全隔绝,没有报纸,没有电话,不准写信,也不让其他人进入。最后,有两人应聘参加实验。实验结果是一个人在小房间里只呆了不到两个小时就出来了,另一个人呆了8天。这个呆了8天的人出来以后说:"如果让我在里面再多呆一分钟,我就要发疯了。"

案例思考:

读了上述材料,你有何感受?

以上案例说明,人如果封闭自己,就会使自己陷入孤立。我们要以积极开放的心态与他人交往,可以获得更多的友情,分享更多的快乐。发展友谊,获得友情是保持健康心理的必不可少的"营养"。

二、人际关系理论与测量

(一)马克思的社会交往理论

1.三大社会形态交往理论

交往和交往关系是马克思主义概念中两个重要且不同的范畴。交往是一个客观范畴,它表征实践,即在分工、生产方式基础之上建立起来的经济、政治、文化领域以及它们之间的交互关系,而交往关系则是一个主观范畴。它意味着在交往基础之上建立起来的人们之间的感情亲密程度。由于交往关系常常主要是在人与人之间发生和进行的,交往关系也就常常被视为人与人之间的关系即人际交往。在现代社会中,正确理解"人与人之间的交往(人际交往)理论",对人们的行为实践,人生指导都有一种极为重大的意义。

马克思认为,交往形式与社会形态是一一对应的关系。人的依赖关系起初完全是自然发生的最初的社会形态,在这种形态下,人的生产能力只是在狭窄的范围内和孤立的地点上发展着。以物的信赖性为基础的人的独立性,是第二大形态。在这种形态下,才形成普遍的社会物质交换,全面的关系,多方面的需求以及全面的能力体系。建立在个人全面发展和他们共同的社会生产能力成为他们的社会财富这一基础之上的自由个性,是第三个阶段,第二个阶段为第三个阶段创造条件。

在现代社会中,人与人之间的交往,人与人之间的关系都作为一种异化的形式而出现,人与人之间是一种不平等的带有明显控制支配性质的关系。如果任这种关系随意发展而不加以引导,势必会导致整个社会的混乱、无序、倒退、堕落、沉沦。每个人在处理与别人的关系中都完完全全地把别人当作实现自己目的的工具看待,别人在他的眼里只是一种工具,而不是也不可能是任何目的。这样的社会是一个悖离人性的社会,它在这方面越是发展,它就越是尽快地走向毁灭。如何引导人们的交往以及平衡人们的关系,使人们的交往关系处于一个平等、有序健康的状态,并且构建整个社会的和谐呢?有学者认为在人际交往关系中,通过人们之间的感情利益原则和人们之外的国家调控原则的双向调节,可以为人们之间平等,和谐,持久的交往提供一个重要的指南。[①]

2.马克思的交往革命

马克思和恩格斯在思考“世界交往”的时候,十分注重交往媒介的发展。1859 年,马克思曾计划专门研究交往工具是如何影响世界历史进程的。19 世纪初以来,随着工业革命的发展,世界上正在发生交通和通讯革命,大众媒体和其他信息产业得到显著发展,世界呈现出进入密集性社会交往时代的趋势。就此他的写作大纲如下:“交往手段的影响。世界史不是过去一直存在的;作为世界史的历史是结果。”

第一,电报是“物化的知识力量”。

无论用词是“工具”,还是“手段”“媒介”,马克思和恩格斯很早就意识到任何适宜的新媒介的发明,对于世界市场的形成都有巨大的影响。他们指出:当人们解决了吃穿等基本问题后,“为满足需要用的工具又引起新的需要。这种新的需要的产生是第一个历史活动。”在写作《共产党宣言》的时候,电报尚处于试验阶段,他们就将“电报的使用”与轮船的行驶、铁路的通行并列为资产阶级所创造的巨大生产力的主要标志。

现代交往媒介的本质是科技是第一生产力。电报的出现对马克思认识产生重大的影响。因此马克思在《资本论》中谈到:“自然界没有制造出任何机器,没有制造出机车、铁路、电报、走锭精纺机等。它们是人类劳动的产物,是变成了人类意志驾驭自然的器官或人类在自然界活动的器官的自然物质。它们是人类的手创造出来的人类头脑的器官;是物化的知识力量”。固定资本的发展表明,一般社会知识,已经在多么大的程度上变成了直接的生产力,从而社会生活过程的条件本身在多么大的程度上受到一般智力的控制并按照这种智力得到改造。它表明,社会生产力已经在多么大的程度上,不仅以知识的形

① 曾令剑.关于马克思“物的依赖性”社会中人怀交往关系的探讨[J].齐齐哈尔大学学报,2008(4):36-39.

式,还作为社会实践的直接器官,作为实际生活过程的直接器官被生产出来。① 这说明,现代交往媒介的实质是科学和知识的力量,是人的智力和创造能力的发展。这正是现代信息社会或知识经济社会所讨论的问题。

第二,交往革命是“用时间消灭空间”。

马克思和恩格斯所指的交往革命,是一个广义的概念。

交往革命的结果还包括内河轮船、内陆运河、公路、现代报刊、一便士邮政厅和巨大的工业城市本身。这些大规模的交往手段,为 19 世纪的物质和精神交往的急剧扩展奠定了基础。马克思指出:“交往手段的增加和改良,……建立了精神与贸易的发展所必需的交往。”

任何物流和信息流都要克服社会生活空间和时间的限制,因而跨越空间的传播技术是实现传播的核心问题。所谓交往革命,从另一个角度看,指的是在媒介技术上发生了延伸人的手脚、视觉、听觉的突破性变革。

交往革命并不是突然发生的。马克思在《资本论》第一卷分析工业革命与交往革命的关系时指出:工厂制度成熟到一定程度并普遍推行后,作为“社会生产过程的一般条件”的交往运输业必须变革,以适应狂热的生产速度、巨大的生产规模、大量的资本和劳动力转移、大量的经济和政治信息的传递等等新情况。于是,“交往运输业是逐渐地靠内河轮船、铁路、远洋轮船和电报的体系而适应了大工业的生产方式。”

“用时间消灭空间”是马克思关于 19 世纪的信息传播与物流关系的论断,源于他的《1857—1858 经济学手稿》,后来他在《资本论》第二卷《资本的流通过程》的写作中进行了进一步的论证。

马克思在讨论商品的流通费用时,提出了“用时间消灭空间”的思想。他把时间和空间看作生产的要素。因为通过空间把商品运送到市场,以及传送关于商品信息(时间),均要消耗必要的费用(流通费用),这些费用是商品成本的一部分。然而,快速的商品信息的传递,能够大大减轻由于空间距离的遥远和信息的不通畅造成的不必要的损失。就此他写道:“把商品从一个地方转移到另一个地方所花费的时间缩减到最低限度。资本越发展,从而资本借以流通的市场,构成资本空间流通道路的市场越扩大,资本同时也就越是力求在空间上更加扩大市场,力求更多地用时间去消灭空间。”②

马克思如此重视“交往革命”,也是由于现代交往媒介所具有的强大的“用时间消灭空间”、在全球范围内越来越能即时地还原面对面人际交往的功能。在现代市场经济条件下,交往媒介的这种功能得到了资本的强大驱动力。

---

① 马克思恩格斯全集(第 46 卷下)[M].北京:人民出版社,1980:219.

② 陈力丹,王晶.马克思“用时间消灭空间”的思想[J].新闻前哨,2011(5):89.

正如加拿大学者文森特·莫斯可所指出的那样,“最近的批评也追随马克思的观点,描述了这种空间效应的转移和多重性”,这表明学界对马克思“用时间消灭空间”的观点给予了肯定。

第三,马克思预见未来是信息社会。

马克思在现代媒介发展初露端倪时,就敏锐预见到未来社会的特点,他的论述可以概括为:第一,生产结构发生变化,信息产业居主导地位。他在论述交往革命时就意识到传统的劳动方式转变为现代劳动方式。马克思也注意到劳动力明显地向知识密集型产业的转移。第二,劳动力结构发生变化,劳动中智力的支出将超过体力的支出。“工人把由他改变为工业过程的自然过程作为媒介,放在自己和被他支配的无机自然界之间。”“发展为自动化过程的劳动资料的生产力要以自然力服从于社会智力为前提”。第三,资源结构发生变化,知识生产力成为社会财富增长的极其重要的资源。第四,科学的组织和决策机构处于社会的中心地位。未来社会进化程度的标准,是“社会生活过程的条件本身在多么大的程度上受到一般智力的控制并按照这种智力得到改造。”

马克思和恩格斯关于世界交往和交往革命的论述、马克思关于未来社会特征的预见,明显地含有后来马歇尔·麦克卢汉关于地球村、媒介即讯息、媒介是人体的延伸等等思想的影子。马克思从机器时代的某些特征向前看,发现了未来社会的某些萌芽特征。特别是当时刚刚出现的电报,1844 年试验成功,1847 年底马克思和恩格斯的《共产党宣言》便将它与机器的采用、化学的应用、轮船和铁路等并列为当时巨大的生产力的代表。在美国发表的关于英国第一次将电报用于商业信息传播的新闻,就是马克思写的。从分析当时自动化机器体系而预见到未来信息社会的某些特征,表明了马克思拥有敏锐的洞察力。

(二)西方人际交往理论

1.符号相互作用论(象征性交往理论)

该理论旨在分析社会的多元性和冲突性,社会生活的相对开放性,社会结构的不稳定性,主观解释的重要性,道德和社会规则的文化相对性以及自我的社会结构性。

所谓象征,就是用人们在人际交往中所展现出来的活生生的具体人来衬托交往另一方的形象,使交往双方的关系明朗起来、清晰起来,并且明确意识到自己在交往中所担任的角色。

主要观点:(1)美国社会心理学家米德(G.H.Mead)把个体看作是相互作用的基本分析单元,强调在人类意义上符号和语言的作用。(2)米德等最感兴趣的是研究个体、群体、社会如何发出信息、传递信息以及对方对此的反应。(3)米德从人的心理特点出发,受行为主义心理学思想的启发,提出了一个公式:即刺激—符号的意义—反应。(4)米德认为人与人在交往中的相互影响,可以用模式图表示(见图 7-1)。

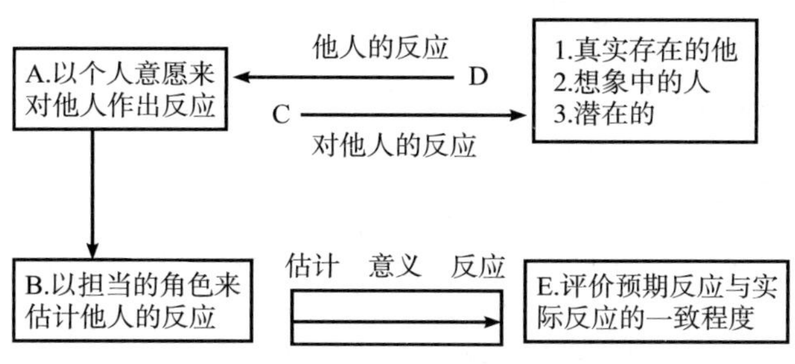

图 7-1　米德的人际交往相互影响模式

符号相互作用论优点:重视语言符号在交往中的作用,强调对他人行为倾向的预测、估计,要求人们按照自己在交往活动中所担任的角色来行事,并注重行为效果的反馈,认为客观现实是心理反应产生的源泉和内容,所有这些都是有积极意义的。

符号相互作用论缺点:它把整个社会关系和文化简单归结为符号,过分夸大了外部行为的影响力,而忽视了人的主观能动性,人在交往过程中的积极性和主动性,把社会中人们复杂的交往关系简单化,有机械主义的倾向。

2.康波和斯尼格的场合交往理论

美国学者康波(A.W.Comb)和斯尼格(S.P.Snygg)提出以下观点:第一,交往中的个体行为受两个因素影响:交往者怎样认识所面对的交往情境;交往者怎样认识自己的交往行为。第二,场合研究的基本单位是行动。

场合交往理论优点:强调在交往中应重视情景场合,具体情况具体分析,对我们有参考价值。

场合交往理论缺点:它把复杂的人际关系情景化、简单化,忽视了人作为"社会人"的一面,以点遮面,以偏概全,过分夸大了情境、场合的作用。

3.欧文·戈夫曼的自我呈现交往理论

美国社会学家欧文·戈夫曼(Erring Goffman)认为,任何参加人际交往的人,在于借助自己的言语、行动向对方叙说自己的事,这就是自我呈现。

主要观点:(1)向他人表演自己,以求得肯定的评价。(2)强调自我呈现是社会影响的一种手段。(3)认为人在交往中可能有不同动机和目的。(4)它自始至终笼罩着一种谋划的气氛。

自我呈现交往理论优点:强调交往的动机和目的,重视发挥人的主观能动性,把自己毫无保留地贡献给他人、社会,试图以真诚来换取别人的信任,符合基本的道德原则。

自我呈现交往理论缺点：为了实现交往目的，可以不择手段，置他人的利益、社会的利益于度外，这是极端个人主义的表现。

4.霍曼斯的社会交换理论

美国社会学家霍曼斯(G.C.Homans)的社会交换理论来源于经济交易理论和对动物的心理研究。它把人们之间的相互交往当作一种交易：我对你付出什么，是希望得到你的报答，交换双方要公平。

主要观点：(1)认为人际交往活动具有社会性。(2)认为各种交往关系都会涉及谋划者报酬代价。(3)认为交往中存在着一种“分配上的公平”原则，这是与他人交往活动后的心理体验。

社会交换理论优点：概念表述明确，可操作性强，强调了人与人的平等关系、交往中的平衡关系，重视交往中的物质利益，重视交往的效果。

社会交换理论缺点：把人与人的关系看成是赤裸裸的交换关系，忽视人际关系中的相互帮助、支援、无私贡献、献身的行为。

5.勒温的T组理论

德裔美籍心理学家勒温(Kurt Lewin)和助手对交往中接受敏感性训练的T组进行系统实验，目的是使参加实验者理解和培养群体作用能力。

要点：(1)交往中人们是按角色来行事的。(2)交往动机和目的埋藏在我们的无意识中。(3)应努力使交往双方藏于内心的感情表面化。(4)训练的内容包括以下几个方面：选取样本，观察群体行为过程与反馈，创造紧张气氛，强调个人和组织变化的价值。

T组理论优点：注意到交往中人的动机和目的，强调对潜意识的训练，以便提高其敏感性。

T组理论缺点：忽视对交往行为的考察研究，重意识而不重行为，失之偏颇。

6.修茨的人际特质理论

人际特质是指个体在心理发展过程中，尤其是在个体的人格体系形成过程中，形成了其特有的人际关系的基本倾向。

美国心理学家修茨(W.C.Schutz)理论的优点：重视人际关系的需要及其变化的分析，有助于我们对人际关系实质的了解，有助于我们预测人与人之间可能发生的交互作用，而采取适当的配合行为，这是建立良好人际关系的基础。

修茨理论的缺点：这种理论忽视了阶级关系、社会关系、政治关系及意识形态关系对人际关系的巨大作用，应当引起我们的注意。

7.霍妮的人际类型理论

德裔美籍心理学家霍妮(K.Homey)把人际关系分成三种类型,即亲和型、逃离型和控制型。

(1)亲和型

特点:我信赖你,对你绝对服从,不构成任何威胁。我没有野心,请你相信我。一种"趋近人"的策略,"忠臣"的自我形象设计。

内容:这种适应模式包括友爱和赏识的神经症性需求,对支配人的神经症性需求以及生活限制在狭小范围内的神经症性需求。霍妮称这种人是依从性的人。这种人内心里似乎在说"如果我顺从,我就不会得到伤害"。他们总是需要他人的喜欢和爱,他们总是需要他人的认可、赞赏、欢迎而去无条件地趋就人。他们不太清楚自己的内心感受,他们的付出都是为了得到上面的要求。所以在他们内心里依然是敌视人的,他们的友情也是表面上的,是建立在受压抑的攻击性基础上的。

(2)逃离型

特点:你与我无关,多一事不如少事,眼不见为净,事不关己,高高挂起。"采菊东篱下,悠然见南山"。独善其身。一种"背对人"的策略,"隐士"的自我形象设计。

内容:这种适应模式包括自我满足和独立性的神经症性需要,完美无缺和不受指责的神经症需要。霍妮称之为"撤退类型"。这种人的内心心声似乎在说"如果我后退,没有任何人能够伤害我"。他们的内心强烈地想与人保持距离,在任何时候他们不想与别人有情感上的联系,他们既不想与他人对立,也不想与他人友好。这很像生意人说的那句话"我不投资,我自然不赔本"。但这些人的心理是持续的,于是他们远离人群,独来独往。

(3)控制型

特点:你逃不出我的预料,一切尽在掌握之中,胸有成竹,稳操胜券。强调权力、能力的高度发展。一种"反对人"的策略,"统治者"或"管理者"的自我形象设计。

"反对人":很大程度上,他们是顺从性的反面。它包括对权力的神经症性要求,对荣誉和个人成就的神经症性要求。霍妮把这种类型称之为"敌对类型"。这些人的内心似乎在说"如果我有力量,没有一个人能够伤害我"。他们总是以"我能从中得到了什么"来看待一切事物,他们有意无意地认为他人也在这种心理模式下行事。他们看起来可能彬彬有礼,但这一切的背后都是为了达到自己的权利目的。

8.奥德弗 E.R.G 理论

美国耶鲁大学教授奥德弗(Clayton Alderfer)认为人的需要只有生存需要(E)、相互关系的需要(R)、成员发展需要(G)三种(如图 7-2)。

图 7-2　奥德弗 E.R.G 理论需要结构

主要观点:(1)如果个体在各个层次中的需要得到满足越少,期望值越高。(2)较低层次的需要越是得到满足,对较高层次的需要就越渴望满足。因为个体总是希望自己不断进取、发展自己的。(3)较高层次的需要满足得少,则对较低层次的需要满足渴求也越多。

E.R.G 理论的优点:在人际交往中满足人际关系的多种需要是很重要的,只有人际关系的低级需要得到满足,才能向人际关系的高层次发展,这为建立社会主义的新型人际关系提供了参考价值。

E.R.G 理论的缺点:忽视了人的需要的社会实质,把人的复杂需要简单化、机械化,忽视人的主观能动性。

9.戴维 · 麦克利兰的成就激励理论

美国哈佛大学教授戴维 · 麦克利兰(David C.McClelland)认为,在人的生理需要基本得到满足的前提下,还有权力需要、友谊需要和成就需要。

基本观点:(1)不同的人对这三种基本需要的排列层次和比重是不同的。(2)具有高成就需要的人特点是:事业心强、注重实际、敢冒一定的风险。(3)通过教育和培训可以造就出具有高成就需要的人才。

成就激励理论的优点:把人们培养成为具有高成就需要的人,提高抱负水平,并矢志不渝为之努力,使群体具有更大的内聚力,人际关系会变得更和谐。

10.海德的归因理论

归因理论是关于知觉者推断他人与自己行为因果关系的一组理论。

美国心理学家海德(F.Heider)认为,在日常生活中,人们会像科学家一样对周围的事件进行分析、理解和推断。他还认为,人有一种基本的需要,那就是预测和控制环境;而达到这个目的的最好方式之一就是寻找事件发生的原因。如果掌握了其中的原因,就能更好地控制环境。

某个事件为什么发生？海德认为回答这个问题的关键是弄清事件的原因是在于个人(内部原因)还是在于环境(外部原因),或者两者兼而有之。内部原因包括动机(想做这件事)和能力(能做这件事)。例如,小华可能具备完成家庭作业的能力,但他却没有完成作业的动机和愿望;相反,小东可能想完成教师布置的作业,但根本不会做这些题目;而且,即使动机和能力都具备了,也未必就一定会完成作业,因为这件事情还受外部因素的影响,如作业太多、时间不够、身体不适、停电等。

海德除了研究事件发生的原因之外,也探讨了对事件后果责任的知觉。他认为,在许多情况下,明确谁应该对事情的后果负责,这比谁引发事情更重要。例如,童童在投铅球时砸了元元的脚。在这个情境中,事情是童童引发的,但责任的问题并没有解决。海德假设一个人对他引起的事件所负的责任有不同的程度,最低的责任程度是联想责任。在这种情况下,所谓的责任者其实与事件根本没有关系,只是被别人错误地联想成与事件有关。例如,元元的脚是自己走路时扭的,并不是童童砸的。第二级是因果责任,此时责任者的确引起了事件,但他事前并不知道会导致这个后果,事情的发生完全是偶然所致。例如,童童的确把铅球砸到了元元的脚上,但在童童投出铅球之前,元元并没有出现在他的视线范围之内,元元是在童童投出铅球之后跑进了危险地带,正好迎上铅球的。第三级是可预知责任,明知道自己的行为可能会导致某种后果,但仍然采取了这一行为。例如,有一条疯狗正冲向元元,童童本来是想用铅球赶走狗——尽管他知道可能会伤着元元,但仍然投出了铅球,不幸砸了元元的脚。第四级为故意责任,采取某种行为的目的就是要造成这一后果。例如,童童想报复元元,因此故意将铅球砸向元元。第五级责任为正当责任,在特定的情境中,这件事情的发生可以认为是正当的。例如,当人们遭到歹徒的袭击时,为了保护自己的生命财产安全,可以进行“正当防卫”。

11.弗罗姆的期望理论

德裔美籍心理学家弗罗姆(Erich Fromm)的期望理论是通过考察人们的努力程度及其所获得的最终奖酬之间的因果关系,来说明激励过程中人们通过选择合适的行为,从而达到最终的奖酬目标的理论。

主要观点:(1)当人们内心有某种需要,又有达标的明确途径和可能性时,往往表现出个体的主动性和创造性来。(2)激励水平取决于行为的期望与行为的效价的乘积。用公式表示如下:激励水平(M)=期望值(E)×效价(V)。(3)影响激励的因素除期望值与效价外,还有关联性(指工作绩效和所得报酬之间的关系)、报酬、能力和个人选择的特定行为方式等因素。

理论的优点:这个理论在人际关系上具有较大的应用价值。在人际关系中,人们只有自觉地评价自己努力的结果，预测别人的行为对自己的影响，对需要实现的目标作出主观估价，才能提高激励水平，主动与别人建立良好的人际关系。

理论的缺点：它把人们的激励行为简单化，过分夸大了主观因素对人的影响，而忽视了外界环境、物质奖励对人的作用；强调了个体，而忽视了群体、社会对个人的作用。

12.亚当斯的公平理论

美国管理心理学家亚当斯(J.S.Adams)认为，人的工作积极性不仅与个人实际报酬多少有关，而且与人们对报酬的分配是否感到公平更为密切。人们总会自觉或不自觉地将自己付出的劳动代价及其所得到的报酬与他人进行比较，并对公平与否做出判断。公平感直接影响职工的工作动机和行为。因此，从某种意义来讲，动机的激发过程实际上是人与人进行比较，做出公平与否的判断，并据以指导行为的过程。公平理论研究的主要内容是职工报酬分配的合理性、公平性及其对职工产生积极性的影响。

公平理论的优点：如果个体在与他人的比较中，觉得自己的行为及其结果是公平的，他在群体中就以团结、合作的面目出现。这样，有利于造成一种激励的心理气氛，个体对他周围的人际关系持积极进取的态度，容易形成良好的人际关系。因此，在人际关系中应该增加公平性而减少不公平性。

公平理论的缺点：揭示了个体是在与其他人的比较中评价自己、发现自己，也就是把他人的行为及其结果作为自己的参照系。个体在群体中是以竞争的面目出现的，这往往会造成人际关系的紧张。

【案例分析】

陈丽的愤怒

陈丽去年从南大毕业，获得会计学位，在接受了许多企业的面试后，她选择了上海一家著名会计公司中的一个职位，并被派到深圳办事处。陈丽对所得到的一切很满意，名声显赫的大公司中一份具有挑战性的工作，获得良好机会，会计专业本科生所能得到的高水准工资，去年月薪 4950 元。当然，陈丽曾是班里成绩最优秀的学生，富有进取心，沟通能力好。获得相应的工资也是预料中的事。一年过去了，陈丽的工作像她希望的那样具有挑战性和令人满意。上司对她的表现极其满意，她最近刚得到每月 500 元的加薪。

但是最近发生的一件事却令陈丽的工作热情急剧下降。原来她得知公司刚雇佣了一个南大商学院会计专业的毕业生，此人比陈丽缺少一年的经验，工资却是每月 5500 元，比陈丽现在的工资还多 50 元。除了愤怒，用其他任何语言都无法描述陈丽现在的状态，她甚至说想要另找一份工作。

案例思考：

陈丽为什么如此愤怒？

从以上案例看，因为根据亚当斯的公平理论，人的工作积极性不仅与个人实际报酬多少有关，而且与人们对报酬的分配是否感到公平更为密切。所以在新聘用职员到来以前，陈丽个人觉得自己付出的劳动代价较为匹配，但当新聘用的会计入职以后，因为觉得对方缺乏经验却还能得到比自己高的报酬，所以陈丽觉得不公平，故降低工作的积极性，甚至心生愤怒。

(三)人际关系测量

所谓“人缘”，就是指同领导、群众、同事、朋友的关系。在中国这个特别讲求人际关系的社会里，人缘显然成了一个人能否成功的重要因素。那么你的人缘怎么样呢？

实训活动：人际关系测量

每一个问题各有A、B、C三种答案，请你按自己的真实情况勾选其一。

1.在人际关系中，我的信条是(　　)。

A.大多数人是友善的，可以与之交友

B.人群中有一半是狡诈的，一半是善良的，我将选择善良者交友

C.大多数人是狡诈的，不可与之为友

2.最近我新交了一批朋友，这是因为(　　)。

A.我需要他们

B.他们喜欢我

C.他们很有意思，令人感兴趣

3.外出旅游时，我总是(　　)。

A.很容易交上新朋友

B.喜欢一个人独处

C.想交朋友，但感到很困难

4.由于疲倦而失约，我感到(　　)。

A.无所谓，对方会谅解我的

B.有些不安，但总是自我安慰

C.很想知道对方是否对自己有不满的情绪

5.我结交新朋友的时间通常能持续(　　)。

A.数年之久
B.不一定,合得来就长久相处
C.时间不长,经常更换
6.一位朋友告诉我一件有趣的个人私事(　　)。
A.为其保密
B.不想扩大宣传
C.他一旦离开,马上就对别人议论此事
7.当我遇到困难时(　　)。
A.靠朋友解决
B.与可靠的朋友商量解决
C.不到万不得已,决不求人
8.当朋友遇到困难时,他们会(　　)。
A.喜欢我帮忙
B.只有密友才会找我商量
C.一般都不会来麻烦我
9.我交朋友的途径(　　)。
A.经熟人介绍
B.社交场合
C.必须经过长时间,而且很困难
10.我认为选择朋友最重要的品质是(　　)。
A.有吸引我的才华
B.可以信赖
C.对方对我感兴趣
11.我给人们的印象是(　　)。
A.经常引人发笑
B.经常启发人们思考问题
C.与我相处,别人感到很舒服
12.在晚会上,有人提议我表演节目,我会(　　)。
A.婉言谢绝
B.欣然接受
C.直接拒绝

13.对于朋友的优缺点，我喜欢(　　)。

A.诚心当面赞扬他的优点

B.诚恳提出批评意见

C.既不奉承也不批评

14.我所结交的朋友(　　)。

A.只有那些与我利益密切相关的人

B.通常能够与任何人相处

C.愿意同自己相投的人相处

15.如果有朋友对我做恶作剧，我总是(　　)。

A.和大家一起笑

B.很生气并有所表示

C.有时很生气，有时高兴，随情绪而定

16.别人依赖我时，我这样想(　　)。

A.我不在乎，喜欢自己独立于朋友之中

B.这很好，喜欢别人依赖我

C.要小心，持冷静，清醒的态度

各题的记分标准如下：

(1)A3B2C1；(2)A1B2C3；(3)A3B2C1；(4)A1B3C2；

(5)A3B2C1；(6)A2B3C1；(7)A1B2C3；(8)A3B2C1；

(9)A2B3C1；(10)A3B2C1；(11)A2B1C3；(12)A2B3C1；

(13)A3B1C2；(14)A1B3C2；(15)A3B1C2；(16)A2B3C1。

根据你所选择的答案，找出相应的分数，将16道题的得分累加起来，这个总分数可以大致评定你的人际关系是否融洽：38～48分：人际交往范围广泛，状态好；28～37分：人际关系有不平衡的部分，需要向理想的人际关系努力；16～27分：人际交往圈子偏小，有必要扩大交往范围。

三、人际交往的基本态度

你在交往过程中有遇到过哪些方面的困难吗？比如，我们常常是不是会因为一点小事而与同学发生摩擦，因为一句话和朋友形同陌路？这些是否曾经让我们苦恼不安？没关系，现在我们就一起来探讨一下如何处理这些状况。

实训活动：在交往过程中的经历和困惑

举例（提问）：

1.走路碰面打招呼；

2.同桌之间，嘘寒问暖；

3.朋友之间的户外活动。

……

我们在人际交往中除了要注意先从自己做起外，还需要有如下的基本态度。

（一）谨言慎行

根据人的传统心理，一个人即使十句话能说对九句，也未必有人称赞你，但是假如你说错了一句话，就会接连受人指责；即使十次计谋中，你有九次成功，也未必归功于你，可是其中只要有一次失败，埋怨和责难之声就会蜂涌而至。人不是很理性的，情绪化的成分占有很大比重。一个人的修养是一辈子的事，谨言慎行固然有明哲保身的意思，但同时也提醒我们，遇事宜在深思熟虑后一语中的，否则沉默是金。

【案例分析】

越王勾践的故事

越王勾践在国破家亡的时候，不殉节以谢先王，还厚着脸皮归降吴王夫差，囚禁于石屋之内，受辱于强梁之下，身为奴，妻为婢，赤膊跣足，蓬头垢衣，扫牛栏，拾马屎，尝夫差之粪而取怜，甘言阿谀以求赦。一旦获释归越，便卧薪尝胆，十年生聚，十年教训，阴谋复仇，行谋臣文种七策，一曰捐货币以悦其君臣，二曰贵籴粟以虚其积聚，三曰遣美女以惑其心志，四曰遣之巧工良材，使作宫室以罄其财，五曰遣之谋臣以乱其谋，六曰离其谏臣使自杀以弱其辅，七曰积财练兵以承其弊。这一套连环的"釜底抽薪"，居然把吴王夫差扳倒了，到夫差被俘时，勾践却现出凶神恶煞的本来面目，仗剑指着夫差说："世无万年之君，你总难逃一死，嘿！还要我亲自动手不成？"卒至夫差要自己下手。

案例思考：

你从越王勾践身上学到了什么？

正确的做法是：一开始就不要去得罪别人，而不是得罪了以后再去道歉。

(二)礼貌待人

【案例分析】

礼貌的用处

对人有礼貌不见得马上就有实际的效益,因此有些人不加以重视,认为有没有礼貌人家又不能对自己怎么样,何必约束自己,处处讲求礼貌。

案例思考:

你对此怎么看待?

敬人者人恒敬之,“敬”的本质就是“看得起”对方。你看得起别人,别人才会看得起你;你看不起别人,别人同样看不起你,这样才合乎“互相”“彼此”的交互定律。率先看得起别人是人伦关系相互作用的最佳起点。

礼貌的作用,一为和谐,使大家相处很愉快;二为守序,大家在一起秩序井然;三为守份,表现合乎自己的身份;四为恭让,发挥以让代争的精神。

礼貌不可以公式化,自尊、尊人才是真正的礼貌。如果存心看不起人,光是讲求外表的礼貌是没有用的。礼貌也不可以过分,因为礼多必诈,很容易引起别人的怀疑。人与人的关系不同,所表现的礼貌也应该不同。

正确的做法是:敬人者人恒敬之,关键是先敬人。

(三)保持距离

第一种是亲密距离,又叫私人距离。小于 0.5 米,这是家人、夫妻、恋人之间的距离。第二种是交际距离,又叫常规距离。界于 0.5～1.5 米之间,彼此间不会构成妨碍。第三种是礼仪距离,又叫尊重距离。界于 1.5～3.5 米之间,是有意对长辈、上级保持的距离。第四种是公共距离,又叫有距离的距离。至少在 3 米以上,适用于在公共场合和陌生人相处,不至于引起别人的怀疑。

人与人之间要根据实际情况来不断调整距离,如果在不该靠得很近时你靠得很近,就容易造成误解。

实训活动:想一想

你觉得同学之间相处应该讲究哪些分寸?男女同学在一起时有哪些方面容易引起别人的猜疑?

（四）韬光养晦

【案例分析】

杨修之死

三国时期的杨修因解读曹操在门上写的一个“活”字、在一盒酥上写的一个“合”字及军中口令“鸡肋”二字而逐渐走上死路。

案例思考：

你从中受到什么启发？

从上面的事件中可以看出，杨修特殊的才华其实就是对曹操意图的洞察力。用夏侯敦的话来说，就是“公真知魏王肺腑也”。杨修就像是一个高明的心理专家，在“众人皆醉”之时，他却可以“独醒”。他总是可以准确地掌握曹操的心理动态。在杨修面前，曹操就像是被人扒光了衣服，所有的秘密都一览无遗。曹操本来就生性多疑，他当然不会愿意让自己的部下将自己完全看透。在部下面前，曹操更愿意保持一种神秘感，因为只有这样他才能更好地控制自己的部下。而曹操的大部分部下对曹操的意图的确是常常摸不着头脑。可曹操的种种小把戏却无法瞒过杨修，本来杨修把握住曹操的意图也就罢了，可他却不肯将之藏在心里，反而屡次把曹操的意图解释给别人听。这样一来，曹操所追求的神秘感便荡然无存，他对部下的控制力无疑也会随之减弱。于是，当杨修再一次从一根“鸡肋”中看出曹操退兵意图，并毫不顾忌地将之告诉夏侯敦时，曹操终于对杨修忍无可忍，他以“乱我军心”为名，将之杀死。

《聪明累》：“机关算尽太聪明，反误了卿卿性命。”描绘了王熙凤的悲惨命运。同样聪明的杨修，恃才傲物，狂妄自负，不知适时收敛，屡犯曹操大忌。他喜欢卖弄小聪明，自认为才智无双，喜欢胡乱猜评，毫不顾及他人感受。在当今这个提倡合作、团队精神的社会里，我们应互相理解、尊重，找到自己的位置。

正确的做法是：人不可无志，但不可锋芒毕露，要学会韬光养晦。

（五）留有余地

做事要讲求留有余地，不要把人逼上绝路；说话也要留有余地，不能把话说得太满。因为凡事总有意外，留有余地，就是为了预防这些意外，以免自己将来下不了台阶。

(六)赞美别人

赞美别人说起来容易,做起来相当困难。第一要有恢宏的气度,不可以见不得别人好;其次要具有辨别力,才不致瞎吹乱捧;第三要具有诚意去欣赏别人的优点,而不是存心"我捧你,你一定要捧我,否则我会找机会把你打下来。"

要使赞美有实效,必须遵循如下的原则:不要害怕面对面称赞别人;找机会向对方求助或征求意见;依据事实,以诚恳的态度来满足对方被尊重的虚荣心;比较具体地说出对方的优点;诚恳地称赞对方得意的成就。

正确的做法是:世上并不缺少美,而是缺少发现美的眼睛。睁大你的眼睛,敞开你的心胸。

【案例分析】

交往中的"皮格马利翁效应"

古希腊神话故事:塞浦路斯国王皮格马利翁酷爱雕塑艺术。有一次,他在完成一座少女雕像时倾注了自己的全部心血和情感,并不禁产生了爱慕之情。后来,他的热情终于发生了效应,少女雕像突然活了起来,两人最后相聚在一起。

美国心理学家罗森塔尔将以上故事的原理实施到儿童发展性预测实验中:从一个小学中抽出一些学生进行测验,并给任课教师开出一张"有发展前途"的学生的名单。过了8个月以后再次测验,名单上的那些学生果然有了很大进步。实际上,名单是随意开出的,但任课教师信以为真,也就对这些"有发展前途"的学生抱有更大的期待,势必表现在与他们的交往的态度和情感上。使这些学生受到积极态度的影响,从而符合教师期待,主动配合而进步。

案例思考:

从以上案例看,赞美与肯定对人的发展有何作用?

不论是没有语言的内心赞美或是有语言的对他人赞美,都是爱的效应。教育学把教师的期待而潜移默化促成学生进步的心理作用称为皮格马利翁效应,对于人际交往来说,皮格马利翁效应也是赞美艺术的体现之一。

(七)勇于批评

批评和自我批评既是中国共产党的优良传统和作风之一,也是人际关系的基本态度之一,习近平将其喻为治党的"良药""武器"。应该说,树木需要施肥浇水,也需要扶苗修剪;树人需要关怀爱护,也需要批评帮助。怎样扶正幼苗、修枝剪杈是园艺师的艺术,如何批评他人，帮助其改正缺点，则是做人的艺术。人非圣贤，孰能无过？更何况寻常人？所以当人际交往的对象出现错误时，要及时提出批评，而不能沉默甚至“赞美”，但是，批评的方法要巧妙，方法要恰当，要不然就起不到应有的效果。

【案例分析】

幽默的批评

我们班的培韩同学总是上课迟到，不是说去打水就是去厕所，每次总有理由，当面也劈头盖脸地说过他，但效果不大。我想该改变策略了，于是我在全班面前跟他“幽默”一回，有一天他照例迟到了，我微笑着跟他说：不好意思，我比你早来了。其他同学笑了，我看他面露尴尬之色，我想我的计谋有点效果了。第二天他又迟到了，我还是微笑着对他说，不好意思，培韩，我和其他同学又比你早来了。其他同学笑了，我看他头低着，一溜烟跑到自己的座位上。我想我成功了，接下来的日子里他没有再迟到过。

案例思考：

这位老师的批评有何高明之处？

德国著名的演讲家海茵兹·雷曼麦说：“用幽默的方式说出严肃的真理，比直截了当地提出更能为人接受”。批评他人也是如此，幽默批评是重说轻语，一语破的，让别人在诙谐愉快中接受批评，改正缺点。

【案例分析】

赞美式的批评

我们班的张明同学，由于家庭原因，性格比较敏感，比较叛逆，具体表现可以用两句话来总结概括：老师说什么他都不乐意，全世界都不对就他自己对。经常和别人打架，还常有理。但这个孩子比较喜欢军事方面的知识，集体荣誉感比较强。有一次他违纪了，我没有先批评他，而是先表扬他在军事方面的才能，让他在全班讲军事方面的小知识，获得了同学们热烈的掌声。然后我又大力表扬他的集体观念强，脑瓜比较聪明。赞扬完后我发现已经他沉浸在欢乐的海洋里。

这个时候我看准时机话题突然一转，指出他目前存在的问题，然后我跟他一一分析原因，开始的时候他还只是点点头，到后来他主动表态，过了一段时间我又跟他长谈了一次，上学期他当上了体育委员，做得很出色，各方面进步很快。

案例思考：

是不是任何对象都要用赞美式的批评？

学生性格各异，老师采取的批评方式也要对症下药：对于“吃硬不吃软”和懒惰的同学，不能姑息和过分地宽容，要激一激；而对于“吃软不吃硬”和倔强的同学，老师应心平气和地和他沟通，不要和他“顶”，巧下台阶，放他一马，给他留下思考的空间，让他认识到自己的错误，这时再帮助他矫正自己的行为，往往会起意想不到的效果。

四、人际交往技巧

（一）接纳他人

实训活动：手指游戏

游戏规则：

一、分组

小组同学面对面坐好。当老师说“手势”的时候，大家就向坐在你面前的同学出示手势。

二、动作

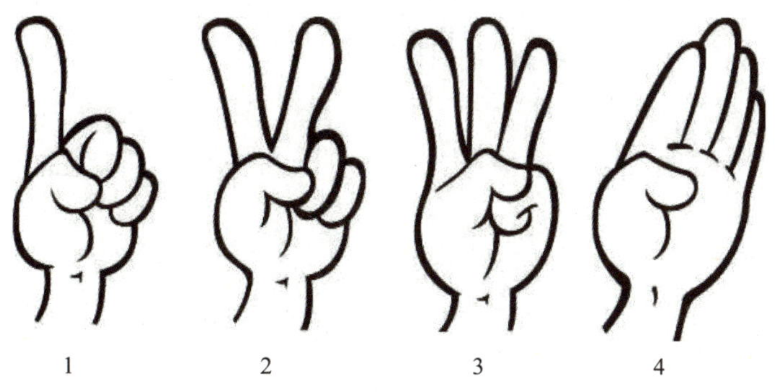

图 7-3　手指游戏

图 7-3 中 1 代表摇头；2 代表点头微笑；3 代表握手；4 代表起身相互拥抱。

注意：老师说完“手势”，接着会说“动作”，同学们结合自己的手势做出相应的动作。做完一次“手势—动作”后，每一个小组按照顺时针方向换位子，接着再进行我们的指尖游戏。

游戏思考：

1.当你和你对面的同学出了一样的手势，你有什么感受？

2.当对方出的手指头比自己多时，你有什么感受？

3.当对方出的手指头比自己少时，你有什么感受？

从这个游戏中，我们不难发现，要想获得朋友，我们应该敞开心扉接纳他人，我们从内心接纳他人的程度直接影响着与他人交往的深度。

（二）学会倾听

倾听三要素如下：

1.注意。眼睛注视说话的人，将注意力始终集中在别人谈话的内容上。不要轻易打断对方说话，在对方未提问时，不要随便发表自己的看法，最好同时面带微笑。

2.接受。用点头、微笑表示你理解对方的想法。即使不太赞同对方的观点，也要保持尊重的态度。可以适时加入一些表示听清楚的短语，如“是吗”“这样啊”等等。

3.引申话题。重述对方的意见、情感，或提出恰当的问题鼓励、帮助讲话者完成他的叙述。如“后来又怎么样呢？”“那你一定气了！”“既然如此，你以后打算怎么办？”

（三）正直而不阴险

正直指顺道而行，顺理而言，公正无私。“正”是要正大光明而不走向偏道，“直”并不是有什么就说什么，而是坚持“应该说才说，不应该说的绝对不说”的原则，做到“不可不说，不可乱说”。公正无私才会诚信相处，彼此安宁。

一个现代的中国人，他的正直应该表现在——当美国人赞美他时他会回答：“谢谢你。”当日本人称赞他时他会回答：“请多多指教。”而当中国人夸赞他时，他又会说：“哪里，哪里。”

为人正直，但不可无礼。急切暴躁不是真正的直，有话就说也不是直。人人都认为自己正直，实际上做得到正直的人少之又少，正所谓“山上有直树，世上无直人”。

（四）圆通而不圆滑

“圆通”有以下含义：

其一，道教名词。①圆，不偏倚；通，无阻碍。《静余玄问》：“心常如愚，常要活泼，泼如走盘珠，故曰圆通。”即无处不圆，无处不通之意，张伯端谓“圆通何处不圆通”，②由定中生大智慧，大彻大悟，达到六通，断妄念，证真果，成正果。

其二，融会贯通而不偏执。《梁书·陶弘景传》："弘景为人，圆通谦谨，出处冥会，心如明镜，遇物便了"。《文心雕龙·论说》："故其意贵圆通，辞忌枝碎"。

【案例分析】

布置工作

老板想讲一项工作给甲做，但又怕乙多心，该如何做呢？

圆通和圆滑最主要的差异：第一，圆通是利用"推、拖、拉"来解决问题；圆滑则是利用"推、拖、拉"来推卸责任。第二，圆通的人善于利用"推、拖、拉"的短暂时间来充分思考，寻求此时、此地的合理行动方案；圆滑的人只想利用"推、拖、拉"来拖延时间，以便逃避当前的问题。第三，圆通的人用"推、拖、拉"来降低竞争的压力，使大家觉得经过"推、拖、拉"之后的答案应该可以接受；圆滑的人则寄希望于不经由竞争便能够获得胜算，或者不愿意应付挑战，却悄悄地逃之夭夭。

将心比心是圆通的先决条件，多以欣赏的眼光来体会他人的圆通，才会比较容易吸取他人的经验，进而迅速使自己成长。要学"圆通"，圆通会有圆滑的成分，同时也含有不圆滑的成分。先接受"圆通"的概念，再观察"圆通"的事实，分析"圆通"的要素，就可以学用"圆通"的精髓。

（五）自信赢得别人的信赖

自信能够使别人对自己产生信赖感，这对人际关系而言十分重要。自信要求我们在日常行为做到：走路时抬头挺胸，速度比一般人稍快；经常保持微笑；大方自然地注视对方；说话时有力、清晰而且明确；以自己的热诚激发对方的信心，表现出自信与信人的风度；相信自己可增进人际关系。

（六）合理考虑他人的立场

在人际交往过程中，能够体会他人的情绪和想法、理解他人的立场和感受，并站在他人角度思考和处理问题的能力，在心理学上称为"同理心"，所谓"人同此心，心同此理"。

我们经常遇到沟通不畅的问题，这往往是因为所处不同的立场、环境所造成的。因此，为了达成良好的沟通，学会站在对方的立场思考，真正了解对方的感受是至关重要的。拥有同理心，也就拥有了感受他人、理解他人行为和处事方式的能力，我们不仅可以知道对方明确表达的内容，还能够更深入地理解并把握对方隐含的感觉和想法。同理心因此饱含着温暖与关爱，成为我们与他人之间得以顺畅沟通的心理桥梁。

【案例分析】

儿子的宴请

一个企业家因为工作忙，没有照顾好父母而感觉很抱歉，就在一个礼拜天把父母请到五星级饭店。父母落座后，儿子说："这家餐厅我很熟。"爸爸就很气，心想："你很熟，可见你常常来，那怎么到现在才请我来呢，你是吃得不想吃了才想到我对不对？"儿子的第二句话说："这儿的好菜我很清楚，所以我们也不用看菜单了，叫他送上来就是了。"爸爸更气了，心想："你认为是好菜我不一定认为好，我牙齿没有了你不知道吗？你牙齿那么好当然好吃，是你吃还是我吃，我来陪你吃的？"虽然点了很多好菜，妈妈还好一点，爸爸就是不吃，坐在那里一点表情也没有，结果儿子觉得很没趣。如果这个当儿子的把菜单拿来后就给爸爸说："爸爸，你爱吃什么就点什么。"爸爸可能马上又会说："你想考我吗？你天天在外面吃你不知道？我难得出来一次你还考我？"那儿子该怎么做才好？

案例思考：

上面这个案例对你有什么启发？

（七）活用期待他人的力量

【案例分析】

罗森塔尔效应实验

1963年，美国心理学家罗森塔尔和助手福德把一群小白鼠随机地分成两组：A组和B组，并且告诉A组的学生实验者说，这一组的老鼠非常聪明；同时又告诉B组的学生实验者说他这一组的老鼠智力一般。几个月后，他们对这两组的老鼠进行穿越迷宫的测试，发现A组的老鼠竟然真的比B组的老鼠聪明，它们能够先走出迷宫并找到食物。

1968年，罗森塔尔和助手福德来到一所小学，他们从一至六年级中各选3个班，在学生中进行了一次煞有介事的"发展测验"。然后，他们以赞美的口吻将有优异发展可能的学生名单通知有关老师。8个月后，他们又来到这所学校进行复试，结果名单上的学生成绩有了显著进步，而且情感、性格更为开朗，求知欲望强，敢于发表意见，与教师关系也特别融洽。

案例思考：

"罗森塔尔效应"和"皮革马利翁效应"说明什么问题？

缘何会产生这一结果呢？原因就在于，罗森塔尔以权威者身份和那番煞有介事的“预言”，使得教师们确信了这些学生就是“最有佳发展前途者”，从而激发了教师的情感，坚定了教师对这些学生发展的信心，以至于教师在日常的教育教学活动中，总会情不自禁地给予这些学生以某种“偏爱”，使这些学生在教师关心帮助的厚爱下健康成长。

在罗森塔尔实验中，教师和学生受到了实验者的暗示，教师对自己和学生抱有期望，而且通过表情和行为将态度传递给学生，使之受到鼓舞，增加了自信心，最终将期望变为现实。

“罗森塔尔效应”和“皮革马利翁效应”告诉我们：期望和赞美能产生奇迹。

思考与练习

1. 如何做到爱岗敬业？

2. 结合自己的专业，谈谈如何培养、提高自己的职业道德修养。

附录　就业指导配套题库

一、单项选择

1.公务员和事业单位招考的共同考试科目是(　　)。

A.公共基础知识　　B.职业能力测验

C.申论　　D.公文写作

2.考研中的“非定向研究生”是指(　　)。

A.在职人员　　B.第一学历是应届本科学历的毕业生

C.没有确定研究方向的研究生　　D.没有确定未来工作单位的研究生

3.志愿服务西部计划和三支一扶优惠政策的共同点是(　　)。

A.工资待遇相同

B.都是去农村

C.报考县、乡事业单位,笔试总分加 5 分

D.报考公检法单位,笔试总分加 5 分

4.应征入伍的年龄上限是(　　)。

A. 22　　B. 23　　C. 24　　D. 25

5.就业信息的基本内容不包括(　　)。

A.政策法规信息　　B.行业信息

C.用人单位信息　　D.就业指导信息

6.搜集就业信息的方法不包括(　　)。

A.全方位搜集法　　B.定方向搜集法

C.定区域搜集法　　D.定点搜集法

7.课程中的“王磊找工作”这一案例说明了(　　)。

A.王磊运气不太好

B.王磊家人的努力不够

C.王磊没有主动搜集并分析就业信息

D.王磊没有足够的信息来源

8.目前全国各类人才信息网站的数量是(　　)。

A.几十个　　B.几百个　　C.几千个　　D.几万个

9.就业信息加工的正确方法是(　　)。

A.用头脑记就可以　　B.用笔记录并分类整理

C.用记流水账的形式记录　　D.以上都不对

10.编制不包括(　　)。

A.行政编制　　B.事业编制　　C.银行编制　　D.企业编制

11.我国编制制度的现状是(　　)。

A.编制制度已经消失了　　B.编制制度仍在一定范围内存在

C.任何公职人员所在的单位都有编制　　D.国有企业也有编制

12.某报社报道硕士研究生考上环卫工人,去扫大街。从制度层面看,研究生考录为环卫工人的制度背景是(　　)。

A.编制制度　　B.工资制度　　C.就业制度　　D.法律制度

13.从求职者个人角度看,"4050"人员再就业这一现象的本质是(　　)。

A.年龄越大,工作越不好找　　B.知识准备是关键

C.社会对这类人员的关爱不够　　D.这类人群的目标太低

14.课程中的夏律师能够每年净赚 80 万的原因是(　　)。

A.因为夏律师运气太好

B.因为夏律师有保护伞

C.因为夏律师具有法律知识和技能

D.因为夏律师昧着良心赚钱,完全不顾当事人的利益

15.有的求职者的理想是:"位高权重责任轻,事少钱多离家近;数钱数到手抽筋,别人加班我加薪"。这种"理想"误区是(　　)。

A.不能正视现实且缺乏艰苦创业的心理准备

B.缺乏扎实的专业技能

C.缺乏较好的人际关系处理能力

D.缺乏比别人优秀的自信心

16.专科生曹晓洁成功逆袭的根本原因是(　　)。

A.这是个案,没有说服力

B.曹晓洁运气不错,一路走来都有人关照

C.曹晓洁能够充分认识自己并有持之以恒的努力

D.曹晓洁家庭给她很多的帮助,同时她自己也非常努力

17.毕业生《就业推荐表》的主要作用是(　　)。

A.相当于临时毕业证和学位证　　B.只是体现毕业生四年学习情况

C.相当于《报到证》 D.相当于大学四年成绩单

18.大学生对待人事档案的正确态度是(　　)。

A.档案没什么用,等到要用时再说

B.档案很有用,但现在不用就可以不管它

C.档案有一定用处,但由于自己看不到本人的档案,想关注档案也没有途径

D.档案很有用,要经常关注自己档案的去向

19.毕业生小王在民营企业工作,其档案寄存在人才市场,这是什么现象(　　)。

A.人事档案代理 B.人事档案托管 C.劳务派遣 D.三支一扶

20.公安部门要求落户的毕业生提供的材料不包括(　　)。

A.毕业证 B.学位证 C.报到证 D.个人简历

21.课程中的"钱小姐的面试经历",说明了(　　)。

A.钱小姐太谦虚了 B.钱小姐应答方式太生硬

C.钱小姐面试表现令人满意 D.钱小姐没有对题回答

22.不少单位只招录211/985高校毕业生,这侵犯了大学生哪项就业基本权利(　　)。

A.自主择业权 B.信息知情权 C.平等就业权 D.违约求偿权

23.劳动者提前多少天以书面形式通知用人单位,可以解除劳动合同(　　)。

A. 15天 B. 30天 C. 60天 D. 90天

24.职场新人入职后可能接受各种无端的批评、指责、代人受过,得不到必要的指导和提携,处于自生自灭过程中,这种现象是(　　)。

A.角度转换 B.角度变迁 C.一岗双责 D.蘑菇定律

25.社交距离是(　　)。

A. 0~0.5米 B. 0.5~1.5米 C. 1.5~3米 D. 3米以外

26.握手的时间一般是(　　)。

A. 1秒 B. 3秒 C. 8秒 D. 20秒

27.中餐宴席座次,主宾左右两边的次序是(　　)。

A.右高左低 B.左高右低 C.左右一样 D.视情况而定

28."核心价值观,其实就是一种德,既是个人的德,也是一种大德,就是国家的德、社会的德。国无德不兴,人无德不立"。这句话的作者是(　　)。

A.邓小平 B.江泽民 C.胡锦涛 D.习近平

29.假如你是"海因茨难题"中的海因茨,你应该怎么做(　　)。

A.不应该偷药,因为偷药是违法犯罪

B.应该偷药,因为法律也要顾忌人情

C.应该偷药,让妻子活下去才是最重要的事

D.应该偷药,但偷药用药之后应当自首,接受法律的惩罚

30.课程的《致加西亚的信》,说明职业道德的精髓是(　　)。

A.卓越、努力　　B.忠诚、实干　　C.奋斗、协作　　D.迅速、交流

31.电梯里如果没有其他人,你(主人)与客人进出电梯的顺序是(　　)。

A.入电梯,主先客后;出电梯,客先主后

B.入电梯,客先主后;出电梯,主先客后

C.无论上下进出都应客人、上司优先

D.无论上下进出都应主人优先

32.课程中的"杨修之死"案例说明人际交往的基本态度是(　　)。

A.留有余地　　B.韬光养晦　　C.赞美别人　　D.勇于批评

33.高校教师的初级职称是(　　)。

A.助教　　B.讲师　　C.副教授　　D.教授

34."优秀年轻干部要有足够本领来接班,加强学习、积累经验、增长才干,自觉向实践学习、拜人民为师。"这句话的作者是(　　)。

A.邓小平　　B.江泽民　　C.胡锦涛　　D.习近平

35.干部晋升程序的第一步是(　　)。

A.酝酿　　B.考察　　C.民主推荐　　D.讨论决定

36.李瑞环在一次访问香港时,一记者问:您刚才在讲话中强调了团结的重要性,这是不是指香港人不团结?李瑞环不答反问:如果我祝你身体健康,是不是指你不健康呢?这个案例说明(　　)。

A.李瑞环巧用幽默、借势还击等技巧,达到很好的表达效果

B.李瑞环一语双关,让该记者哑口无言

C.李瑞环善于隐喻,起到很好的新闻传播效果

D.李瑞环答非所问,但效果较理想

37.王丽原工作单位是新疆生产建设兵团(事业单位),之后到某省广播电视台(事业单位),这种现象是(　　)。

A.辞职　　B.辞退　　C.人事调动　　D.工作轮换

38.一份有专业水准的毕业生简历对页数的要求是(　　)。

A.不限制　　B.一页　　C.两页　　D.三页

39.个人简历的教育信息应该始终包括(　　)。

A.学校名称和毕业时间,以及主修专业和辅修专业

B.主修专业及课程成绩

C.所有的主修和辅修课程,学校的名称

D.毕业时间、学校名称和完整地址

40.关于课程中简历的说法，下列说法正确的是(　　)。

A.简历是一种市场推广手段　　B.简历是个人能力的反映

C.简历是一份产品说明书　　D.以上都对

41.以下不属于简历的构成要素的是(　　)。

A.教育背景　　B.实践经历　　C.期待薪酬　　D.求职意向

42.简历中的教育背景信息栏中，必有的信息是(　　)。

A.学校名称　　B.学历情况　　C.专业名称　　D.以上都是

43.关于简历中填写“兴趣爱好”“个人评价”，下列叙述错误的是(　　)。

A.一般情况可以不写

B.如果需要写则能突出与应聘公司的相关性

C.如果需要写则能突出与工作岗位的相关性

D.写不写都不能突出与应聘公司或工作岗位的相关性

44.以下原则中，属于最基本的礼仪原则的选项是(　　)。

A.守时原则　　B.尊重原则　　C.礼仪适度原则　　D.以上均是

45.我国就业制度改革的历程分为几个阶段，下列选项哪个是正确的(　　)。

A.供需见面、双向选择、自主择业

B.统一分配、供需见面、学校推荐

C.供需见面、双向选择、学校推荐

D.统筹安排、供需见面、双向选择、自主择业

46.在劳动争议中“当事人对仲裁裁决不服的，自收到裁决之日起十五日内，可以向人民法院起诉；期满不起诉的，裁决即发生法律效力。”这是哪一部法律、法规规定的(　　)。

A.《民事诉讼法》　　B.《劳动法》

C.《企业劳动争议处理条例》　　D.《劳动争议仲裁委员会办案规则》

47.以下情况下签订的就业协议书有效的情况是(　　)。

A.未经所在高校签证认可的

B.一方以欺诈、胁迫等手段订立的，损害国家利益的就业协议

C.恶意串通，损害国家、集体或第三人利益的就业协议

D.单位以人事代理的方式与毕业生签订就业协议书

48.《企业劳动争议处理条例》规定，当事人对仲裁裁决不服的，自收到裁决书之日起多少日内，可以向人民法院起诉(　　)。

A.10 日　　B.15 日　　C.30 日　　D.7 日

49.在简历中陈述过去经历的最好方式是(　　)。

A.用要点方式按照年代递减的顺序陈述，重点叙述与应聘职位相关的工作经历

B.用段落方式按照年代递减的顺序叙述

C.除非与要应聘的工作有关系，否则不要提及

D.用要点方式按照难度递增顺序陈述

50.新劳动法规定，用人单位自用工之日起满一年不与劳动者订立书面合同的，视为(　　)。

A.用人单位与劳动者已订立无固定期限劳动合同

B.用人单位与劳动者已订立固定期限劳动合同

C.自动解除劳动关系

D.自纠正之日双方协商签订劳动合同

51.某沿海城市企业在招聘外地农民工的招聘简章中这样写道："福建省某企业，每月1600元……"。这个招聘简章明显违反了什么规定(　　)。

A.有关最低工资标准的规定

B.有关最低工资标准和国家关于劳动物品发放的规定

C.有关最低工资标准与《劳动法》有关工资支付形式的规定

D.有关最低工资标准和非法使用外地农民工的规定

52.失业保险金自(　　)。

A.终止或解除劳动关系之日起计算　　B.办理失业登记之日起计算

C.办理求职登记之日起计算　　D.参加职业培训之日起计算

53.你没有工作经历，但为了给对方一个积极而深刻的印象，其他哪些因素可以用来代替工作经历(　　)。

A.学术成就　　B.校园课外活动的成就

C.能够转换成任职能力的个人才能　　D.以上全部

54.毕业生就业协议明确三方的权利和义务，具有(　　)。

A.法律约束力　　B.道德约束力　　C.行为约束力　　D.刑法约束力

55.你在一份报纸上同时发现了你感兴趣的5家公司的招聘广告，你很激动地想要全部应征他们的职位。为了尽可能多的获得机会，你应该(　　)。

A.立刻寄给他们你的标准版本简历和标准版本的求职信

B.针对不同的公司的企业文化和应聘职位的要求，修改标准的简历和标准的求职信，然后寄出，所寄出的简历与标准版本相比，基本内容相同，但更有针对性

C.寄给他们自己的标准版本简历以及为每一家公司专门撰写的求职信(最多用两个段落强调并匹配你的技能和对方的要求)

D.使用标准版本简历并用颜色明亮的纸张打印，使申请显得非常突出

56.劳动合同的解除是指(　　)。

A.劳动合同的期限届满

B.双方约定的解除条件出现

C.劳动合同订立后,尚未全部履行前,由于某种原因导致劳动合同一方或双方当事人提前消灭劳动关系的法律行为

D.即对未履行的部分发生竞争力,同时也涉及已履行的部分

57.《劳动法》规定,法定假日安排劳动者工作时,支付的工资不低于原工资的(　　)。

A. 150%　　B. 200%　　C. 300%　　D. 400%

58.制作一份令人印象深刻的简历,你需要(　　)。

A 使用具有较高水准的语句

B.非常简洁的表达,使用要点并包含与工作相关的关键词

C.对收集到的成就和经历做深入的叙述

D.使用色彩明亮的纸张来打印简历

59.毕业生简历上最为关键的因素是什么(　　)。

A.能力　　B.课程成绩

C.相关经历　　D.如何恰当地陈述上述内容

60.社会对人才的整体要求中,企业要求排在第一位的是(　　)。

A.团队精神　　B.专业知识　　C.综合素质　　D.快速学习能力

61.大学毕业生应当如何看待待遇和机遇(　　)。

A.待遇第一　　B.两者兼顾　　C.坐等机遇　　D.藐视待遇

62.应届毕业生求职的第一步是(　　)。

A.写简历　　B.求职信

C.市场调查,了解企业需求　　D.学习面试技巧

63.企业招聘的高峰期一般是在以下哪个时期(　　)。

A. 5、6 月份　　B. 7、8 月份　　C. 1、2 月份　　D. 3、9、10 月份

64.大部分企业招聘员工的首要渠道是(　　)。

A.网络招聘　　B.举办招聘会　　C.熟人推荐　　D.社会招聘

65.下面属于了解就业信息的途径的是(　　)。

A.互联网　　B.校园招聘会　　C.人才中介　　D.以上都是

66.下列哪些选项不属于参加校园专场招聘会的注意事项(　　)。

A.事先了解用人单位　　B.认真听企业宣讲

C.了解需求岗位、应聘要求　　D.制作个性化求职简历

E.可以应聘不同岗位　　F.注意仪表

67.网上求职的注意事项是(　　)。

A.注意站点的合法性　　B.及时更新简历

C.不要盲目发送简历　　D.以上都是

68.以下不属于就业信息网的是(　　)。

A.学校就业信息网　　B.专业招聘网站

C.学校教务处网站　　D.企业网站招聘专栏

69.我们对以下哪类就业信息应当提高警惕(　　)。

A.路边粘贴的招聘小广告　　B.职位高、门槛低、薪酬高的职位

C.需缴纳巨额保证金的工作　　D.以上都是

70.面试之前需要做好的物质准备不包括哪一个(　　)。

A.相关证件　　B.纸笔　　C.照片　　D.红包

E.公文包或文件夹

71.以下女装中,适合面试穿着的是(　　)。

A.超短裙　　B.职业套装　　C.深 V 连衣裙　　D.紧身包裙

72.面试对答中,应避免下列哪种行为(　　)。

A.攀龙附凤　　B.拿腔拿调　　C.透露熟人　　D.以上都应避免

73.面试过后可以通过哪些方式表示感谢(　　)。

A.电话　　B.短信　　C.邮件　　D.以上都可以

74.人力资源的英文缩写为(　　)。

A. HM　　B. HR　　C. HD　　D. RH

75.下列关于“为什么需要了解面试人员的组成”叙述正确的是(　　)。

A.表示尊重,有针对性地回答面试问题

B.不需要了解

C.仅仅表示尊重

D.只是为了帮助自己回答面试问题

76.下列对线上面试注意事项的描述中,错误的是(　　)。

A.应确保环境安静　　B.注意礼貌用语的使用

C.记录重要信息　　D.语速一定要快

77.下列关于“如何找工作”叙述正确的是(　　)。

A.找工作也是一种工作,需要早作准备,成功绝非偶然,机遇偏爱有准备的头脑

B.找工作虽然是一种工作,但无须早作准备,成功绝非偶然,机遇偏爱有准备的头脑

C.找工作不是一种工作,但是需要早作准备,成功绝非偶然,机遇偏爱有准备的头脑

D.找工作不是一种工作,也不需要早作准备,成功绝非偶然,机遇偏爱有准备的头脑

78.下列关于“自信是一点一点成功的积累”的看法正确的是(　　)。

A.赞同,自卑者可以变得自信,自负者难以回落到自信

B.不赞同,自卑者可以变得自信,自负者也能回落到自信

C.不赞同,自卑者不能变得自信,自负者难以回落到自信

D.赞同,自卑者可以变得自信,自负者也可以回落到自信

79.以下不属于面试中的职业规划类问题的是(　　)。

A.进入我们单位你准备干几年?　　B.如有其他的工作机会,你怎样看待?

C.假如你被录用,你准备怎样开展工作?　　D.你为什么来到本公司应聘?

80.以下关于档案投递正确的说法是什么(　　)。

A.毕业生自带

B.用人单位自取

C.不是所有用人单位都可以接收档案

D.有政府部门可以接收毕业生档案

81.关于“求职者为什么要做好心理准备”描述完全正确的是(　　)。

A.知、情、意、行相互作用,态度决定心情,心情影响行为和行动

B.好的心情就会有好的结果

C.虽然心情不会影响行为,但是好心情总是好的

D.做好准备会奠定好的基础

82.下列哪些选项不可以解释老板与老师的不一样(　　)。

A.利益关系不一样　　B.隶属关系不一样

C.评价标准不一样　　D.社会属性不一样

83.在圆桌上,最尊贵的座位的位置是(　　)。

A.斜对门口的位置　　B.紧邻门口的位置

C.正对门口的位置　　D.背对门口的位置

84.下列不属于缓解工作压力的是(　　)。

A.选择逃避　　B.老中青相互带　　C.及时宣泄　　D.参加心理文化活动

二、多项选择

85.大学生就业难的原因(　　)。

A.结构性矛盾,供求错位　　B.准备不足,生涯模糊

C.落花有意,流水无情　　D.心比天高,现实残酷

86.大学生就业难的对策有(　　)。

A.提早规划,抓紧行动　　B.了解自我,准确评估

C.内行看门道,外行看热闹　　D.有玩先玩,听天由命

87.大学生主要就业渠道有(　　)。

A.公务员　　B.事业单位　　C.各类企业　　D.考研

88.以下关于就业的说法不正确的是(　　)。

A.宁要东部一张床,不要西部一套房

B.钱多事少离家近,睡觉睡到自然醒

C.先就业后择业

D.通过家庭和个人社会关系找到工作是一个便捷的途径

89.常见的简历类型有(　　)。

A.时序型　　B.功能型　　C.目标型　　D.综合型

90.笔试的种类主要有(　　)。

A.专业考试　　B.技能测试

C.心理测试　　D.国家公务员录用考试

91.应聘面试时,在着装上以下哪种情况可取(　　)。

A.着装花哨、艳丽　　B.标新立异,与众不同

C.款式、色调得体大方　　D.不穿太暴露或太短的服装

92.就业协议书签订的步骤有(　　)。

A.毕业生签订个人基本信息

B.用人单位填写基本信息

C.用人单位上级主管部门批准并盖章

D.学校审核盖章并将协议书反馈给用人单位

93.就业协议的解除分为(　　)。

A.单方擅自解除　　B.单方依法或依协议解除

C.三方解除　　D.学校解除

94.毕业生在离校后,其户口、档案可以(　　)。

A.放在人才市场　　B.迁往正式单位

C.迁回生源所在地　　D.拿在自己手里

95.以下情况中签订的就业协议书无效的是(　　)。

A.未经所在高校签证认可的

B.一方以欺诈、胁迫等手段订立的,损害国家利益的就业协议

C.恶意串通,损害国家、集体或第三人利益的就业协议

D.以合法形式掩盖非法目的的就业协议

96.作为一个初始工作的“新人”,下面哪些说法可取(　　)。

A.互相配合、尽快融入集体　　B.不断学习,提高业务水平

C.走自己的路,干自己的活　　D.少说多做,谦虚谨慎

97.以下说法中不正确的是(　　)。

A.薪水高的工作就是好工作

B.热门的职业就是好工作

C.付出少回报高的工作就是好工作

D.能解决户口和人事关系的工作就是好工作

98.以下因素中哪些对大学生就业存在影响(　　)。

A.高等学校专业设置的问题

B.经济增长速度下降会影响就业的增长空间

C.学生的职业生涯规划缺乏

D.用人单位的一些误区导致对应届毕业生不利

99.编写简历的原则是(　　)。

A.简洁精练　　B.洋洋洒洒

C.格式尽可能花哨　　D.简历用语要得体

100.大学生就业困难的原因应该从以下几个方面分析(　　)。

A.高校教育层面的原因　　B.社会和国家的层面

C.大学生自身的原因　　D.父母的原因

101.就业协议书包含的内容(　　)。

A.毕业生、用人单位及学校的基本信息　　B.三方管理部门的意见

C.履约责任及其他补充协议　　D.福利待遇等

102.进行大学生就业指导的意义(　　)。

A.促进大学生顺利就业　　B.有利于学生进行择业

C.有利于心理调整　　D.促进学生学习和自我提高

103.大学生择业心理问题产生的原因(　　)。

A.不能正确认识自我　　B.不能正确认识社会

C.缺乏就业技巧　　D.缺乏积极的职业生涯规划意识

104.维护企业信誉必须做到(　　)。

A.树立产品质量意识　　B.重视服务质量,树立服务意识

C.保守企业的一切秘密　　D.妥善处理顾客对企业的投诉

105.简历的类型有哪些?(　　)

A.表格式简历　　B.时间顺序式简历

C.个性化简历　　D.学习工作式简历

106.以下说法中不正确的是(　　)。

A.别人说好的工作就是好工作　　B.自己喜欢的工作才是好工作
C.适合自己的工作就是好工作　　D.只有达到自己的所有要求才算是好工作

107.用人单位招聘的误区有哪些(　　)。
A.过分关注文凭　　B.存在性别歧视
C.生源地域歧视　　D.过分看重工作经验

108.劳动合同与就业协议书的区别有(　　)。
A.主体不同　　B.内容不同　　C.订立时间不同　　D.适用法律不同

109.大学生择业心理矛盾体现(　　)。
A.有远大的理想,但往往不能正视现实
B.想做一番事业,但缺乏艰苦创业的心理准备
C.有较强的自我观念,但缺乏把握自我的能力
D.渴望竞争,但缺乏竞争的勇气

110.按照《中华人民共和国劳动法》,在下列什么情况下,用人单位不得解除劳动合同(　　)。
A.女工在哺乳期间　　B.劳动合同尚末期满
C.职工患病住院　　D.职工未达到法定退休年龄

111.大学毕业生就业观念的特点有(　　)。
A.对工作期望值过高,自我存在“精英意识”
B.仍然存在传统的就业观念
C.不能正确地认识和面对激烈的就业竞争
D.存在“等靠要”的依赖心理

112.影响大学生顺利就业的有代表性的因素有哪些(　　)。
A.诚信问题　　B.就业能力不强　　C.人际关系不畅　　D.求职途径单调

113.在校生了解就业信息的主要途径有(　　)。
A.各种招聘广告　　B.学校就业部门　　C.亲朋好友介绍　　D.正规人才市场

114.社会保险中最基本的“三险”是指(　　)。
A.养老保险　　B.医疗保险　　C.工伤保险　　D.失业保险

115.就业信息的收集方法主要包括(　　)。
A.学校就业中心　　B.熟人提供　　C.网络查询　　D.参加当地招聘会

116.如何避免就业信息陷阱(　　)。
A.加强对劳动法规和大学生就业政策的学习
B.通过正规渠道获取招聘信息
C.不要缴纳诸如面试费等费用

D.不要被职位的名称所迷惑

E.加强自我保护意识,防止个人资料泄密

117.常见的就业信息陷阱有哪些(　　)。

A.骗财类陷阱　B.骗色类陷阱　C.合同类陷阱　D.违法类陷阱

118.撰写简历前需要做哪些准备工作(　　)。

A.自我评估　B.了解分析招聘要求

C.收集面试技巧　D.准备面试服装

119.礼仪礼节的作用至少有哪几个(　　)。

A.表示友好　B.表达尊重　C.表现修养　D.彰显地位

120.问候的方式包括(　　)。

A.招呼式　B.寒暄式　C.致意式　D.跪拜式

121.关于面试中的握手,以下哪些说法是正确的(　　)。

A.总是主动握手　B.握住一分钟以上

C.中指朝上　D.有一定力度

E.握手时保持目光接触

122.回答面试问题时不能做的小动作包括哪些(　　)。

A.玩弄小指甲　B.摆弄衣角　C.随意伸懒腰　D.打哈欠

123.面试结束时哪些礼节很有必要(　　)。

A.致谢　B.道别

C.双手接收名片(如果有)　D.物归原处(如椅子)

124.关于面试礼仪说法正确的是(　　)。

A.礼多人不怪　B.通过礼仪表达修养

C.面试礼仪带有一定的行业色彩　D.礼仪是浮云,实力才重要

125.复试或试用中有哪些注意事项(　　)。

A.适当的自我袒露　B.公平竞争

C.尊重同辈、敬重前辈　D.少问为什么,多问怎么做

126.餐桌的礼仪包括哪些(　　)。

A.座位安排　B.喝酒　C.夹菜　D.点烟

E.结束用餐

127.下列属于企业面试考核内容的是(　　)。

A.仪表风度、专业知识　B.实习实践经验、语言表达能力

C.综合分析能力、应变能力　D.人际交往能力、工作态度

E.自控及情绪稳定性、上进心和进取心、求职动机

128.面试的短期准备包括哪些方面的内容(　　)。

A.着装准备　B.了解企业信息　C.面试流程

D.面试问题预测　E.心理准备　F.资料准备

129.面试过程中自我介绍需要注意哪些(　　)。

A.简明扼要　B.展示个性　C.详细全面　D.层次分明

130.面试中通常会问什么性质的问题(　　)。

A.个人属性类　B.求职动机类

C.资质类、工作事件类　D.职业规划类

131.用人单位如何去判断应聘者的求职诚意与个人素质?会提问哪方面的问题(　　)。

A.你为什么申请这个职位?

B.你了解这份工作的职责吗?哪一方面最吸引你?

C.你为什么想加入本公司?

D.你认为考试成绩能否反映你的实际才能?

132.在就业协议书上签字的包括哪几方(　　)。

A.毕业生　B.用人单位　C.学校(培养单位)　D.政府人社部门

133.关于违约与改派正确的说法是哪些(　　)。

A.改派手续很简单,随时可以办　B.万不得已也可以违约

C.违约须受罚　D.尽量不违约

134.关于试用期和见习期正确的说法有哪些(　　)。

A.两者一回事　B.见习期有强制性

C.见习期可延长　D.试用期可延长

135.以下哪些措施有利于规避就业风险(　　)。

A.甄别虚假就业信息　B.相信口头承诺

C.外文合同要中文对照　D.看清楚,再签名

136.下列属于“如何克服紧张”的叙述是(　　)。

A.事前彩排　B.袒露紧张　C.深呼吸　D.转移注意力

137.面试中的心理策略都有哪些种类(　　)。

A.自我控制类　B.调整关系类　C.巧问妙答类　D.合理竞争类

138.认识企业主要从哪些方面入手(　　)。

A.企业文化、用人标准　B.成立时间、员工数量与结构

C.负责人、资本额、营业额　D.产品、关系企业、人事制度

139.以下选项属于职业化素养的有(　　)。

A.认真　B.责任心　C.主动性　D.团队合作意识

E.专业化

140.办公室五大礼仪包括(　　)。

A.电话　　B.迎送　　C.名片　　D.介绍

E.握手

141.下列哪些属于办公室的忌讳(　　)。

A.偷听　　B.把办公室当家　　C.过分打扮　　D.烟酒不离口

E.大声打电话

142.大学生“以自我为中心”的原因有哪些(　　)。

A.独生子女　　B.过分溺爱

C.圈养　　D.学校教育缺乏针对性

143.一份完整的求职材料一般由哪几部分组成(　　)。

A.封面　　B.求职信　　C.简历　　D.附件

144.面试中最可能问的问题有哪些?(　　)。

A.你是谁?

B.你为什么来?

C.你能为我们干什么?

D.我们为什么要选择你(你的优势是什么)?

E.你有什么问题要问我们吗?

145.求职择业中常见的不良心态有哪些?(　　)

A.攀比心理　　B.自卑　　C.摇摆不定　　D.等靠要

E.自负(盲目求高)

参考文献

[1]博尔顿.人际关系学:如何保持自我、倾听他人并解决冲突[M].天津:天津社会科学院出版社,2012.

[2]茶金学,章国平.大学生职业发展与就业指导教程[M].北京:北京理工大学出版社,2009.

[3]费军.党政领导干部管理控制研究——基于系统科学的视角[M].北京:中国社会科学出版社,2018.

[4]高居红.就业与创业指导[M].北京:电子工业出版社,2008.

[5]韩晓剑,刘荣.大学生职业生涯规划与就业创业指导[M].北京:高等教育出版社,2017.

[6]韩晓剑,刘荣.大学生职业生涯规划与就业创业指导[M].北京:高等教育出版社,2017.

[7]胡剑锋.大学生职业指导:精彩人生　从此开始(提高篇)[M].北京:北京大学出版社,2006.

[8]蒋承勇.大学生职业发展规划与就业创业指导[M].北京:高等教育出版社,2015.

[9]蒋承勇.大学生职业发展规划与就业创业指导[M].北京:高等教育出版社,2015.

[10]林华东.新编大学生职业发展与就业创业指导[M].北京:新华出版社,2012.

[11]林华东.新编大学生职业发展与就业指导[M].北京:新华出版社,2009.

[12]刘艳梅.商务活动中必知的礼仪细节[M].哈尔滨:黑龙江科学技术出版社,2016.

[13]马修·麦克凯,帕特里克·范宁,艾维加尔·里维,米歇尔·斯基恩.人际关系心理学:学会相处之道[M].重庆:重庆大学出版社,2016.

[14]梅贤.职场必读心理学[M].郑州:中原农民出版社,2012.

[15]彭海霞.大学生基层就业补偿政策及制度建设[M].北京:知识产权出版社,2008.

[16]屈广清.创新创业基础[M].北京:九州出版社,2018.

[17]荣炳铭.职场写作力[M].上海:复旦大学出版社,2009.

[18]孙志河,刘彩琴.职业礼仪[M].北京:经济科学出版社,2015.

[19]田永伟,吴迪.大学生职业发展指导[M].北京:光明日报出版社,2019.

[20]王丽娟.中国大学生就业权益的法律保护[M].南京:南京大学出版社,2011.

[21]王宇波.大学生职业生涯规划实训教程[M].西安:西北工业大学出版社,2014.

[22]吴雄鹰,姚智军,包惠珍.大学生就业与创业的理论指导[M].上海:复旦大学出版社.2014.

[23]习近平谈治国理政(第二卷)[M].北京:外文出版社,2017.

[24]习近平谈治国理政(第一卷)[M].北京:外文出版社,2018.

[25]徐惠鹏.新编大学生就业指导[M].北京:经济日报出版社,2004.

[26]易传剑.走进大学——新生入学适应性教育[M]北京:海洋出版社,2014.

[27]殷闽华.大学生职业生涯规划与就业指导[M]北京:人民邮电出版社,2019.

[28]张继辰.华为员工培训读本系列:华为干部内训课[M].深圳:海天出版社,2017.

[29]中共中央马克思恩格斯列宁斯大林著作编译局.马克思恩格斯选集[M].北京:人民出版社,2013.

[30]中共中央宣传部.习近平新时代中国特色社会主义思想三十讲[M].北京:学习出版社,2018.

[31]中共中央宣传部.习近平新时代中国特色社会主义思想学习纲要[M].北京:学习出版社,2019.

[32]钟谷兰,杨开著.大学生职业生涯发展与规划[M].上海:华东师范大学出版社,2012.

[33]《专业技术职称评聘操作指南》编写组.专业技术职称评聘操作指南[M].北京:中国人事出版社,2009.